만들어진 현실

만들어진 현실

한국의 지역주의, 무엇이 문제이고, 무엇이 문제가 아닌가

1판 1쇄 | 2009년 7월 13일
1판 3쇄 | 2010년 6월 23일
개정1판 1쇄 | 2013년 2월 20일
개정1판 2쇄 | 2025년 3월 20일

지은이 | 박상훈

펴낸이 | 정민용·안중철
편집 | 윤상훈·이진실

펴낸 곳 | 후마니타스(주)
등록 | 2002년 2월 19일 제2002-000481호
주소 | 서울 마포구 신촌로14안길 17, 2층
전화 | 편집_02.739.9929 제작·영업_02.722.9960

인쇄 | 천일_031.955.8083 제본 | 일진_031.908.1407

값 18,000원

ⓒ 박상훈, 2013
ISBN 978-89-6437-171-8 03300

개정판

만들어진 현실

박상훈 지음

후마니타스

차
례

개정판 서문 7

제1부 문제 : 이데올로기가 된 현실, 현실이 된 이데올로기

1. 지역주의에 대한 지배적 해석 13 2. 상식화된 신화, 신화화된 상식 14
3. 관점의 확대 17 4. 일상 속의 질문들 20 5. 지역주의 망국론의 정치사 25
6. 사실과 이데올로기 29 7. 렌즈의 문제를 생각해 보자 33

제2부 지역주의를 어떻게 볼 것인가

1장 한국의 지역주의는 언제 어떻게 만들어졌을까 41
1. 몇 가지 기초적 논의 43 2. 반호남 지역주의의 역사적 기원 46
3. 권위주의 산업화의 공간적 특성과 지역주의 54
4. 지역주의의 정치적 동원과 편견의 조직화 59 5. 2차적 균열로서의 한국 지역주의 69

2장 지역주의는 어떻게 지배 담론이 되었을까 73
1. 문제 : 지역주의의 이데올로기화 75 2. 접근 : 지배 담론으로서의 지역주의 78
3. 주류 언론에 나타난 지역주의 84 4. 3김 청산론의 담론적 기원 92
5. 3김 청산론의 확산 메커니즘 98 6. 3김 청산론의 담론 효과 106

3장 한국의 유권자는 지역주의에 의해 투표할까 113
1. 기존의 설명 115 2. 유권자의 선택 : 선호와 대안 그리고 제도 제약 119
3. 초점 지역의 선거 결과와 유권자 투표 행위 127 4. 유행이 지난 낡은 접근 137

제3부 한국의 민주화는 왜 지역 정당 체제를 가져왔나

4장 민주화 이전 선거에서도 지역주의 때문에 문제였을까 143
1. 기존의 일반화된 설명 145 2. 1971년 대선과 지역주의 147
3. 국회의원 선거와 지역주의 156 4. 새로운 문제로서 지역주의 161

5장 지역주의가 정말로 민주화 정초 선거를 지배했을까 163
1. 민주화 이행기의 전략 상황 165 2. 사회적 균열 구조와 지역주의 문제 169
3. 정치 동원과 지역주의 문제 175

6장 지역주의 때문에 지역 정당 체제가 만들어졌을까 187
1. 민주화와 지역 정당 체제의 등장 189 2. 기존 연구 : 지역주의 환원론 192
3. 지역주의 투표에 대한 조작적 정의 197

7장 지역주의가 없었다면 선거 결과는 달라졌을까 205
1. 유권자의 선택 : 설명 모델 207 2. 기대 효용 극대화 선택에서의 균형 216
3. 분석의 함의 228

8장 지역주의의 개입은 어떤 효과를 가졌을까 237
1. 지역주의 투표 결정 모델 239 2. 지역주의의 개입과 투표 결정의 변화 244
3. 분석의 함의 251 4. 지역주의적 접근을 넘어서 258

제4부 결론 : 지역주의에 대한 하나의 이해 방법

1. 비교의 맥락에서 본 한국 지역주의의 특징 265 2. 문제는 반호남 지역주의 266
3. 지역주의의 근대적 기원 268 4. 지역주의의 정치경제적 기초 270
5. 지역주의의 지배 이데올로기화 272 6. 지역주의와 지역 정당 체제 278
7. 반지역주의의 이데올로기성 282 8. 사실의 문제가 아니라 인식의 문제 285

후기 287   참고문헌 294   찾아보기 298

"모든 현상에는 다 이유가 있고, 나만 잘하는 것으로 충분하지 않으며
서로 잘할 수 있는 조건을 만드는 게 중요하다."는 것을 늘 상기시켜 주는
나의 형 박천석과 나의 형수 윤여순의 아름다운 인생을 위하여

| 개정판 서문 |

1

처음 이 책은 2009년 7월에 발간되었고 그 해 『한겨레』와 『시사IN』에서 선정하는 '올해의 책'이 되었다. 좀 더 대중적으로 읽힐 만한 계기가 되었지만, 애초 필자의 박사 학위 논문에 기초를 둔 책이었기에 한계가 있었다. 그 때문에 학술적 용어와 논문식 표현을 일상어로 고쳐 주었으면 하는 주문을 많이 받았지만, 이제야 손을 대게 되었다.

2

많은 사람들이 이 책을 "지역주의는 없다! 단지 만들어졌을 뿐"이라는 주장으로 해석하거나 '지역주의 허구론'을 말하는 것으로 규정하는 것을 가끔 본다. 물론 필자의 생각과는 거리가 있는 해석이다.

큰 정치 현상 가운데 이유 없이 일어나는 일은 거의 없다. 비록 사실성의 토대가 약하고 인위적인 힘들에 의해 만들어진 것이라 해도, 그것이 허상인 것만은 아니다. 없는 사실을 창조해 낼 정도의 힘이라면 그것만큼 강한 힘도 없다고 할 수 있다. 비록 허구적인 사실과 인식을 만들어 냈다 해도 일단 형성된 후에는 지속성을 갖는 힘이 되기도 한다.

암에 걸린 사람 가운데 많은 사람이 폐렴으로 죽음을 맞는다. 그렇다고 하더라도 폐렴으로 사망했다라고 하기보다 암으로 사망했다고 하는 것이 더 현실에 가까울 것이다. 오늘날의 한국 사회처럼 이직률이 높은 경우에도, 회사를 옮기려는 사람들을 대상으로 설문조사를 하면 가장 많은 대답은 '더 나은 직장을 원하기 때문'으로 나타난다. 이를 두고 우리나라 취업자들이 지나치게 자기실현 욕구가 강하다고 해석한다면, 뭔가 이상할 것이다. 이런 해석은 자칫 잦은 이직이 강제될 수밖에 없는 노동시장 유연화의 문제를 은폐하는 기능을 하게 된다. 그렇듯이 지역주의적 증세나 현상에 압도되어 더 큰 힘 내지 더 중요한 우리 사회의 문제들이 시야에서 사라지지 않게 해야 할 것이다.

한국의 민주화를 말할 때면 지식인들이나 언론 할 것 없이 누구나 시민의 위대함을 소리 높여 상찬한다. 1980년 5월의 광주민주항쟁을 이야기할 때는 모두가 위대한 광주 시민을 말한다. 그런데 선거만 하면 그 위대한 시민은 지역감정에 휘둘리는 지역주의 투표자로 비난 받는다. 같은 시민이 둔갑을 해 때에 따라 위대한 주권자가 되고 때에 따라 나라 망치는 비이성적 투표자가 될 수 있을까?

　1987년 6월의 민주화 운동과, 같은 해 12월의 대통령 선거는 대표적인 사례라 할 수 있다. 다수의 시민이 반독재 민주화에 동의했고 그렇기에 민주 헌법으로 개헌도 하고 대통령 직선제도 하게 되었다는 데 이견을 말할 사람은 거의 없을 것이다. 그런데 같은 해 12월 대통령 선거에 대한 기존의 해석은, 지역주의가 선거를 지배했고, 유권자의 투표 행태 역시 지역주의로 설명된다는 것으로 모아진다. 이런 설명이 말이 될까? 우리 사회에서 민주화란 무엇이었나? 억눌려 있던 지역주의적 욕망을 터져 나오게 한 마개 열기에 불과한 것이었나? 그렇다면 왜 사람들은 민주화를 열망했고 때로 희생을 감수하기도 했을까?

　민주화가 되었다고 해서 그 이전 권위주의 체제에서 만들어진 불평등 구조가 하루아침에 사라질 것이라 생각한다면 그것만큼 순진한 생각은 없을 것이다. 권위주의 체제의 수혜자들은 민주화에 어떻게 대응했을까 하는 관점에서도 한국의 지역주의 문제를 생각해 보는 것은 매우 중요한 일이다. 그러려면 그들이 인위적으로 동원하려고 했고 다양한 세력들의 전략적 행위를 거쳐 공명되었던 지역주의적 시각 밖에서 문제를 새롭게 조명해 보는 것이 필요할 것이다.

3

　필자가 처음 '만들어진 현실'이라는 표현을 사용한 것은 2004년 미국에서 열린 미국아시아연구학회Association for Asian Studies에서 "전도된 인과성: 한국의 지역 균열을 어떻게 설명할 것인가?"Inverse Causality: How to Explain the Regional Cleavage in South Korea?라는 제목의 발표문에서였다. 그 발표문에서 'manufactured reality'라는 표현을 썼고, 그 뒤 한글로 된 논문을 쓰면서 '만들어진 현실'이라는 표현을 자주 사용했다.

제목에서도 알 수 있듯이, 이 책은 한국의 지역주의 문제가 실제 현실 내지 사실성에 근거한 측면보다, 거꾸로 이데올로기화된 인식을 통해 인위적으로 만들어진 측면이 크다는 것을 강조하고 있다. 그런데 사실보다 인식의 차원이 더 큰 문제라는 바로 그 이유 때문에 책을 서술하는 데 애를 많이 먹었다. 사실을 모아 해석을 도출하는 방법이 아니라, 기존의 '해석을 재해석'하고 그것을 위해 사실을 새롭게 구성하는 것이 방법이 되다 보니 내용이 이중 삼중으로 복잡해질 수밖에 없었기 때문이다.

또 다른 어려움도 있었다. 학술적 전문어를 사용할 때는 몰랐는데 이번 개정판 작업을 하면서 깨닫게 된 것은, 일상어에 의존해 이데올로기적 오염이나 편견에서 벗어난다는 것이 너무도 힘든 일이라는 사실이었다. 말은 '생각의 그릇'이라고 할 수 있는데, 기존의 인식을 담는 말을 써서 그런 인식을 바꿔야 하니 잘될 리가 없었다. 그런 이유로, 최대한 일상적 표현을 사용하려 했지만 여전히 분석적인 언어를 쓸 수밖에 없었던 부분에 있어서, 독자 여러분의 이해를 구한다.

제1부   문제 : 이데올로기가 된 현실, 현실이 된 이데올로기

1. 지역주의에 대한 지배적 해석

한국의 지역주의 문제에 관한 우리 사회의 상식화된 설명은 다음과 같다.

> 첫째, 대부분의 유권자는 지역주의에 이끌려 투표한다. 대다수 정치인들은 이를 이용하는 지역당으로 나뉘어 있다. 그래서 선거만 하면 지역 분할 구도가 나타난다.
> 둘째, 지역을 둘러싼 편견은 옛날, 즉 근대 이전 전통 사회에서부터 존재했으며, 이후에도 계속 강화되었다. 지역주의는 어제오늘의 문제가 아니다.
> 셋째, 지역주의의 중심 내용은 영남과 호남 사이의 지역 갈등이다. 이 두 지역의 갈등이 충청과 강원 등 다른 지역의 지역주의를 자극했고 한국 사회 전체로 지역주의를 확산시켰다.
> 넷째, 지역주의와 지역 구도의 고착화 정도는 매우 심하다. 선거를 반복하는 것만으로는 이를 극복하기 어렵다. 정치가들은 지역주의를 동원하고 유권자들이 이에 부응하는 악순환이 계속 나타나고 있기 때문이다.
> 다섯째, 지역주의 때문에 정치발전이 안 되고 있다. 사회는 분열되어 있다. 민주화에도 불구하고 정당 체제가 계층이나 이념적 차이에 따라 재편되지 못하고 있는 것도 지역주의 때문이다. 지역주의의 극복 없이 정치발전은 어렵다.
> 여섯째, 지역주의는 망국적인 고질병이다. 개헌을 통한 권력 구조 개편이나 선거제도의 변화와 같이 게임의 규칙을 바꾸거나, 정치 지도자들의 결

단과 같이 뭔가 강한 외재적 힘의 개입을 통해서만 해결할 수 있다. 한마디로 정상적인 방법으로는 안 된다. 뭔가 특단의 조치가 필요하다.

이상의 주장 모두를, 필자는 인정하지 않는다. 그 이유를 이 책 전체를 통해 다양한 방법으로 말해 보겠다.

2. 상식화된 신화, 신화화된 상식

한국 사회는 얼마나 지역주의적일까? 대다수 사회 구성원이 지역주의적으로 사고하고 지역주의적으로 판단하고 지역주의적으로 행동한다는 것은 사실일까? 독자 여러분은 어떤가? 스스로 지역주의자라고 생각하는가?

주위를 돌아보면 금방 알 수 있듯이, 지역주의라고 하면 누구나 한마디씩 거들 수 있는 통속적인 주제가 된 지 오래다. 전라도 사람이 어떻고 경상도 사람은 어떻다는 등 뿌리 깊은 인성론을 말하는 사람이 있는가 하면, 옛날부터 면면히 흘러내려 온 지역색이나 지역 정서 같은 게 있어서 그렇다고 하는 이도 있다. 옛 문헌에서 지역색이나 지역 차별적 편견이 서술되어 있는 부분을 찾아내어 지역감정의 역사적 장구함을 역설하는 이도 있다. 자신이 직접 겪어 봤다며 그 경험을 지역주의가 실재하는 매우 분명한 증거라고 강변하는 사람도 많다.

학자들 역시 중요한 정치적 국면이 되면 항상 '분석'과 '계몽'의 이름으로, 지역주의 때문에 큰일이라고 말한다. 그러면서 감정과 편견의 영향을 받은 비합리적 유권자들을 야단치고 가르치는 국민 교육자로 나서곤 한다. 그러나 지역주의가 어떻게 투표에 영향을 미치는지를 실증하거나, 그 이전에 대체 지역주의가 무엇이고 지역 주의와 지역주의가 아닌 것을 어떻게 구분해야 하는지를 객관화하 려는 노력은 별로 없었다. 선거 결과가 지역주의의 심각성을 보여 주는 데 뭘 더 말할 필요가 있느냐는 투다.

언론도 똑같다. 그들은 정치인 내지 정치 일반에 대한 대중적 반감에 편승해, 선거 때마다 '지역주의에 휘둘리는 정치'를 비난하 기에 바쁘다. 그들 역시 지역주의가 뭔지 합리적으로 따져 살펴보 지 않는다. 지역주의는 그저 '나쁜 어떤 것', 해당 지역 출신들이 맹 목적으로 신봉하는 '불합리한 어떤 것'으로 상정될 뿐이다. 그러니 근거 없이 아무렇게나 말해도 되는 주제가 되고 말았다.

흥미로운 것은, 지역주의 때문에 문제이고 지역주의를 극복해 야 한다는 것이 누구도 이견을 달지 않는 우리 사회 최고의 '사회적 합의'가 된 지 오래되었음에도 불구하고, 지역주의가 극복되지 못 했고 여전히 문제는 지역주의라는 진술이 예나 지금이나 계속되고 있다는 사실이다. 어떤 정치가든 지역주의 비슷한 발언만 해도 모 두 나서서 규탄하고, 선거 때마다 지역주의에 휘둘리지 말자는 의 식 개혁 운동이 전개되었음에도 그렇다.

더 흥미로운 것은 아무도 이 '이상한 현실'을 이상해 하지 않는다는 점이다. 유권자가 얼마나 지역주의적으로 투표했는가를 볼 수 있는 가장 좋은 자료는 '투표 결정의 주관적 동기'를 탐색하는 의식 조사 자료일 것이다. 그런데 그 결과를 인용하는 연구자는 없다. 이유는 간단하다. 지역주의의 영향을 받았다는 응답자는 소수에 불과하기 때문이다. 후보의 출신 지역을 보고 투표했다거나, 후보나 정당이 내세우는 지역과 관련된 정책을 보고 투표했다는 응답은 다 합해도 5퍼센트 안팎일 뿐이다. 대부분은 경제 발전이나 정치 안정, 분배 개선이나 민주 발전, 남북 관계나 한미 관계, 이념 성향 등이 자신들의 투표 결정 동기였다고 응답한다. 그럼에도 선거가 끝나면 지역주의가 또 압도했다는 주장을 하는 데 누구도 주저함이 없다. 결국 '나는 안 그랬는데 남들은 다 그랬다'는 것이다.

이런 이상한 상황을 설명할 수 있는 길은 두 가지다. 하나는 대부분의 사람들이 겉으로는 지역주의를 반대한다고 말하지만 속으로는 지역주의에 따라 행동한다고 가정하는 것이다. 일종의 '위선적 유권자' 모델인 셈이다. "말로는 아니라고 하지만 투표장에 들어가면 돌변한다"라는 식의 설명이 대표적이다. 정치학자가 쓴 학술 논문에도 이런 표현이 그대로 나오는데, 처음 그 표현을 보고 경악했던 기억이 난다.

다른 하나는 정당 혹은 정치 지도자의 강력한 영향력 때문으로 설명하는 방법이다. 아무리 지역주의 극복이 사회적 합의처럼 이해된다 하더라도, 결국 선거에서는 지역을 대표하는 정치가나 정당을 맹목적으로 찍게 된다는, 일종의 '사악한 정치가에 이용당하는 어리석은 유권자' 모델을 가정하는 것이다. 주류 언론에서 자주 사용되는 표현이지만, "김심(金心)이 작용했다"거나 "DJ(김대중) 지팡이 한방에 끝장났다"는 식의 주장이 전형적으로 여기에 해당한다.

위선적인 시민, 어리석은 시민을 가정해서라도 기존의 지역주의적인 설명을 유지하는 것은 바람직한 일일까? 아니면 뭔가 잘못 생각하고 있는 것은 아닐까? 한국의 지역주의는 도대체 무슨 문제일까?

3. 관점의 확대

본격적으로 이야기를 시작하기에 앞서, 필자가 왜 지역주의에 관한 책을 쓰게 되었는지를 간단히 설명하려 한다. 기본적으로 지역주의라는 것이 편견이나 고정관념과 같은 심리적인 문제를 빼고는 말할 수 없고, 그러다 보니 이를 객관화해서 말하는 것이 쉽지 않다. 따라서 지역주의를 말하기 전에 먼저 지역주의 문제를 어떻게 생각하는지가, 말하는 사람과 듣는 사람 모두에게 명확해야 한다. 그렇지 않으면 같은 지역주의라는 말을 쓰면서도 서로 전혀 다른 생각을 할 수 있기 때문이다.

필자는 "한국은 왜 민주화를 기점으로 지역이 중심이 되는 정치적 갈등의 구조를 갖게 되었을까"라는 문제를 다룬 논문으로 2000년에 정치학 박사 학위를 받았다. 그 뒤에도 관련된 글을 계속 썼다.

처음 지역주의 문제를 주제로 박사 논문을 쓰겠다고 마음먹었을 때는, 호남에 대한 우리 사회의 잘못된 편견에 항의하려는 마음이 컸다. '보수 야당'을 넘어서는 새로운 정치적 대안이 필요하다는 생각도 했고, 1980년대 말에는 '민중 정당' 추진 모임에도 참여했지만, 결국 투표를 할 때가 되면 나의 선택은 한참을 머뭇거리다가 호남의 선택과 같은 결정을 내리곤 했다. 김대중이라는 한 정치인을 어떻게 생각해야 할지 호남의 투표 결정은 또 어떻게 보아야 할지를 둘러싸고 격한 논쟁이 있었고, 진보파들 사이에서도 이를 전근대적이고 퇴영적인 것으로 봐야 한다는 주장과, 호남의 소외 의식과 개혁성을 이해해야 한다는 주장이 서로 다투고 있었는데, 대체로 나는 후자에 더 이끌렸다. '계급 문제의 우위성'을 강조하면서 현실의 여러 차별을 경시하거나 무시하는 경직된 태도는 잘못이라고도 생각했다. 덧붙여, 내 무의식 속에 있는 어떤 심리적인 요인도 컸던 것 같다. 호남에 대한 주변의 부정적 편견을 접할 때마다 솔직히 나는 내가 호남 출신이 아니라는 사실을 다행이라고 생각할 때가 많았는데, 적어도 난 호남 차별의 공범이 아니라는 것을 보여 주고 싶은 그런 생각이 작용하지 않았나 싶다.

언젠가 최장집 교수는 "지역 의식, 무엇이 문제인가"라는 글(최장집 1988)에서 비호남 출신의 진보파들이 지역주의 문제를 학문적 분석의 대상으로 삼으려 하지 않는 현상을 지적하면서, "들여다보고 싶지 않은 심층 심리의 구조를 객관화시킬 때 느끼게 될 미묘한 감정상의 거북함을 회피해 보려는 심리"라고 표현한 적이 있다. 그

글을 읽으면서 나의 내면을 들킨 것 같은 느낌이 들었던 일이 지금도 생각난다. 그 이후 점차 지역주의 문제를 다룬 기존 연구를 찾아 읽게 되었고, 지역주의 문제를 다룬 연구가 너무 적고 빈약하다는 사실도 알게 되었는데, 그러면서 좀 더 조사를 해보면 호남을 둘러싼 지역 차별과 소외의 구조를 밝힐 수 있지 않을까 생각했다.

본격적인 작업은 해방 이후부터 나온 일간신문들을 읽는 일로 시작되었다. '한국정치연구회'라고 하는, 정치학을 전공하는 대학원생들의 모임이 있었는데 거기에서 가까이 지냈던 후배들 네 명에게 부탁해 이들과 함께 국회도서관에 가서 하루 종일 신문철을 나눠 뒤졌다. 옛날 신문들을 보면 지역 차별과 지역 소외의 수많은 양상들을 볼 수 있을 것이라 기대했기 때문이다. 하지만 그렇지 않았다. 지역주의와 관련된 기사를 찾기는 힘들었다. 하루 종일 뒤져도 거의 찾은 게 없을 정도였다. 본론에서 자세히 살펴보겠지만, 기존 연구는 1971년 김대중과 박정희의 대결 과정에서 엄청난 지역주의 동원이 있었던 것처럼 서술하면서 당시 정황을 보여 주는 신문 기사들을 인용하곤 했는데, 찾아보니 그게 전부였다고 할 수 있을 만큼 그 이상 찾기가 어려웠다. 당시의 잡지와 학회지들도 찾아보았지만 별 성과가 없었다. 1980년 광주항쟁을 전후한 신문 보도를 살펴봐도 별반 다르지 않았다. 사태의 원인을 지역감정으로 보는 계엄사의 발표를 인용한 보도 몇 개와, '양 김'이라고 하는 야당 지도자들의 정치적 욕심 때문에 지역감정이 커진다는 사설이나 칼럼 몇 개를 볼 수 있었을 뿐이다. 하다못해 1987년 대통령 선거 당시의 신문 기사도 크게 다르지 않았다. 이에 대해서는 5장에서 자세히 살펴보겠지만, 아무튼 한국의 지역주의라는 것이 단순히 관련 사실을 모아서 그 기원이나 성격을 밝힐 수 있는 문제가 아니라는 것을, 그때 알았다.

첫 작업은 이렇게 끝났지만, 그러나 중요한 발견이랄까 성과는 있었다. 이제 조사와 연구의 초점은 지역주의 그 자체에 대한 것뿐만 아니라 지역주의를 둘러싼 이데올로기적 해석의 문제로 확대되어야 한다는 것을 깨달았기 때문이다. 이런 관점의 확장은 그 후 내가 지역주의 문제를 보는 기본 시각으로 자리 잡았고 조사를 거듭함에 따라 더욱 확고해졌는데, 그러면서 호남에 대한 우리 사회 일반의 잘못된 편견과 싸우는 방법도 달리해야 한다는 생각을 했다.

4. 일상 속의 질문들

문제를 다르게 접근하게 되니 흥미로운 질문이 많아졌다. 많은 사람들이 지역감정이 역사적으로 오래되었다는 것을 강조하면서 옛날 문헌들에서 호남에 대한 부정적인 기록을 인용하곤 한다. 대표적으로는 '풍전세류'風前細柳니 '표리부동'表裏不同이니 하면서 '간사하고' '뒤끝이 나쁘다'는 것이다. 하지만 그런 기록으로 따지면 안 그런 지역이 없었다는 사실을 금방 알게 된다. '권세 있는 사람에게 아부해 이익을 좇는다'라는 충청도에 대한 평이나 '미련하다'는 강원도에 대한 평도 있었다. 함경도를 중심으로 한 서북 지역은 말할 것이 없고 영남에 대해서도 부정적인 평을 담은 역사 기록을 찾는 것은 어려운 일이 아니었다. 인조반정 이후 영남 사대부는 오랫동안 차별받았고, 영조 때는 무신란을 계기로 '반역향'으로 낙인찍혔으며, 정조 때에는 대구에 '평영남비'平嶺南碑를 세우면서 이 지역 출신은 과거시험에 응시하지 못하게 했다.

반대로 호남을 좋게 평한 옛 문헌을 찾는 것도 아주 쉬운 일이었다. 윤선도나 정철의 글이 대표적이지만, 그 밖에도 전라도의 '전'을 뜻하는 전주는 조선 왕실의 고향이라 해서 어향御鄕으로 칭송되었고, 무엇보다 임진왜란 당시 호남은 우국과 충절의 지역으로 상찬되었다. 이순신은 "호남이 없으면 조선이 없다"고 했고, 김정호는 호남을 "전국 팔도에서 가장 축복받은 땅"이라고 했으며, 정조는 "가장 어질고 충성스러운 고장"이라고 했다. 그렇다면 제기해야 할 질문은, 왜 호남에 대한 좋은 평가는 배제되고 오로지 나쁜 것만 선택적으로 부각되었으며, 왜 다른 지역은 그렇지 않았는지, 어떻게 해서 과거의 역사에 대한 이해가 지금의 지역주의적 해석 틀로 변형될 수 있었는가가 되어야 할 것이다. 그렇지 않고 호남에 대한 나쁜 기록을 있는 대로 모아 반호남 지역주의가 역사적으로 오래되었다고 말하는 것은 지역주의적 해석의 틀로 뒤틀린 역사를 우리 앞에 내놓는 것이 아닐 수 없다.

여러 사람들에게 지역주의에 대한 각자의 경험을 물어보는 일도 재미있었다. 누구든 처음에는 오래전부터 지역주의의 심각성을 느끼고 있었다고 말하곤 했는데 그것이 언제의 기억인지를 이야기해 달라고 하면 실제로는 그리 멀리까지 가지 못했다. 일제 때 태어난 노인들의 경우 해방 직후부터 호남에 대한 지역감정이 심각했다고 말했다가도 그게 몇 살 때쯤인지 물어보면 대개 청년 이후가 되고 시기는 금방 1960년대로 올라왔다. 해방 직후엔 오히려 함경도 등 이북 출신에 대한 부정적 편견이 더 심하지 않았느냐고 물으면 한참 생각하다가 대부분 그렇다고 인정했다. 서울 토박이들의 인색함에 대해 이주민들이 느끼는 감정도 있지 않았냐고 하면 비서울 출신의 대부분은 이를 긍정했다. 그런데 왜 이주민들끼리 서로 지역감정을 다투게 되었을까를 물으면, 당시 서울 사람들은 토박이이자 집주인, 고용주로서 자신들이 의존해야 할 사람들이고 다른 지역 출신 사람들은 서로 경쟁해야 할 사람들이었기 때문이라고 말하는 사람도 있었다. 월남한 이북 출신들은 남한에 정착하기 위해 이승만 정권의 반공 정책에 적극적으로 참여했는데, 그렇기 때문에 적어도 '체제 차원'에서는 이들을 나쁘게 볼 이유가 없었다는 의견도 있었다. 결국 지역과 관련된 편견이나 고정관념은, 지역적 차이 그 자체 때문이 아니라 지역적 차이에 동반된 '권력관계'에서 비롯된 것이라는 점을 깨닫게 되기까지는 그리 오래 걸리지 않았다.

    이런 종류의 경험은 너무나 많았다. 호남을 백제와 동일시하며 삼국시대부터 영호남 지역감정이 시작되었다고 말하는 사람들도 많았는데, 백제의 지리적 중심이 실제로는 지금의 서울과 충청이었고 후백제를 세운 견훤 역시 경상도 상주 출신이라고 말해 주면 다소 당혹해 하기도 했다. 함께 정치학을 공부했던 한 친구는 어느 논문에서 읽었다면서 1987년에 실시된 한 조사 결과를 이야기했다. 그 논문에 따르면 다른 지역 출신에 비해 호남 출신이 자신의 출신 지역을 밝히기 꺼려했던 경험이 월등히 높다는 것이다. 그 조사는 나도 잘 알고 있는 것이었다. 그래서 그 조사 결과에서, 출신 지역 밝히기를 꺼려했던 경험이 있는 호남 출신 응답자가 17퍼센트 정도로 분명 다른 지역 출신보다는 많았지만, 정작 중요한 것은 그런 경험이 전혀 없다는 호남 출신 응답자가 83퍼센트라는 사실이 아닐까라는 의견을 말하자 그 친구는 다소 고민스러워 했다. 더 나아가 1970년대 말 조사 결과를 보여 주며, 그때까지는 호남 출신이 영남 출신을 심리적으로 가장 가깝게 느꼈고 반대로 호남에 대해 가장 부정적인 태도를 보였던 것은 충청과 서울 경기, 강원 출신이었다는 사실을 이야기하자 그는 더 당혹스러워 했다. 자세한 내용은 본론에서 이야기하겠지만 아무튼 이런 과정에서 필자는, 누구든 지역주의에 관한 특정의 해석 틀을 받아들이게 되면, 자신의 과거 경험과 주관적 느낌뿐만 아니라 객관적 역사조차 그런 해석의 틀에 맞게 변형되어 기억된다는 사실을 잘 알게 되었다.

기본적으로 호남에 대한 편견이나 차별을 잘못이라고 생각하는 사람들은 내 이야기를 흥미롭게 받아들였다. 이를 바탕으로 '과거의 정치적 이용'political use of the past, '편견의 동원'mobilization of bias, '전통의 발명'invention of tradition 등과 같이 역사학이나 정치학 연구에서 자주 쓰는 개념들을 소개해 주면, 한국의 지역주의 역시 보편적 관점에서 접근할 수 있는 문제임을 금방 이해했다. 실제의 역사보다 역사 해석을 둘러싼 투쟁이 더 중요할 때가 많다는 것, 따라서 역사는 과거의 문제로서가 아니라 특정의 해석을 필요로 하는 현재의 권력관계에 의해 결정된다는 것, 그럴 때 특정 방향의 의미 구조를 담고 있는 편향성 내지 편견은 역사 해석을 둘러싼 투쟁에서 매우 중요한 수단이 된다는 것, 그러므로 옛날부터 그랬다는 생각이나 전통이라는 것도 잘 따져 보면 누군가의 필요에 의해 작위적으로 창조되는 일이 허다하다는 것은 그 자체로도 흥미로운 이론들이지만, 한국 지역주의의 사례도 그렇게 이해될 수 있기 때문이다. 그 연장선에서, 지금은 존재하지 않는 영남이나 호남과 같은 옛날식 지역 개념이 왜 여전히 지속되고 있는지, 충청남도 금산이나 논산처럼 그 가운데 일부가 과거에는 전라도였던 곳에서 왜 더 강렬하게 스스로를 충청이라고 호명하고 싶어 하는지와 같은 문제를 함께 생각해 볼 수도 있었다.

그런데 지역주의를 무조건적으로 비난하면서 그 망국성을 강변하는 사람들과는 대화가 힘들었다. 아무리 뭐라 해도 지역성이라는 게 분명히 작용하고 있다거나, 안 그러면 어떻게 한 지역에서 특정 후보에 대한 지지율이 90퍼센트가 넘을 수 있느냐며, 어떤 경우든 그런 맹목성은 지역주의 때문이 아니고는 설명이 안 된다는 것이다. 지역주의 때문에 그런 거라고 보면 될 이 간단한 문제를 왜 그리 복잡하게 생각하느냐면서 도리어 필자에게 핀잔을 주는 사람도 많았다. "지역주의가 없다는 거냐"라고 되묻거나, "지역주의 극복하지 말자는 거냐"고 비판을 하는 사람도 있었다. 어떤 경우든 지역주의 때문에 나라 망하게 생겼다고 전제하지 않는 한 이들과 대화는 불가능했다.

이쯤에서 지역주의 망국론이 어떤 맥락에서 어떻게 만들어지고 재생산되었는지를 간략히 살펴보는 게 좋겠다. 망국적 지역주의를 극복해야 한다는 것은 우리 사회 일반에 워낙 익숙한 주장이다 보니, 필자의 문제 제기로 인해 혼란스러워 할 독자들이 많을 것이기 때문이다.

5. 지역주의 망국론의 정치사

'지역주의 때문에 나라가 망하고, 지역주의의 극복 없이는 정치 발전도 없다'는 담론이 처음 등장한 것은 1971년 선거 직후였다. 나중에 더 자세히 살펴보겠지만, 많은 사람들이 잘못 생각하는 것과 달리 박정희와 김대중이 경쟁했던 이 선거는 지역주의 선거가 아니었다. 전체 선거 과정을 주도한 것은 민주화 요구였고 그 초점은 김대중이었다. 김대중은 호남과 서울뿐만 아니라 부산과 대구에서도 많은 지지를 받았다. 집권당은 엄청난 액수의 선거 자금을 쏟아 부었지만 권위주의 체제의 근간을 공격하고 나선 김대중의 위세를 꺾을 수 없었다. 결국 박정희는 "이번이 마지막"이라며 눈물로 호소해야 했고, 무효표가 무더기로 나올 정도로 개표 부정을 저지르고 나서야 가까스로 승리할 수 있었다. 영호남을 빼고 계산하면 김대중 후보 지지표가 박정희보다 많았을 정도로 사실상 이 선거에서 승자는 김대중이었다. 그럼에도 지역감정 때문에 나라가 분열되어서 큰 문제라는 해석이 선거가 끝나고 나타났는데, 무엇보다도 그것은 선거에서 나타난 시민의 의사를 민주화에 대한 요구로 해석되지 않게 하려는 집권 세력의 전략적 의도를 반영하는 것이었다. 요컨대 선거가 지역주의적이었던 것이 아니라 선거 결과를 해석하는 과정에서 이데올로기화된 지역주의론이 의도적으로 동원되었다는 말이다.

지역주의 망국론이 다시 등장한 것은 1980년 민주화의 봄 시기였다. 이를 동원한 것은 신군부 세력과 이들을 지지하는 관제 언론들이었다. 이들은 민주화에 대한 기대가 컸던 당시의 정치 상황을, 3김(김영삼·김대중·김종필)으로 대표되는 정치 지도자들이 자신들의 '야욕'을 실현하기 위해 지역감정을 불러일으켜 사회를 분열시키고 정치 혼란을 가중시키고 있는 형국이라고 왜곡해서 해석했다. 그러면서 지역감정으로 나라가 망하게 되지 않으려면 새로운 정치 세력이 등장할 수 있는 특단의 조치가 필요하다는 점을 강조했다. 1980년 5월에 있었던 그 특단의 조치로 등장한 새로운 세력은 전두환이었다.

그다음은 1987년 민주화 이후 치러진 선거에서였다. 지역감정 때문에 큰 문제라는 논리가 동원되는 메커니즘은 앞서와 동일했다. 한마디로 말해, 민주화를 했더니 지역감정이 폭발해 사회불안만 심화되었다는 것이다. 이른바 '3김'이 전국을 지역감정으로 봉건화하면서 나라를 분열시키고 있다는 담론이 다시 등장했고, 그 생산자는 노태우를 비롯해 재집권을 목표로 하는 권위주의 집권당의 지지 세력들이었다. 야당 후보들이 분열하고 선거에서 패배하자 지역주의 망국론의 설득력은 대중 여론 일반으로 확대되었다. 김영삼 지지자들은 호남을 맹목적 지역주의자로 힐난했고, 반대로 호남의 김대중 지지자들은 반호남주의 때문이라며 투표 결과에 절망했다.

그다음은 1990년 1월 3당 합당에서였다. 쉽게 예상할 수 있겠지만 김영삼과 김종필 세력이 집권당에 합류하면서 내건 정치적 알리바이 역시 '망국적 지역감정 때문'이었다. 지역감정이 가져온 폐해는 너무 크고 그래서 이를 극복하기 위해서는 뭔가 특단의 조치가 필요한데, 3당 합당이야말로 이를 위한 '구국의 결단'이라는 것이다. 당연히 이런 논리는 별 설득력이 없었는데, 주목할 것은 이때 이후 호남 출신 지식인들을 중심으로 '영남 지역 패권'에 대항하는 '저항적 지역주의론'이 집중적으로 제기되었다는 점이다. 그러면서 모든 지역감정을 무차별적으로 공격하는 '지역주의 망국론'에 맞서는 '패권적 지역주의 망국론'으로 불릴 만한 일종의 비판 담론이 본격적으로 조직되기 시작했다. 이로써 지역주의의 내용을 둘러싸고 패권적이냐 저항적이냐 하는 갈등은 있었지만 지역주의 때문에 큰 문제라는 인식은 더욱 공고해졌다.

지역주의 망국론이 다시 대규모로 동원된 것은 1995년 지방선거와 1996년 15대 총선, 1997년 대선으로 이어지는 정치적 재편 과정에서였다. 사태 전개의 초점은 김대중의 복귀였다. 1993년 김대중의 정계 은퇴 이후 야당 진영의 주도권을 두고 경합했던 세력들은 대부분 그의 복귀를 비판하고 나섰는데, 과정이야 어찌되었든 그의 복귀는 야당 진영뿐만 아니라 정치 세력화에 나선 사회운동 진영 전체를 호남과 비호남으로 분열시켰다. 이재오·이우재·김문수 등 민중 정당을 지향했던 세력은 거의 모두 민자당과 신한국당을 거쳐 지금의 한나라당으로 옮겨갔다. 지역을 넘어서 민주대연합 후보를 내세우고자 했던 세력들은 각각 이회창·이수성·조순 지지 세력으로 결집해 김대중 세력과 대립했다. 그리고 선거 국면이 본격화되자 이들 모두 한나라당으로 합류했다. 예상할 수 있겠지만, 이들이 한나라당에 들어가면서 내건 담론 역시 지역주의 망국론이었다. 이때의 경험은 결정적이었다. 이제 지역주의 망국론의 담론 생산자는 더 이상 보수적 정치 세력과 주류 언론에 한정되지 않게 되었고 진보 세력과 시민운동, 지식인의 상당 부분으로까지 확대되었기 때문이다. 지역주의 망국론이 명실상부한 지배 담론이 된 것은 바로 이 과정에서였다.

지역주의 망국론이 다시 불러들여진 사례는 2005년 노무현 정부에서였다. 지역주의 망국론에도 불구하고 1997년 김대중이 집권에 성공했고 뒤이어 2002년 노무현의 집권이 호남의 선택으로 실현되었는데, 그러면서 지역주의 때문에 아무것도 안 된다는 담론은 갑자기 힘을 잃었다. 그런 점에서 2005년 노무현 대통령이, 망국적 지역주의 극복에만 찬성한다면 한나라당에 권력을 넘기겠다며 '대연정'을 내세운 것은 의외였다. 노무현 대통령과 집권당에 대한 지지도가 급격히 떨어지고 잇단 재보궐 선거에서 여당이 연패하는 상황이었지만, 그래도 이 모두가 지역주의 때문이라며 정권을 내놓을 각오를 주창하고 나서리라고는 아무도 상상하지 못했기 때문이다. 상대인 야당의 반대는 물론이거니와 집권당 내부에서도 반대가 컸고 여론이 매우 비판적이어서 에피소드로 끝나고 말았지만, 누구든 국면 전환 내지 인위적 정계 개편의 욕구를 강하게 가질수록 지역주의 망국론을 동원하고자 하는 정치적 유혹은 늘 작용할 것이다.

이명박 대통령도 예외가 아니었다. 2009년 6월 3일, 국정 기조를 전환하고 내각과 청와대를 대대적으로 개편해 달라는 당 안팎의 요구에 대해 입장을 밝히면서 이명박 대통령은, "지역주의와 같은 구조적 문제"를 해결하는 데 힘을 쏟아야지 여론에 밀려 왔다 갔다 해서는 안 된다고 말했다. 현실의 문제를 회피하는 데 "문제는 지역주의다"라는 담론만큼 좋은 알리바이가 없음을 잘 보여 주는 또 하나의 사례가 아닐 수 없다.

6. 사실과 이데올로기

필자가 즐겨 하는 일 가운데 하나는 짧고 인상적인 표현을 모으고 암기하는 것인데, "인간은 이데올로기 안에서 사실을 인식한다"라는 안토니오 그람시Antonio Gramsci의 말도 그 가운데 하나다. 사실이란 인간의 인식 세계와 분리되어 객관적으로 존재하지 않으며, 따라서 사실 이전에 사실을 이해하는 방법을 둘러싼 투쟁이 중요하다는 의미라고 풀어 말할 수 있겠다. 헤게모니라는 그람시 개념의 독창성은 이런 인식론에 따른 것이다. 이를 바탕으로 그는 다수의 사회적 약자들이 왜 자신들에게 불리한 정책을 추구하는 정당을 지지하는지, 나아가 사회를 개선하기 위해 다수의 힘을 조직하려면 어떻게 해야 하는지와 같은, 정치학에서 가장 오래된 질문과 대면하고자 했다.

일상의 세계에서도 우리는 같은 사실을 두고 이해하는 방법이 달라 다투는 경우를 자주 본다. 규모가 큰 갈등을 동반하는 정치적 사안의 경우 더더욱 그렇다. 우리 사회에서도 민주화가 되고 직접적인 강제나 물리적 억압의 사용이 크게 제한되면서 이데올로기의 기능과 역할은 아주 커졌다. 언론의 정치 교육 기능이 사태를 이끄는 중심적인 힘이 되었고, '사실'만큼이나 '사실을 이해하는 방법'도 중요해졌다. 그 결과 이데올로기의 세계를 관통하지 않는 한, 도대체 사실이 무엇인지에 도달하는 일은 점점 어려워지고 있다.

정치학에서 이데올로기란, 쉽게 생각하면 지극히 단순한 의미가 되지만 어렵게 생각하면 제대로 다루기 어려울 정도로 한없이 난해한 개념이 된다. 사전적 지식으로 말하면, 사실을 인식하는 관념적 체계라고 할 수 있는데, 대개의 경우는 부정적 의미로 많이 쓰인다. 잘못된 '허위의식' 내지 사실과 다른데도 맹목적으로 받아들여지는 '전도된 인식'을 가리키는 것이 일반적이다. 나아가 문제를 이해하는 방법을 둘러싸고 전개되는 '권력 작용'을 분석하는 개념적 도구로도 자주 사용된다.

　우리 사회의 수많은 갈등 이슈 가운데 이데올로기성이 가장 심한 주제를 꼽으라면 필자는 단연코 지역주의라고 말하고 싶다. 지역주의를 주제로 한 대부분의 논의에서, '사실'과 '사실이 아닌 주장' 사이의 구분을 명확히 하는 경우는 별로 없다. 대개는 사실의 문제와는 무관하게 특정 지역을 도덕적으로 비난하거나 훈계하는 방식으로 다뤄지는 것이 일반적이다. 그간의 논의에서 지역주의를 가리키는 객관적 사실만 따로 분리해 본다면, 아마 그 내용의 빈약함에 놀라지 않을 수 없을 것이다. 그러다 보니 정치적 견해를 달리하는 사람들과 지역주의 문제를 논의하는 것은 매우 힘든 일이 되어 버렸다. 호남의 지역주의가 문제라고 하는 사람과 영남의 지역 패권주의가 문제라고 말하는 사람 사이도 그렇지만, 여기에 영호남 지역주의 모두 문제라고 하는 사람이 들어온다고 해서 달라지는 건 없다. 이들에게 한국 정치의 문제를 '지역주의 때문'으로 과도하게 환원하는 것 아니냐고 말한다 해도, 아마도 기껏 들을 수 있는 대답은 "지역주의가 얼마나 심각한지 몰라서 그런다" "현실 정치를 경험해 보니 심각하더라" "당신은 책상물림이라 현실을 모른다"가 되기 쉽다. 사실보다, 규범적 평가나 인식의 차원이 압도하는 문제가 되어 버린 것, 지역주의를 둘러싼 논의가 갖는 이데올로기성은 여기에서 기인하는 바 크다.

　그렇다면 이제부터라도 호남과 영남을 연구하고 그 지역적 특성을 밝혀내며 각 지역마다의 역사와 문화 관련 사실들을 모두 모아 보면 이데올로기성의 문제가 해결될까. 영남과 호남의 지난 수천 년 역사를 다 불러들여도 달라질 것은 없다. 근대적 산업화 과정의 지역 차별 구조를 자세히 들여다보아도 마찬가지다. 권위주의 시기에 대통령 선거가 어떻게 치러졌고 당시 유권자가 어떻게 투표했는지를 봐도 그렇고, 민주화 이후 선거를 살펴봐도 마찬가지다. 지역주의적으로 사실을 해석하는 '안경의 문제'를 그대로 둔 채, 지역주의의 문제를 객관화하는 것은 거의 불가능하다.

사실성의 근거가 매우 약함에도 불구하고 지역주의에 대한 특정의 해석이 지배하는 현실, 지역주의 때문에 문제라고 모두가 말하지만 아무도 지역주의가 뭐고 왜 나쁜지 잘 따져 묻지 않는 현실, 그러는 사이에 지역주의가 한국 정치의 모든 문제를 배태하고 있는 알파이자 오메가로 되어 버린 것, 문제의 핵심은 바로 여기에 있다. 객관적으로만 본다면 한국만큼 지역 간 언어, 인종, 문화, 역사, 경제 발전 등에 있어서 차이가 크지 않은 나라가 드문데도 그렇다. 선거 결과의 지역적 차이가 크지 않느냐고 반론할 수도 있겠지만, 사실 지역 간 투표 행태의 차이는 어느 나라나 다 있다. 계급과 이념이 중심이 된 정치의 대표적인 모델인 영국의 경우를 봐도 그렇다. 스코틀랜드는 거의 노동당이 독점적으로 대표하는 지역이고 잉글랜드는 반대로 보수당이 독점하는 지역이다. 이런 예는 수도 없이 들 수 있다. 그런데도 마치 우리만 그렇다거나, 아니면 우리의 지역주의가 세계에서 가장 심한 것처럼 주장된다.

지역주의에 대한 우리 사회의 지배적인 해석이 어떻게 만들어지고 어떻게 동원되고 이용되는지에 대한 문제의식 없이 지역주의를 극복하자는 주장을 반복하는 것은 사태를 개선하는 데 도움이 되지 못할 것이다. 오히려 진짜 문제는 지역주의를 그렇게 인식하는 데 있다고 할 수도 있다. 그런 인식은 지역주의 때문에 큰일이고 지역주의 극복 없이는 아무것도 안 된다며 끊임없이 두려움을 동원하고, 부정한 현실을 방관할 것이냐며 이데올로기적 결단을 강요하는 환원론적 논리 구조를 양산하는 데 기여할 뿐이기 때문이다. 제아무리 격조 있게 지역주의를 개탄하고 나라를 걱정한다 해도, 그것 역시 이데올로기의 한 편린에 불과할 때가 많다. 학문의 영역에서조차 그런 일은 이데올로기에 봉사하는 연구 이상일 수 없다. 요컨대 지역주의 문제를, 인과적으로 설명이 가능하고 합리적으로 이해 가능하며 규범적으로 타당하게 다루는 일은 더 이상 미룰 수 없는 중대한 일이 되었다.

7. 렌즈의 문제를 생각해 보자

이제 본론으로 들어갈 차례인데, 한마디로 말해 이 책에서 필자가 하려고 하는 작업은 일종의 '문제를 달리 보자'는 제안 같은 것이라고 할 수 있다. 근본적으로 한국의 지역주의는 사실의 차원보다는 해석과 인식의 차원을 더 많이 갖는 심리적 문제 혹은 상부구조적 문제를 특징으로 하기 때문이다. 따라서 이 책 전체를 통해서도 지역주의와 관련된 모든 사실을 검증 가능한 방식으로 다루기는 불가능할 것이다. 다만 지역주의에 관한 기존의 이데올로기화된 인식을 벗어나 문제를 보면 그동안 당연하게 여겼던 사실들이나 전혀 주목하지 않았던 사실들이 새롭게 보이게 될 것이고, 나아가 있는 그대로의 사실을 보지 못하게 했던 여러 힘들의 구조에 대해 질문을 제기할 수 있게 될 것이라고 본다.

과학의 역사를 새로운 관점에서 접근했던 토머스 쿤Thomas Kuhn이 강조했듯이, 사람이 무엇을 보게 되는가는 그가 바라보는 대상에만 달려 있는 것이 아니라, 그 이전에 그가 어떤 시각 내지 개념적 틀을 교육받았는지에 달려 있는 바가 크다. 태양과 지구의 움직임은 옛날이나 지금이나 다르지 않지만 태양이 지구를 돌고 있다는 해석으로부터 그 반대로의 전환이 가져온 결과는 가히 혁명적이었다. 코페르니쿠스 혁명이라고도 하는 이 해석의 전환으로 인해, 물체의 움직임에 대한 그간의 모든 진술은 달라져야 했고, 사회의 제도들과 인간의 행위에 대한 권위 부여도 과거와는 아주 다른 방식으로 행해지게 되었다.

지역주의 문제에 대한 기존의 지배적인 해석 틀 역시 달라져야 하고 이를 개선하는 방법 역시 다르게 접근해야 한다고, 필자는 믿는다. 특정 지역에 대한 편견과 차별의 문제가 정치적으로 악용되고 사태를 개선하기보다는 심화시키는 악순환의 고리가 형성된 데에는, 지역주의에 대한 잘못된 해석이 기여한 바 크고, 그렇게 잘못 보도록 만드는 작위적인 힘의 작용이 있었다고 보기 때문이다. 토머스 쿤의 개념대로라면, 그것은 사실을 변형되어 보이게 하는 '렌즈의 문제'이자, 동시에 그렇게 봐야 한다고 가르치는 교과서의 기능처럼, 일종의 '권위적 요소'가 작용한다는 것을 말한다. 지역주의 문제를 잘못 보게 만드는 렌즈는 바뀌어야 하고, 이데올로기화된 해석으로 영향력을 조직하려는 진짜 지역주의자가 누구인지는 분명히 밝혀져야 할 것이다.

본론은 크게 두 개의 부로 이루어져 있다. 제2부는 한국의 지역주의 문제를 이해하는 데 있어서 가장 중요한 세 주제라 할 수 있는, 지역주의의 형성, 지배 담론화, 변화의 문제를 다소 긴 시간적 지평 위에서 살펴본다. 제3부는 한국의 민주화가 왜 많은 사람들의 기대와는 달리 지역을 중심으로 한 정치적 갈등 구조로 이어졌는가 하는 문제를 매우 미시적으로 살펴본다.

우선 지역주의 문제를 그 기원으로부터 따져 보기 위해 우선 오늘날처럼 영남이니 호남이니 하는 지역을 둘러싼 갈등의 구조가 언제 만들어졌고 그때의 지역주의는 대체 어떤 내용을 갖는 것이었는지부터 살펴보자. 이 문제는 이어지는 1장에서 다룬다.

지역주의 때문에 나라 망한다는 잘못된 설명은 그간 어떻게 지배적 위치를 계속 유지할 수 있었을까? 이유는 간단하다. 그런 설명을 필요로 하는 세력이 존재했기 때문이다. 민주화를 전후해 한국 정치의 문제를 지역주의 때문으로 치환하고자 하는 욕구와 이해관계를 가진 세력과, 여기에 편승해 이익을 추구하려는 세력이 있었고, 또 그들이 강했다는 말이다. 그들은 누구인가? 2장은 이 문제를 다룬다.

출신 지역에 따른 투표 성향의 차이는 변하기 어려운 것일까? 3장은 김대중 정부가 집권한 이후 치러진 2000년 총선 결과를 사례로 한국의 지역주의 문제가 갖는 특성을 좀 더 깊이 들여다보면서 변화의 가능성을 탐색해 본다. 특히 경쟁하는 후보 사이에 이념·세대·경력 등의 차이가 큰 지역구에서는 출신 지역이라는 요인이 크게 작용하지 않았다는 점을 눈여겨볼 필요가 있다.

지역주의는 언제부터 선거에 영향을 미치게 되었을까? 민주화 이전에 이미 지역주의는 유권자의 투표 결정에 영향을 미치기 시작했고 점차 강화되었다는 기존의 설명은 얼마나 사실일까? 이에 대해서는 4장에서 다룬다.

5장에서는 1987년 12월 대통령 선거 국면에서 유권자와 정당들이 직면했던 전략 상황을 살펴본다. 당시를 지배했던 사회 갈등은 무엇이었나? 정말로 지역주의가 유권자와 정당들의 선택을 압도하는 상황이었을까? 이 장에서 우리는 '지역주의 단일 쟁점이 지배하는 전략 상황'이었다는 기존의 해석이 사실과 다른 허구임을 보게 될 것이다.

전국적으로 대규모 시민 참여에 의해 실현된 민주화와, 그해 12월의 대통령 선거에서 나타난 지역적으로 매우 분절화된 결과 사이의 커다란 단절은 어떻게 설명할 수 있을까? 지역주의가 정말 민주주의나 독재냐의 갈등보다 더 강력하게 유권자의 투표 결정에 영향을 미친 것일까? 우리가 문제 삼아야 할 지역주의와 그렇지 않은 지역주의는 무엇이고, 문제의 지역주의는 선거 과정에서 어떻게 작용했으며, 이를 동원하고 이용한 자는 누구인가? 이 문제는 6장과 7장 그리고 8장에서 자세히 살펴볼 것이다.

마지막으로 제4부 결론에서는 이 책이 지향하고 있는, 지역주의 문제에 대한 '대안적 이해 방법'을 가능한한 자세히 집약하고 있다. 지역주의 문제 전체에 대한 필자의 생각을 먼저 알고 본론에 들어가고자 한다면, 제4부의 결론부터 읽어도 좋겠다.

끝으로 이 책은 그간 필자가 발표했던 여러 글을 바탕으로 작성되었음을 밝혀둔다. 1장은 박상훈(1998)과 Park, Sang-Hoon(2003)의 내용을 중심으로 새로 썼다. 2장은 박상훈(2003)을 수정, 보완했다. 3장은 박상훈(2001)과 Park, Sang-Hoon(2004)의 내용을 수정, 보완했다. 4장에서 8장은 필자의 박사 학위 논문인 박상훈(2000)을 바탕으로 주제에 맞게 다시 썼다.

자, 이제 서론에 해당하는 이야기는 모두 마쳤으니 본격적인 논의를 시작해 보기로 하자.

제2부   지역주의를 어떻게 볼 것인가

1장
한국의 지역주의는 언제 어떻게 만들어졌을까

전라도니 경상도니 하는 지역성이 만들어 내는 사회 갈등을 가리킬 때, 원래는 지역감정이라는 용어를 가장 많이 썼다. 지역감정 대신 지역주의라는 용어가 더 자주 사용되기 시작한 것은 1990년대 중반에 이르러서였다. 지역 갈등의 심각성을 강조하려는 의도에서 지역주의라는 새로운 용어가 선호되기도 했고, 지역감정이라는 용어가 다소 심리적 측면에 한정된 의미를 갖기 때문이기도 했다. 이 책에서도 지역감정을 포함해 지역 차별, 지역색, 지역 의식, 지역 소외, 향토색, 지역 갈등, 지역 균열 등을 통칭하는 의미로 지역주의라는 용어를 사용한다. 물론 한국의 지역 갈등이 '—주의'라는 말을 붙일 정도의 문제인지는 생각해 볼 여지가 있다. 지역주의라는 용어가, '지리적으로 인접한 국가들이 공통의 이해관계와 상호 의존에 기초해 교류와 협력, 통합을 증진시켜 가는 현상'을 가리키는 국제정치 개념으로 일반화되어 있어서 혼란의 여지도 있다. 또한 지역주의가 분리 독립을 지향하는 특정 지역공동체의 열망을 가리키는 의미로 사용되는데, 한국의 지역 갈등에 이런 의미를 적용할 수 없다는 것도 분명한 사실이다. 그렇긴 하지만 더 나은 대안이 있는 것도 아니고, 이미 광범하게 사용되고 있으므로, 일단은 우리 사회의 일반적 관행에 따르기로 한다.

1. 몇 가지 기초적 논의

반호남 지역주의

오늘날처럼 영남이니 호남이니 하는, 지역을 둘러싼 갈등의 구조는 언제, 어떻게 만들어지게 되었을까? 그때의 지역주의는 대체 어떤 내용을 갖는 것이었나? 옛날부터 있었다는 '지역색' '지역 정서' '지역감정'이 계속해서 이어져 온 결과인가, 아니면 근대 이후 새롭게 만들어진 것인가?

 1970년대 중후반에 이루어진 고홍화·김현섭(1976), 김진국(1977)의 조사 연구는 좋은 출발점을 제공한다. 무엇보다도 이들의 연구는 객관적으로 검증 가능한 자료와 방법에 의존해 출신 지역을 둘러싼 사회 문화적 갈등의 내용을 조사·분석한 최초의 연구 성과이기 때문이다.

 고홍화·김현섭에 따르면, 이 시기 60퍼센트에 가까운 피조사자가 결혼·친구·동업 관계에서 호남 출신을 기피 대상으로 꼽았다. 반면 호남 이외의 지역 출신에 대한 기피 의식은 평균 10퍼센트 미만에 불과하다. 김진국의 조사 역시 호남 이외 지역 출신 모두가 호남 출신에 대해 부정적 인식을 갖고 있었음을 보여 주었다. 따라서 적어도 1970년대 중후반 시점에 호남 출신에 대한 기피 의식이 다른 지역 출신에 대한 기피 의식과 분명히 구별될 정도로 존재했다고 말할 수 있다.

그렇다면 비호남 출신은 어떤 근거로 호남 출신을 기피했고, 반대로 호남 출신은 지역 차별을 어떻게 생각했을까? 다시 이들의 조사를 살펴보자. 이들의 조사에 따르면, 비호남 출신이 호남 출신을 사회적 관계의 대상에서 배제하는 것을 정당화하는 근거는 주관적 편견을 내용으로 한 것이었다. 다시 말해 비호남 출신이 호남 출신을 기피하는 이유는, 호남 지역이 갖는 정치경제적 특성이나, 호남 출신이 주로 담당하는 사회적 기능과 같은 요인들에 의해 설명되는 것이 아니라, 호남 출신은 '간사하다' '신뢰성이 없다' '이기적이다' '뒤끝이 나쁘다'와 같이 객관적으로 검증이 불가능한 개성적 특질 내지 행동 양식을 갖기 때문이라는 것이다. 따라서 '전라도 사람'에 대한 개인적 경험을 과장하는 경우가 많았고, 호남에 대한 부정적 인식은 옛날부터 늘 있었다는 식으로 그 기피 의식을 정당화하려 했다. 이에 반해 호남 출신의 대부분은 자신들이 갖는 소외감의 근거를 지역 간 경제적 격차, 특정 지역에 대한 인사상의 차별 등 권위주의 통치의 결과에서 비롯된 것으로 보았다.

요컨대 지역주의 문제와 관련해, 호남 출신의 경우 '사회구조적 차별'에서 그 원인을 찾는다는 점에서 '체제'와 비판적으로 마주하고 있는 반면, 비호남 출신의 경우 호남 사람의 타고난 부정적 특질에서 그 원인을 찾는다는 점에서 '가해자 의식'을 공유하고 있었던 것이다(김진국 1988, 236).

영호남 갈등이 아니었다

앞서 지적했듯이 지역주의에 대한 우리 사회의 지배적 관점은 지역주의 문제를 영호남 갈등 혹은 이들 간의 지역감정 대립으로 이해하는 것이다. 하지만 1977년 자료를 이용, 지역민 상호 간의 호오 정도를 측정한 김진국(1984)의 연구 결과는 매우 흥미로운 사실을 보여 준다. 지역주의 문제가 영호남 간의 지역감정이라면 지역민 상호 간 호오 태도에 있어 영호남 간의 거리가 크게 나타났어야 할 것이다. 하지만 사실은 전혀 달랐다.

 우선 호남 출신이 가장 호의적인 태도를 보인 지역민은 영남 출신이었다. 역으로 호남 출신에 대해 가장 부정적인 태도를 보인 지역민은 영남 출신이 아니라 서울과 충청 출신이었다. 이는 1970년대 중후반의 시점에서 볼 때 한국의 지역주의는 영호남 간 지역감정의 대립으로 정의될 수 없는 것이었음을 보여 준다. 호남 출신에 대해 비호남 출신 전반의 사회적 거리감은 크게 나타났지만, 그중에서 영호남 출신 간의 거리감은 가장 작게 나타났기 때문이다.

1970년대 중후반까지 영호남 사이의 거리감이 작았고 오히려 호남에 대한 서울과 충청 출신의 편견이 더 크게 나타난 이유에 대해서는 뒤에서 다시 살펴보기로 하겠다. 그 전에 문제를 좀 더 큰 차원에서 제기해 보자. 1970년대 중후반은 압축적 근대화의 정점에 달하는 시기였다고 할 수 있는데, 왜 이 시기에 출신 지역과 같은 귀속주의적인 차이와 주관적 편견에 바탕을 둔 반호남 지역주의가 부각될 수 있었을까? 시기적으로 그 기원을 어느 시점에서 찾을 수 있을까? 전통 사회에서부터 있었던 '전근대적인 것'의 연장인가, 아니면 '냉전 반공주의 체제에서의 권위주의 산업화'로 요약될 수 있는 한국적 근대화의 특수성 때문에 만들어진 '근대적인 것'인가?

2. 반호남 지역주의의 역사적 기원

전통 사회의 유산인가

반호남 지역주의의 역사적 기원을 근대 이전에서 찾는 입장은 크게 두 견해로 나누어 볼 수 있다. 첫 번째 견해는 전통적으로 존재했던 지역주의가 1960~70년대의 근대화'에도 불구하고' 살아남았다고 보는 주장이다. 두 번째 견해는 고대 국가 시기부터 강한 반호남주의가 존재했고, 바로 이 반호남 지역주의 '때문에' 한국의 근대화가 호남에 대한 경제적 차별, 엘리트 충원에서의 차별을 동반했다는 주장이다.

첫 번째 견해는 한마디로 근대화론에 따른 이해 방법이라고 할 수 있다. 근대화론이 기초하고 있는 '확산 모델'에 따르면, 근대화의 충격은 귀속주의적이고 지방주의적인 가치와 1차적 유대를 특징으로 하는 전통 사회를, 성취주의적이고 보편주의적인 가치와 합리적 유대가 지배하는 사회로 변화시키는 효과를 갖는다. 이런 관점에서 보면 지역주의는 '전근대적인 것', 혹은 근대화에도 불구하고 남아 있는 '전근대적 유산'의 하나로 정의되고, 근대적 사회 발전과 정치 발전을 저해하는 요인으로 비판된다(이영일 1971; 홍동식 1991).

두 번째 견해는 근대화론과는 정반대의 '시원주의적 접근'으로 개념화할 수 있다. 이는 오랜 역사적 기원을 갖는 '영호남 갈등' 내지 '반호남 지역주의 때문에' 영남에 지역 기반을 둔 권위주의 정권이 근대화를 추진하게 되었을 때 영남이 혜택을 받고 호남이 차별을 당했다고 보는 것을 말한다. 그것이 가능할 수 있었던 것은 오랜 역사를 거치는 동안에도 지역주의가 사회 구성원들의 내면세계를 지배해 왔기 때문이라고 한다. 그렇기에 오랜 차별을 받은 호남은 '천년의 한'을 품게 되었다고 한다(김만흠 1991; 신복룡 1997; 남영신 1991; 남영신 1992).

근대화와 지역 차별의 인과관계를 보는 관점은 다르지만, 두 견해 모두 지역주의의 기원을 근대 이전의 전통 사회적 유산에서 찾는다는 점에서는 같다. 그렇다면 지금 우리가 문제 삼고 있는 지역주의는 근대 이전에서 유래하는 것일까? 전통 사회에서의 지역주의와, 앞서 살펴본 1970년대 중반의 지역주의는 같은 성격을 갖는 것이었을까? 사실 여부를 따져 보기 위해 이들에게서 공통적으로 발견할 수 있는 설명 요소들을 나열해 보면 다음과 같다.

첫째, 반호남 지역주의의 최초 기원은 삼국시대 신라와 백제의 대립, 그리고 백제의 멸망과 통일신라의 등장에 있다. 둘째, 후백제와의 치열한 군사적 대립을 통해 고려가 건국됨에 따라 후백제 출신은 지배층의 구성에서 배제되었다. 셋째, 농업에 기반을 둔 조선 시대에 호남 지역은 가혹한 수취의 대상이었으므로 민란과 모반이 잦았고, 그 결과 영남 출신이 중심이 된 지배층에게 차별을 받았다. 넷째, 반호남 지역주의는 옛날부터 사회 구성원들의 의식구조에 깊이 자리 잡아 면면히 이어져 왔다.

맞는 말일까? 하나씩 따져 보자.

신화로서의 시원주의적 지역주의관

우선 삼국시대와 관련해 '백제=호남'의 등식은 성립하지 않는다. 백제를 세운 온조溫祚는 부여족의 일파로서 고구려로부터 남하한 이주민 세력이었다. 그리고 백제가 존립했던 678년의 기간 중 493년 동안 정치적 중심지는 오늘날의 서울과 경기 지역이었고, 나머지 185년 동안은 오늘날의 충청남도 공주와 부여였으며, 그 아래 호남 지역으로 내려가지 않았다.

고려 시대에서도 호남 출신이 지배층의 구성에서 차별되거나 배제된 증거는 찾을 수 없다. 고려 전기 지배층의 배출 지역을 보면 후백제 지역 출신(31성관)과 신라 지역 출신(27성관)이 비슷한 수준을 보이고 있으며, 왕비의 배출 지역 역시 지역적으로 고르게 편재되었다. 특히 고려 말 몽고 침략에 대항하는 장기간의 항쟁을 거치는 과정에서 과거 고대국가를 복원하고자 하는 지역주의적 경향은 완전히 사라졌고 그 뒤 지난 1천 년 동안 전혀 나타나지 않았다.

농업에 기반을 둔 중앙집권적 관료 사회였던 조선시대에, 호남 지역이 특별히 가혹한 수취의 대상이 되거나 이로 인해 민란이 자주 발생했다는 것도 사실이 아니다. 경작 가능한 토지의 크기나 단위 면적당 수확량을 기준으로 볼 때, 특별히 호남의 과다 수취를 보여 주는 증거는 없다. 민란의 발생 빈도는 호남이 많은 것이 아니라 정반대로 영남이 압도적으로 많았다(남영신 1991). 조선시대 중앙 관료의 출신지로 볼 때도 특별히 호남이 차별을 받았던 것도 아니다. 만약 조선 시대에 특정 지방이나 그 출신에 대한 '제도화된 차별'이 존재했다면 그것은 호남이 아니라 서북이었다고 할 수 있다. 조선 전기에 서북 출신의 경우를 보면, 당상관이라는 중앙의 고급 관리에는 단 한 사람도 임용되지 않았으며, 후기에 와서도 지방관에 한해서 몇 사람의 예외만 있었을 뿐이었다. 중앙정부의 이런 차별 때문에, 임진왜란 당시 경기 이남에서는 의병이 많았던 반면, 서북 지역에서는 의병이 없었다. 그뿐만 아니라, 심지어 피난 온 왕자나 대신을 붙잡아 왜군에게 넘겨주기까지 했다(이이화 1983, 121-123).

특정 지역에 대한 편견이 근대 이전부터 사회 구성원들의 의식 체계 속에 깊이 뿌리내려 있었고, 지속적으로 재생산되어 근대 이후에 표출되었다고 보는 것은 일종의 '시대착오적 오류'다. 민족주의 연구의 선구자 가운데 한 사람인 어네스트 겔너가 강조하듯, 위계적 신분 사회이자 전통적 농업 사회로 규정될 수 있는 전근대 사회는 개인과 집단의 자율적 의식 체계를 필요로 하지 않는다(Gellner 1987). 따라서 혈통이라고 하는 귀속주의적인 기준에 의해 절대다

수 사회 구성원의 사회적 삶이 사전에 결정되었던 전통적 신분 사회에서, 집단적 정체성을 둘러싼 갈등이 나타날 가능성은 거의 없다. 독일의 사회학자 오페·비젠탈(Offe and Wiesenthal 1980)이 "집단적 정체성을 둘러싸고 벌어진 갈등은 매우 근대적인 현상"이라고 말하는 것은 이 때문이다.

다른 한편, 절대다수의 사회 구성원을 토지에 결속시키는 전통적인 농업 사회는 그 공간적 한계를 넘는 이동의 필요성을 갖지 않으며, 대부분의 사회 구성원들에게 공간적 이동을 허용하지도 않는 사회다. 그것은 대다수 생산 집단의 생활 세계에서 여타 지역의 존재에 대한 인식이 요구되지 않았다는 것을 의미한다. 따라서 통치적 필요나 지배층 내 권력투쟁의 계기로 인해 특정 지역에 대한 편견이 부과되었다 하더라도, 그것이 의식되고 재생산되는 것은 지배층 내부에 한정되었을 뿐 지역민의 의식구조에 침투해 자연적으로 계승될 수 있는 토대를 갖지 않는다.

창조된 전통, 발견된 편견

물론 서구의 경로처럼 근대 국민국가로의 이행이 지역적으로 분리되어 산재해 있던 다수의 독립된 공동체들을 강제로 통합하는 방법으로 이루어졌다면, 누군가 지역공동체에 대한 정치적인 충성심과 문화적인 정체성을 동원해 중앙 정부에 대항하려고 했을 수 있다. 하지만 우리의 경우는 그런 지역공동체가 존재하지 않는 '역사적 민족'*을 오랫동안 유지해 왔으며, 전통적 사회구조의 해체가 외부의 제국주의 국가에 의해 이루어졌으므로, 정치적이고 문화적인 정체성을 민족이 아닌 지역에 귀속시키려는 경향이 나타날 여지가 없었다. 실제로도 근대로의 전환기라고 할 수 있는 조선 후기나 일제 강점기 동안 지역이라는 단위와 민족이라는 단위의 갈등은 전혀 나타나지 않았다. 비교 역사적 맥락에서 보면, 오히려 약한 지역성이야말로 한국사의 중요한 특징으로 부각된다.

그렇다면 앞서 살펴보았듯이 1970년대 중반의 시점에서, 부정적 지역 편견이 호남에 집중되면서 전라도 사람은 '잘 속이고' '배신을 잘한다' 등의 편견이, 옛날부터 내려오는 전통적인 인식처럼 받아들여졌던 현상을 어떻게 설명할 것인가? 근대 이후 여러 사회에서 '전통'이라고 주장되는 의식과 행태가 대개는 "정치경제적 필요 때문에" 작위적으로 발명, 창조되었다는 사실을 분석하면서 홉스봄·레인저(Hobsbawm and Ranger 1983, 2)는 다음과 같이 지적한다.

> 이들 '창조된' 전통의 특이성은 …… 역사적인 과거와의 연속성이 대체로 인위적이라는 데 있다. 간단히 말해 그것은 새로운 상황이 만들어 낸 산물로서, 과거의 맥락과 연관된 형태를 창출하거나 혹은 준강제적 반복을 통해 그 자신의 과거를 새로이 확립한다.

---

* '역사적 민족'(historical nation)의 개념에 대해서는 E. J. Hobsbawm(1990) 참조.

한국의 지역주의와 관련해 이야기되고 있는 전통적 인식 역시 마찬가지의 특징을 갖는다고 볼 수 있다. 앞서 살펴보았듯이 분명 반호남 지역주의는 그 기원을 근대 이전에서 찾을 수 없다는 점에서 근대적인 것이고 새로운 것이다. '충의지향'忠義之鄕 '고국의 풍토를 가진 지역' 등과 같이 호남에 대한 긍정적 인식이나, 호남을 칭송했던 수많은 내용들은 배제되고, 각 지방에 대한 부정적 인식 중에서 오로지 호남에 대해 부정적 편견만이 '발견'되었다는 점에서, 호남에 대한 옛날부터 내려오는 전통적 인식이란 것은 새롭게 '선별적으로 불러들여진' 것이다. 그렇다면 우리가 분석해야 할 문제는 다음과 같은 것이 된다. '호남인이 본래 갖고 있는 특질'을 이유로 호남을 인간적 관계에서 차별과 배제의 대상으로 삼는 지역 편견은 언제, 어떤 사회적 계기에 의해, 누가 불러들였을까?

지역 편견의 변화 과정

해방 이후 1950년대를 통해 우리가 발견할 수 있는 지역적 고정관념은 비단 호남만을 대상으로 한 것이 아니었다. '서울깍쟁이' '영남 문둥이' '호남 개땅쇠' '함경도 이전투우'泥田鬪牛 '강원도 감자 바위' 등은 이 시기에 나타난 대표적인 고정관념 내지 편견들이다. 당시 이런 고정관념과 편견들은 주로 서울에서 나타난 것이었는데, 이는 절대 다수의 사회 구성원이 평생 출생지를 벗어나지 못한 채 그 지역에서 삶을 마감했던 전통 사회에서와는 달리, 많은 사람들이 도시로 이주하게 됨에 따라 지역성의 차이가 부각되고 여기에서 사투리와 지연 관계가 집단적 정체성의 단초가 될 수밖에 없었던 초기 근대사회의 특징을 반영한다. 이 시기 부정적 편견의 집중적인 대상이 된 것은 서울로의 이주가 많았던 지역민들이었다. 북한 지역으로부터 내려온 이주민과, 그중에서도 하층민을 이루고 있던 함경도 출신이 대표적인 예다. 반대로 서울 토박이의 인색함에 대한 이주민들의 부정적 감정도 컸다.

1955년 6월 6일자 『중앙학보』에 실린 글에서는 함경도 출신을 "이전투우"적 특질을 가진 사람들로 묘사하고 있고, "그 자식 함경도 자식인데 더 말해서 뭐해!"라는 편견이 매우 강하게 나타났음을 보여 준다. 같은 해 10월 22일자를 보면 "내가 시골에서 듣기엔 서울 사람들은 아주 인정 있고 얌전하고 궁한 사람을 도울 줄 …… (안다)던데, 웬걸 내가 와서 겪어 보니 인정 있고 얌전은 고사하고 궁한 사람의 입속 것을 내어 먹을랴 하니 어찌된 일인지 어리벙벙하다"라며 서울 토박이에 대한 부정적 평가가 나타난다(고홍화 1989, 89-92에서 재인용).

1960년 조사된 이진숙(1960)의 연구는 서울 사람에 대해 피응답자의 40퍼센트 이상이 '인색하다'고 평가했으며, 30퍼센트 이상은 '간사하다'는 고정관념을 부여했음을 보여 준다. 어떤 자료를 보든 적어도 1960년대 초반까지 호남은 지역과 관련된 부정적 편견이 집약되는 대상이 아니었음이 분명하다. 반호남 지역주의를 자극하는 대표적 정치인으로 알려진 김대중은 1961년 당시 강원도 지역의 보궐선거에 출마해 당선되었다. 1963년 대통령 선거에서 박정희는 자신의 고향인 경북에서 61퍼센트를 득표했으며, 전남과 전북에서도 각각 62퍼센트, 54퍼센트를 득표했다.

이상의 논의를 통해 적어도 다음 몇 가지 사실이 분명해졌다. 하나는 앞서 살펴보았듯이 1970년대 중반의 시점에서 반호남 지역주의를 보여 주는 조사 결과가 있다는 사실이다. 다른 하나는 도시화와 대규모 인구 이동 과정에서 이주민들 사이에 지역적 정체성을 둘러싼 편견의 교환이 본격화되었지만, 적어도 1960년대 초까지는 호남 출신을 중심으로 한 배제와 소외의 갈등 구조가 존재하지 않았다는 점이다. 그렇다면 결국 문제의 반호남주의는 1960~70년대의 권위주의 산업화와 그것이 가져온 사회 변화의 맥락에서 부각된 것이라는 결론에 도달하게 된다.

3. 권위주의 산업화의 공간적 특성과 지역주의

지방이 아닌 도시에서 시작되었다

잘 알다시피 한국의 근대적 사회 변화가 집중되었던 1960~70년대 경제개발 혜택과 엘리트 충원의 공간적 분배에서 수도권과 영남은 집중적인 혜택을 받았다. 비단 호남만이 아니라 그 밖의 지역 모두가 산업화와 엘리트 충원에서 혜택을 받지 못했다. 따라서 우리는 자연스럽게 다음과 같은 의문을 제기하게 된다.

첫째는 왜 영남이 아니었는가 하는 문제다. 즉 수도권을 제외한 다른 지역에 비해 영남이 경제개발과 엘리트 충원에서 압도적인 수혜를 받았음에도 불구하고, 지역 균열의 분획선은 왜 수혜 지역으로서의 영남과 비수혜 지역으로서의 비영남의 갈등으로 나타나지 않았는가 하는 것이다. 둘째는 왜 호남이었는가 하는 문제다. 즉 경제개발과 엘리트 충원에서 호남과 마찬가지로 혜택을 받지 못한 충청권과 강원도 출신 역시 왜 반호남의 편견에 쉽게 반응했는가? 해방 이후 1950년대를 거치는 동안 경쟁적으로 형성되었던 각 지방에 대한 부정적 고정관념과 편견 가운데 호남에 대한 부정적 편견만 호명되고 확대될 수 있었던 이유는 무엇인가?

라디오·텔레비전·신문 등 대중매체가 생활 세계를 지배하기 전인 1970년대 중반까지 집단 간 상호 의식이 형성되는 소통 구조의 기술적 조건은 직접적인 접촉이 압도적이었다. 따라서 우리가 문제로 삼는 지역 혹은 지역성이라는 차이가 만나는 지점은 각 지역 출신들이 모여 있는 도시에서 이루어졌다. 지역과 관련된 편견은 지방이 아니라 중심과 도시에서 만들어졌고, 이것이 역으로 지방으로 확대되는 구조였던 것이다. 박정희 시기, 지역성의 차이가 교차했던 도시는 급격히 성장하는 산업도시였다. 따라서 이 시기에 나타난 지역주의는 산업화, 도시화, 계급 분화라는 시간적 축과 지역성이라는 공간적 축이 교직되는 지점에서 형성된 것이라고 할 수 있다.

1960~80년 사이, 도시 지역 인구 증가분의 50퍼센트 이상은 타

지역으로부터의 이주에 의한 것이었다. 도시로의 이주는 여러 가지 요인에 따른 것이었다. 행정 체계의 정비에 따른 도시의 인구 흡수 능력이 증대된 것이나, 더 나은 교육 기회를 얻고자 하는 기대 등은 대부분 같은 광역 행정 지역 안의 도시로 이주함으로써 실현되었다. 따라서 광역 지역 내 도시로의 이주는 지역 갈등의 소재가 되기 어려웠다. 반면 산업 부문의 유인에 의한 이주는 달랐다. 1960년대 산업 생산의 중심지였던 서울과 인천의 인구 증가 요인을 보면 타 지역으로부터의 인구 이동이 기여한 정도가 각각 70퍼센트와 114퍼센트에 이른다. 1970년대에 새로운 산업도시로 등장한 부천, 안양, 울산, 포항의 경우는 각각 83퍼센트, 73퍼센트, 69퍼센트, 69퍼센트에 이른다(전광희 1990, 118-119). 이주민만으로도 거의 두 배 가까이 인구가 늘어난 것이다.

　박정희 시대에 산업도시로의 이주는 두 개의 거점 지역을 중심으로 이루어졌다. 하나는 서울-경인 지역이었고 다른 하나는 영남 지역이었다. 그러나 영남 지역의 경우 산업도시로의 인구 이동은 주로 영남 지역의 농촌 퇴출 인구로 채워짐으로써 지역성의 교차 정도는 경인 지역에 비해 훨씬 덜했다. 따라서 박정희 시대에, 출신 지역의 차이로 인한 갈등은 주로 경인 지역에서 나타났다. 그리고 서울 외곽의 경인 지역이 개발되기 이전인 1960년대의 경우, 절대적인 수의 농촌 인구가 유입된 지역은 서울이었다.

왜 호남에 대한 편견만 호명되었을까

서울로 유입된 지역민 가운데 가장 규모가 큰 것은 호남과 충청이었다. 서울로 이주한 호남권과 충청권의 인구는 주로 저임금의 불안정 취업자나 일용직 혹은 비공식 부문에 종사하는 산업예비군으로 편입되었다. 1979년 저소득층의 출신 지역별 분포에 대한 서울시의 조사를 보면 호남이 28.3퍼센트로 가장 많고 그다음 충청이 17.3퍼센트, 서울이 14.2퍼센트, 뒤이어 영남은 12.5퍼센트에 불과함을 알 수 있다(김만흠 1991, 72). 1980년을 기준으로 전국 대비 영남권, 호남권, 충청권의 인구구성 비율이 30.5 대 16.2 대 11.7인 것을 기준으로 보면 충청권과 호남권은 자신들의 인구 비중을 넘는 서울로의 하층 이동이 두드러지는 반면, 영남권의 서울로의 하층 이동은 인구 비중을 훨씬 못 미쳤다는 것을 알 수 있다. 영남의 경우 농촌 퇴출 인구의 대부분은 같은 영남 지역의 산업 도시로 흡수되었으며, 서울로 이주한 영남 출신의 상당 부분은 대학 진학, 관료 진출, 사업의 형태를 띤 엘리트나 중산층의 이주였기 때문이다.

당시 저소득층이 밀집해 있는 서울의 빈민가는 비교적 가까운 거리의 공장에 다니는 불안정한 저임금 노동자, 일용직 노동자, 전통적 상업과 서비스 부문 종사자, 대다수 실업 상태에 있는 빈민 등 공식 부문과 비공식 부문을 유동하는 인구가 뒤섞여 경쟁하는 공간이었다. 그리고 이들 대부분은 타 지역으로부터 이주한 지 오래되지 않은 사람들로서, 각자의 사회적 관계와 정체성은 출신 지역으로 분리되었다. 이때 도시의 저소득층 이주자들 가운데 호남 출신이 다수를 점한다는 사실과, 이들이 피고용자나 피수혜자의 위치에 설 가능성이 높았다는 사실은 매우 중요한 효과를 발휘했다. 왜냐하면 그런 사실은, 도시에서의 정착과 고용을 둘러싸고 서로 경쟁해야 하는 이주민들 사이에서 비호남 출신들의 반호남 의식을 자극하는 객관적 기초였기 때문이다. 또한 세입자와 피고용인의 위치에 설 확률이 가장 높은 호남 출신이 집주인이나 고용주와 갈등 관계를 갖게 될 때, 호남에 대한 부정적 고정관념은 쉽게 부과될 수 있었다.

하층 이주민 사이의 경쟁

산업화의 초기 단계이자 급격한 도시화의 물결 속에 있었던 당시로서는 사회 하층 내부의 갈등이 좀 더 중요한 계기였다고 할 수 있다. 도시의 과잉인구를 구성하고 있는 이들 사이에서 정착과 고용을 둘러싼 경쟁은 거의 생존의 문제에 가까울 만큼 강렬할 수밖에 없었기 때문이다. 따라서 앞서 살펴본 김진국(1984)의 조사에서 나타나듯이, 호남에 대한 배타적 거리감은 하층계급의 최다수를 차지하는 호남 출신과, 규모면에서 그 뒤를 잇는 충청 출신 이주민, 그리고 서울의 토박이 하층민 사이의 경쟁 관계에서 비롯된 바 컸다고 하겠다.

그렇다면 이렇게 형성된 반호남주의는 어느 정도 영향력을 갖는 것이었을까? 객관적인 증거를 들어 말할 수는 없지만 이주민이 집중되었던 서울에서 호남에 대한 부정적 고정관념이 점차적으로 편견과 기피 의식으로 발전했을 것이라는 가정은 현실성이 있다. 동시에 이 과정에서 이북 출신에 대한 부정적 고정관념은 더 이상 확대되지 않거나 점차 약해졌을 것이라는 것도 합리적인 가정이다. 그러나 1970년대 이전까지 반호남 편견과 기피 의식이 집단적 갈등이나 정치 경쟁을 자극한 사례를 찾기는 힘들다. 반호남주의가 정치 동원의 소재로 불러들여지기 시작한 것은 1970년대 들어서였다. 1971년 대선은 이를 살펴볼 수 있는 더 없이 좋은 소재가 아닐 수 없다. 이 시기 반호남주의의 정치적 호명과 조직화는 어떻게 나타났을까? 그리고 그 효과는 어땠을까?

4. 지역주의의 정치적 동원과 편견의 조직화

박정희 정권, 영호남을 지지 기반으로 출발

지역주의가 위로부터 조직되고 동원되었다는 증거를 확인하기에 가장 용이한 사례는 선거라고 할 수 있다. 무엇보다도 선거는, 제도화된 정치 참여가 제한되어 있던 권위주의 체제에서, 사회적 갈등과 균열이 단기간 내에 가장 폭발적으로 동원되는 공간이기 때문이다. 박정희 정권 시기 반호남 지역주의가 최초로 동원된 사례는 1971년 대통령 선거였지만, 그 이전 1960년대에도 지역성이 동원된 선거가 있었다.

1960년대 선거에 동원된 지역성은 호남이 아니라 영남이었다. 영남의 지역성이 정치적으로 동원된 이유는 박정희 후보가 영남 출신이었다는 사실도 중요했지만, 무엇보다도 영남 인구가 전체 인구의 30퍼센트를 상회하는 최대 인구였기 때문이다. 1963년 대통령 선거에서 박정희 후보는 영남 이외 지역에서는 '구악 일소' 등 개혁주의를 강조한 반면, 영남에서는 연고 의식에 호소하는 차별화 전략을 구사했다. 이 전략은 효과적이어서 서울과 경기, 충청 등 중부권에서는 40퍼센트 초반의 지지율로 고전한 반면, 경북 61퍼센트, 경남 67퍼센트, 전북 54퍼센트, 전남 62퍼센트 등 남부권에서는 높은 지지를 불러일으킬 수 있었다.

　더 전형적인 사례는 1967년 선거였다. 이 선거에서 여당은 전체적으로 경제 발전의 성과를 부각시키면서도 영남 지역의 선거 유세에서는 여전히 지역성을 동원했기 때문이다. 그 결과 경북과 경남에서는 71퍼센트와 75퍼센트의 높은 지지를 획득할 수 있었다. 이 시기 영남 지역의 유권자가 집권당을 거의 배타적으로 지지한 것은 산업화의 혜택이 이 지역에 집중되었기 때문이다. 예를 들어 1963년의 시점에서 경남의 일인당 지역 주민 소득GRP은 전국에서 가장 낮은 수준이었다. 경북 역시 전북에 비해 13퍼센트포인트가 낮았다. 그러나 1963년 이후 영남의 경제 수준은 놀라운 속도로 성장해 1970년의 시점에서 영남은 충청과 호남을 크게 앞질렀으며 경기 지역에 버금가는 정도가 되었다. 따라서 이 시기 영남 유권자가 박정희를 지지했던 것은 산업화의 혜택을 대가로 권위주의를 감수하는 일종의 정치적 교환political exchange이었다고 할 수 있다.

권위주의의 위기와 지역주의

그렇다면 왜 그 이전 선거와는 달리 1971년 선거에서는 반호남주의를 필요로 했을까? 쉽게 생각해 볼 수 있는 것은 다음의 두 가지 사실일 것이다. 첫째는 앞서 살펴보았듯이 1960년대를 거치면서 호남에 대한 부정적 편견이 확산되기 시작했다는 사실이다. 둘째는 1971년 선거에서 박정희의 경쟁 후보가 호남 출신의 김대중이었다는 사실이다. 이 두 사실은 1960년대 박정희의 경쟁 후보가 충남 출신의 윤보선이었으며, 충남의 경우 지역 편견의 대상으로 부각되지 않았다는 것과는 대비되는 변화였다. 그러나 이런 사실은 박정희 정권이 반호남 지역주의를 조직하고 동원하는 데 있어 일종의 필요조건이었을 뿐, 인과관계를 연결해 주는 충분한 설명이 되지는 못한다. 더욱 중요한 사실은, 야당 후보가 충청 출신에서 호남 출신으로 바뀌었다는 사실이 아니라, 야당 후보의 도전과 영향력이 매우 강력했다는 사실에 있다.

 1971년 선거에서 김대중이 선거 과정을 압도할 만큼 영향력을 행사할 수 있었던 것은 두 가지 측면에서 비롯된다. 첫째, 1970년을 전후로 해 권위주의 체제에 대한 사회적 비판이 본격화되었고, 산업화의 비용을 감수했던 사회집단들의 저항이 시작되었다는 점이다. 1969년 3선 개헌에 대한 비판적 분위기를 바탕으로 재야라고 불리는 사회 세력이 등장한 것도, 학생운동이 반독재의 슬로건을 내걸고 사회의 전면에 나선 것도 이 시기다. 또한 '전태일 분신 사건' '광주 대단지 사건' 등 산업화가 만들어 낸 하층계급의 저항이 등장하기 시작한 시기도 이때였다. 둘째, 김대중 후보가 권위주의 체제를 뒷받침한 제도와 기구, 불균등한 분배 구조를 정면으로 공격하고 나섰다는 점이다. 당시 그는 중앙정보부의 수사 기능을 축소시키고 국회의 심의 대상으로 만들겠다고 공약했으며, 1968년 창설된 향토예비군제를 폐지하겠다고 주장하고 나섰다. 또한 적대적 남북 관계를 개선하기 위한 '4대국 보장안'을 제시했고 '대중 경제'라는 새로운 경제 운영 원리를 주창하면서 '부유세 도입'을 공약하기도 했다.

이처럼 박정희 정권에 대한 사회적 비판이 확대되는 상황에서 야당의 대통령 후보로 나선 김대중이 박정희 정권의 권위주의적 근간을 공격하고 나섰을 때 그의 대중적 영향력은 폭발적이었다. 4월 18일 김대중의 장충단공원 유세에 수십만의 군중이 모인 것은 박정희 정권뿐만 아니라 야당 스스로도 놀라게 했다. 이로 인해 권위주의 정권이 갖는 위기감을 보여 주는 증거는 많다. 예컨대 당시 집권당이 사용한 선거 자금이 1971년 국가 예산(5천2백억 원)의 10퍼센트를 상회하는 6백억 원에 달했다거나,* 선거 유세 종반에 박정희

---

* 김종필의 증언에 따른 액수인데 강창성은 이보다 많은 7백억 원이었다고 주장했다(김충

후보가 눈물을 보이며 '이번이 마지막'이라고 호소한 것이 대표적인 예이다. 당시 중앙정보부의 고위 관리의 증언을 바탕으로 김충식(1992, 315-318)은 '이번이 마지막'이라는 호소는 김대중 후보의 상승세가 예상외로 강력하고 이에 따라 박정희 후보의 당선을 장담할 수 없는 상황을 감지한 중앙정보부의 '작품'으로 설명한다. 중앙정보부는 이 과정에서 공화당의 지도부를 설득하고, 마지막으로 박정희와 막역한 관계를 갖는 인사를 내세워 박정희를 설득했다고 한다. 선거 이듬해인 1972년 유신체제의 등장은 이런 상황과 맥락에 대한 고려 없이는 설명되지 않는다.

지역주의와 반공주의의 접합

그렇다면 이런 위기 상황에 직면해 박정희 정권이 조직한 반호남 지역주의의 의미 구조는 어떻게 나타났는가? 선거 국면에서 박정희 정권이 조직한 반호남 지역주의는 당연히 김대중이 호남 출신이라는 사실에서 출발하지만, 주목해야 할 것은 여기에는 일종의 '이데올로기적 접합'이 있었다는 사실이다. 그것은 반호남주의와 반공주의의 접합이자, 반호남주의를 일종의 이데올로기적 영역으로 이끌어 내는 것이었다. 반호남주의와 김대중과의 의미 연관을 위해 동

식 1992, 295).

원된 언술이 '호남 대통령'이었다면, 반공주의와 김대중과의 의미 연관을 위해 동원된 언술은 '사상이 의심스러운 자'라는 언술이었다. 박정희 후보 측이 제기한 "이런 사람이 호남 대통령은 될 수 있지만 어떻게 대한민국 대통령이 될 수 있느냐"(『동아일보』 1971/04/23)라는 주장과, 예비군제 폐지를 둘러싼 '안보 논쟁'에서 그를 '이적 행위자'로 몰아 부친 것 등은 그 대표적인 예이다. 당시 국방장관은 이례적으로 "예비군 폐지는 김일성의 남침을 촉진 유도하는 이적 행위다"라는 내용의 성명까지 발표했다.

그러나 김대중을 전라도 사람이라고 말하는 것만으로는 반호남주의의 정치 동원이 효과를 갖기는 어려웠다. 왜냐하면 1960년대를 거치면서 형성, 확산되었던 '간사하고 앞뒤가 달라 배신을 잘 하는 호남 사람'이라는 지역 편견은 개인들 간의 사적인 관계 영역에서 작용하는 것이었을 뿐 집단적인 갈등이나 정치 경쟁의 분획선으로 작용한 것은 아니었기 때문이다. 제 아무리 반공주의를 불러일으키려 했지만 그럴수록 권위주의에 대한 비판 의식만 커졌다. 이런 이유로 1971년 선거에서 '자기들끼리만 똘똘 뭉치는 호남 사람'이라는 고정관념이 등장했다는 사실에 주목해야 한다. 예컨대 "야당 후보가 이번 선거를 백제, 신라의 싸움이라고 해서 호남 사람들이 똘똘 뭉쳤으니, 우리도 똘똘 뭉치자"라는 주장이나(『중앙일보』 1971/04/22), "호남인이여 단결하라"라는 출처를 알 수 없는 내용의 전단이 영남 지역에 뿌려진 것(김상웅 1992, 340) 등이 대표적이다. 이처럼 '똘똘 뭉친 호남'이라는 고정관념을 조직화한 것은 반사적으로 다른 지역민의 반호남주의를 결집시키고자 하는 것이었다. 이런 의도는 박정희의 영남 지역 유세에서 더욱 극명하게 드러났다. "영남 대통령을 뽑지 않으면 우리 영남인은 개밥의 도토리 신세가 된다"거나 "쌀밥에 뉘가 섞이듯 영남도에서 반대표가 나오면 안 된다. 영남 사람 처놓고 박 대통령 안 찍는 자는 미친놈이다"라는 주장(『조선일보』 1971/04/18), 그리고 "우리 지역이 단합하여 몰표를 몰아주지 않으면 저편에서 쏟아져 나올 상대방의 몰표를 당해 낼 수 없다"는 주장(이상우 1993, 355) 등은, '호남이 똘똘 뭉쳐 호남 대통령을 만들려고 하는데'라는 의미 구조에 의해 뒷받침된 것이었다.

지역주의 정치 동원의 제한적 효과

그렇다면 이 시기, 이데올로기적으로 조직되고 정치적으로 동원된 반호남주의에 당시 사회 구성원들은 어느 정도 반응했을까? 이를 구체적으로 밝히기는 어렵겠지만 아마도 다음의 두 가지 사실은 분명할 것이다.

첫째는 당시 권위주의 지지 세력의 구성원들은 반호남주의를 적극적으로 수용했다. 상층계급이나 급격한 산업화의 수혜 집단 그리고 엘리트 충원 과정에서 특혜를 얻은 이들 지지 세력 구성원들에게 있어 권위주의 체제의 위기와 불안은 곧 자신들의 사회적 지위에 대한 위기와 불안을 의미하는 것이었기 때문이다. 따라서 이들은 반호남주의의 동원에 반응했을 뿐만 아니라, 나아가서는 반호남주의의 자발적인 조직자, 적극적인 동원자 역할을 했다.

둘째, 정권과 그 지지 세력이 동원한 반호남주의에 대해 일반 대중이 보인 반응은 크지 않았다. 김대중을 호남 대통령으로 상징화하려 했지만 이보다는 권위주의 정권에 투쟁적인 야당 후보라는 이미지가 더욱 강하게 작용했다. 또한 영남과 그 출신이 경제개발과 인사 충원에서 독점적 수혜를 입었다는 사실에 대한 비판도 강했다. 김대중은 지역개발의 불균형은 박정희 정권의 책임이라고 공격했고, "내가 당선되면 나는 자유와 정의를 사랑하는 모든 국민의 대통령이 되는 것이지, 결코 어느 지역을 대표하는 대통령이 되지는 않을 것"이라며 "호남 사람이라서 못 찍어 주겠다고 생각하면 안 찍어도 좋다"고 적극적으로 대응했다.●

'똘똘 뭉친 호남인'이라는 조작된 이미지를 이용해 비호남 유권자의 반호남주의를 자극하고자 했지만, 그에 상응하는 호남의 집단적이고 강렬한 움직임은 없었다. 따라서 김대중을 '호남 대통령'으로 호명했던 것이 야당 지지 성향을 가진 도시의 유권자들을 김대중으로부터 분리시키지 못했고, '똘똘 뭉친 호남'에 대한 반사적 반호남주의가 영향력을 갖는 것도 아니었다. 아마도 1971년 선거가 반호남 지역주의에 의해 압도되었다면 적어도 영남 지역의 경우 그 이전의 대통령 선거보다 박정희 지지가 늘어야 했을 것이다. 그러

● 각각은 『조선일보』(1971/04/03; 03/28; 04/09) 참조.

나 이런 예상과는 달리 박정희의 득표는 경남에서 오히려 줄었으며 부산에서는 매우 많이 줄어들었다. 영호남을 제외한 나머지 지역에서의 득표 결과만 보면 야성이 강한 도시지역, 특히 서울에서의 지지에 힘입어 김대중이 1만7천여 표를 앞선 것으로 나타났다. 따라서 이 시기에 국한해 본다면 정치적으로 동원된 반호남주의는 대체로 위로부터의 현상이었다고 할 수 있다. 달리 말해, 박정희 정권과 그 지지 세력에 의해 조직된 반공주의와 반호남주의의 접합은 여전히 불완전한 것이었다고 할 수 있다.

경성 권위주의의 등장과 지역주의

1971년 선거에서 가까스로 정권 재창출에 성공한 박정희 정권은 유신체제로의 전환을 통해 정치 경쟁을 극도로 제한시켰다. 그러나 잠재적 경쟁자이자 반독재 투쟁을 자극하는 김대중의 존재는 여전히 위협적이었다. 따라서 1971년 선거 이후에도 박정희 정권과 권위주의 체제의 수혜자들이 반김대중과 반호남의 이미지와 편견을 지속적으로 확대시키고자 했다는 것은 충분히 예상되는 일이다. 정권은 김대중에 대해 좌경 이미지를 부각시키고자 노력했다. 사적인 생활 세계에서 반호남, 반김대중의 이미지와 편견의 조직자는 지배적인 위치에 있던 권위주의 체제의 수혜자들이었다. 1971년 선거를 전후해 이들이 경험한 반독재 투쟁과 하층계급의 저항에 대한 불안감은 반김대중 혹은 반호남과 직접적인 의미 연관을 갖게 만들었기 때문이다.

　유신체제하에서 반호남주의가 '지배'와 '통치'를 위해 좀 더 적극적으로 조직되었을 것이라는 추정은 충분히 합리적이다. 그 전형적인 사례는 1980년 광주항쟁 시기에 나타났다. 비슷한 시기(1979년)에 일어났고 반독재 민주화의 열망이 표출되었다는 점에서 유사한 사례였던 부마항쟁과는 달리, 유독 광주항쟁에 대해서는 호남의 지역 정서를 불러들여 해석하는 경우가 많았다. 정부는 '외부 세력'과 '과격 세력', '폭도'가 주도했고 소외 의식과 '한'을 가진 지역민이 이에 동조했다고 설명했으며, 주류 언론은 이에 맞춰 기사를 작성했다. 반공주의와 지역주의의 접합은 하나의 공식처럼 이루어졌다. "상당수의 타 지역 불순 인물 및 고정간첩들이 사태를 극한적인 상태로 유도하기 위하여 …… 계획적으로 지역감정을 자극, 선동하고 난동 행위를 선도한 데 기인한 것"이라는 정부의 발표나, 4백 대 가까이 파손된 차량 가운데 유독 경상도 번호판을 단 두 대만을 부각시키는 등 이미지 조작을 통해 지역감정을 동원하려 했던 관제 언론의 보도 태도는 대표적이다(이남재 1993, 47). 이런 해석이 작위적으로 동원되었을 때 권위주의 체제의 수혜자들이 수용적인 태도를 보였으리라는 것은 상상하기 어려운 일이 아니다.

　그러나 권위주의에 대한 저항을 지역주의 때문으로 치환하려

• 계엄사령부, "담화문," 1980년 5월 21일.

는 이들의 해석이 큰 효과를 가졌다고는 볼 수 없다. 광주에서의 비극을 통해 집권했던 5공화국 정부는 반호남 지역주의의 이데올로기적 효과를 추구했지만 반권위주의 저항 연합의 전국적 확대를 막지는 못했다. 지역주의가 사회적 갈등의 분획선이나, 정치 갈등의 분획선으로 표출된 사례도 없었다. 반호남주의가 권위주의 정권이나 그 지지 세력에 의해 광범하게 조직화되고 동원되었으며 반공 이데올로기와의 접합이 계속 시도되었지만, 그것은 여전히 지배의 욕구를 공유하는 집단 사이의 문제였을 뿐, 사회 대다수의 의식 세계를 지배하는 정도의 효과를 가졌던 것은 아니다.

그렇다면 1980년대 이후, 특히 1987년 민주화 이행기에서는 어떠했을까? 이 문제는 제3부에서 자세히 살펴보기로 하고 일단은 지금까지의 논의를 정리해 보자.

5. 2차적 균열로서의 한국 지역주의

작위적으로 만들어진 지역주의

이상의 논의를 요약하면 다음과 같다. 첫째, 박정희 정권 시기 권위주의 산업화를 거치면서 사회생활의 가장 기본적인 관계 형성에서 인격적 특질 운운하는 편견에 기초해 호남 출신을 기피하는 현상이 나타났다. 둘째, 이런 반호남 지역주의는 급격한 '근대화의 추진에도 불구하고' 잔존한 전근대적인 유산이 아니라, 지역적 정체성의 차이가 중첩되었던 급격한 도시화와 계급 분화, 그리고 영남의 지지를 바탕으로 정권을 재생산하고자 했던 권위주의 정권과 그 지지자들에 의해 작위적으로 만들어진 것이다. 셋째, 이 과정에서 근대 이전의 중앙과 지방의 균열을 반영하는 호남에 대한 편견은 '발견'되었고, '동원'되었으며 오랜 역사적 기원을 갖는 것으로 '창조'되었다.

반호남 지역주의는 호남이라는 지역적 특성으로부터 만들어진 것이 아니라는 점에서 우리는 이를 '2차적 균열' 혹은 냉전 반공주의의 기초 위에서 이루어진 권위주의 산업화가 만들어 낸 '파생적 균열'로 정의할 수 있다. 이는 언어·종교·인종·문화·전통·역사적 차이를 가진 다수의 지역공동체가 존재하는 나라들에서 발견되는 지역주의와는 근본적으로 다른 유형의 지역주의이다. 이들 나라의 경우 지역주의는 근대 이전에 역사적 기원을 갖는 원형적 지역성 proto-regionalities에 토대를 두고 있으며 다른 지역 집단과 객관적으로 구분되는 문화적 특성을 갖는다. 그 표출 형태는 정치적 충성심을 지역공동체로 회귀시키고자 하는 지방적local 현상으로 나타난다. 따라서 지역주의의 정치적 동원 역시 분리나 자치를 지향하는 운동의 형태로 나타나는 경우가 대부분이다.

매우 동질적인 언어·인종·혈연적 기초 위에서 일찍이 중앙집권적 통치 체제가 확립된 한국의 경우 원형적 지역성은 매우 미약했다. 적어도 고려 시대 이후에는 분권화된 통치 공간을 갖춘 어떤 지역공동체도 존재하지 않았다. 산업화와 도시화 과정에서 지역 갈등이 불거졌다 해도 그것이 원형적 지역성이나 지역공동체의 존재 때문에 나타난 것도 아니고, 그런 분획선이 호남과 비호남 사이에 그어질 객관적·논리적 필연성도 존재하지 않았다. 그리고 바로 이런 이유에서 호남 출신을 기피하고 차별하는 근거로 제시되는 '호남민의 타고난 인격적 특질'이란 편견이자 허위의식이며, 작위적으로 만들어진 것이다.

지역성이 아니라 권위주의가 기원

또한 호남의 지역성이 반호남 지역주의의 형성에 있어 전제적 조건이거나 필수적 조건이 아니었다는 사실은, 소외 의식에 기반을 둔 호남의 지역주의 역시 호남이 갖는 지역성의 문제가 아님을 의미한다. 오히려 호남의 소외 의식에 앞서 반호남 의식이 먼저 형성되었고, 이런 반호남 의식이 지배와 통치의 계기와 결합된 편견과 이데올로기의 문제라면, 이에 대한 반작용으로 형성된 호남의 지역주의가 비호남의 반호남주의와 같은 차원으로 대비될 수는 없을 것이다.

한국의 지역주의를 비지역적 차원에서 파생된 균열로 보는 것은 지역주의 현상의 변화를 설명하는 데에도 의미를 갖는다. 3장에서 좀 더 자세히 살펴보겠지만 지역주의 이슈의 초점은 계속해서 변해 왔다. 예컨대 영남 지역의 투표 행태는 끊임없이 대구·경북과 부산·경남으로 분할과 통합을 반복해 왔을 뿐만 아니라, 특정 지역에서 한 정당의 득표 독점성도 끊임없이 유동해 왔다. 지난 2000년 선거 이후 충청권은 대체로 3당 체제에 가까운 결과를 보였다.

호남권 역시 2004년 총선 이후, 특히 2006년 지방선거에서 양당 체제적 경향을 발전시켰다. 2004년 총선에서 호남 지역의 선거 시장을 독점했던 열린우리당이 그 이후 지배력을 상실한 것은 대표적인 사례일 것이다. 2012년 대선 시기 이른바 '안철수 현상'의 지역적 기반이 호남이었다는 사실도 흥미롭다. 새누리당에 대한 반대도 여전히 강렬했지만 민주당으로부터 벗어나고자 하는 열망 또한 강하게 표출되었다. 호남 역시 선택할 수 있는 새로운 정당 대안이 출현한다면 얼마든지 분화될 수 있다고 본다.

한국의 지역주의가 갖는 2차적인 균열의 성격을 이해하지 않는 한 이런 변화를 설명하기는 어렵다. 앞으로도 지역주의의 정치적 표현은 정당 체제의 변화에 따라 끊임없이 변형되고 새로운 내용으로 재구성될 것이다. 한국의 지역주의를 2차적 균열로 정의하는 것은 규범적 차원에서도 의미를 갖는다. 그것은 민주화 이후 한국 정치를 지역주의라는 틀 속에서 해석하고 다른 차원의 문제를 지역주의로 용해시키는 접근이 왜 잘못인가를 효과적으로 지적할 수 있기 때문이다. 중요한 것은 지역주의 문제를 파생시킨 우리 사회의 정치경제적 구조의 문제를 개선하는 데 있지, 사람들의 머릿속에서 몹쓸 지역주의를 없애겠다고 흥분할 일이 아니기 때문이다.

2장

지역주의는 어떻게 지배 담론이 되었을까

한국 지역주의 문제의 핵심을 반호남주의라고 할 때, 이를 단순히 주관적인 감정과 편견의 문제로 이해한다면 잘못이다. 호남 출신의 기질이 어쩌니 하는 편견이 만들어지고 확대되었다고 해도, 그것은 매우 강력한 냉전 반공주의의 이념적 환경과 오랜 권위주의 통치하에서 이루어진 급격한 산업화와 도시화가 만들어 낸 척박한 생활 세계의 한 단면일 뿐, 그 때문에 사회적으로나 정치적으로 큰 문제가 되었던 것은 아니다. 따라서 상식의 세계에 존재하는 호남과 호남인의 기질을 말하고 옛날에도 그런 편견이 있었다는 것을 강변한다 해도, 이는 작위적으로 동원되고 의도적으로 부각된 결과일 뿐 그것이 지역주의 문제의 핵심은 아니다. 문제의 진정한 핵심은 권위주의 재생산이든 기득권의 방어든 자신들의 정치경제적 욕구를 실현하는 데 반호남주의의 효과를 필요로 하는 체제와 세력이 존재했다는 사실, 바로 그것이다. 이를 말하지 않고 사람들이 호남에 대해 어떻게 생각하는지를 수백 번 여론조사하고, 영호남 간의 화합과 단결을 수천 번 강조해도, 그것은 우리 사회의 지역주의 문제를 해결하는 데 기여하는 것이 아니라, 문제의 본질을 이데올로기화하는 데 기여할 뿐이다. 지역주의를 이데올로기화한다는 것은 무엇을 말하는 것일까?

1. 문제: 지역주의의 이데올로기화

3김 청산론과 지역주의

이 장에서는 민주화 이후의 한국 정치와 지역주의를 이해하는 데 있어서 지배적 해석의 틀 내지 지배적 담론으로 생산, 소비되어 온 이른바 '3김 청산론'을 살펴보려 한다.

3김 청산론이란, 한국 민주주의가 지역주의에 의해 지배된 것은 야당 지도자 '3김'이 자신들의 정치적 이해 때문에 지역주의를 경쟁적으로 동원한 것의 결과이며, 그렇기에 3김의 청산 혹은 그들의 정치적 영향력이 제거되지 않는 한 지역주의는 극복될 수 없다는 내용으로 압축된다.

사태의 원인과 결과를 개개의 인격체로 환원하여 도덕주의적 책임을 추궁하는 논리 구조를 갖는다는 점, 따라서 정치 현상 내지 정치적 사태를 둘러싼 구조와 힘 그리고 이들이 정치적으로 조직되는 특정의 체계와 패턴에 대한 이해를 진작하기보다는 방해한다는 점에서, 분명 3김 청산론은 상식의 세계를 지배하는 통속적인 이데올로기의 하나라고 할 수 있다. 그럼에도 불구하고 3김 청산론에 주목하게 되는 것은, 이 담론이 여론 시장과 정치의 세계, 나아가서는 학술 연구의 영역에까지 폭넓게 수용되었기 때문이다.

더욱 흥미로운 것은 3김 청산론이 보수적 견해를 갖는 세력의 전유물이 아니라 개혁 세력 혹은 진보파로 분류되는 인사들의 논의에서도 적극적으로 수용되었다는 점이다. 그야말로 보수와 진보의 균열 라인을 가로질러 소통되는 담론이었던 것이다. 이것이 어떻게 가능했을까? 이 장은 바로 이 문제가 한국의 지역주의 문제가 갖는 구조와 특성을 밝힐 수 있는 요체이자, 민주화 이후의 한국 정치가 왜 지역주의 문제에 의해 압도될 수밖에 없었는가 하는 문제를 이해하는 매우 좋은 소재라는 전제로부터 출발한다.

논의의 초점은 3김 청산론이 언제, 어떤 의미 구조로 형성되었으며, 또 어떤 조건에서 어떤 메커니즘으로 확산되었나, 그리고 그것이 갖는 정치적·이데올로기적 성격과 효과는 어떤 것이었는가 하는 문제를 민주화 이후 전개된 정치 변화의 맥락 속에서 분석하는 데 있다. 이를 위해서는 크게 두 단계의 작업이 요구된다.

하나는 지역주의에 관한 지배적 담론의 존재를 경험적으로 포착하고 그 의미 구조를 분석하는 것이다. 이 단계에서는 텍스트에 대한 내용 분석이 중심이 된다. 다른 하나는 텍스트 분석을 통해 얻어진 담론의 의미 구조와 그것이 만들어지고 조직된 정치·사회적 맥락을 결합해 분석하는 것이다. 비판 해석학의 전통에서 말한다면 이는 '해석에 대한 해석' 혹은 '맥락적 재해석'이 되는 것이고, 헤게모니 접합 이론의 관점에서 말한다면 담론의 의미 구조가 어떤 정치경제적 실천과 제도적 요소에 의해 뒷받침되고 있는가 하는 것, 다시 말해 '담론과 담론 외적인 요소의 접합'을 규명함으로써 특정 담론이 갖는 정치적·이데올로기적 성격과 효과를 분석하는 작업을 가리킨다.

권력화된 공론장에서의 지역주의

분석에 동원되는 소재 내지 텍스트는 언론 매체이다. 민주화가 가져온 가장 큰 변화는 선거 시장과 여론 시장의 역할이 커진 것이다. 민주화 이전의 정치가 권위주의 국가와 제도권 밖의 민주화 운동이라는 두 축을 중심으로 이루어졌다면, 민주화 이후 정치의 중심축은 각기 선거 시장과 여론 시장을 주도하는 정당과 언론이 되었다. 민주화로 인해 국가권력을 장악하기 위한 정치 경쟁의 제도화된 수단을 정당이 독점하게 되었다면, 정치적 의견의 사회적 의미를 둘러싸고 헤게모니를 다투는 영역은 언론으로 옮겨졌다. 따라서 언론 매체는 민주화 이후 한국 사회에서 지역주의가 어떻게 해석되고 있으며, 어떤 해석이 지배 담론의 위치를 차지했는지를 포착할 수 있는 가장 적합한 텍스트라 할 수 있다.

  그러나 이는 언론이 사회에 존재하는 다양한 여론과 의견들을 반영하는 역할을 하거나 혹은 여러 경쟁하는 사회적 힘들이 자유롭게 헤게모니를 다투는 장場으로 기능하고 있기 때문이 아니다. 많은 학자들이 강조하듯이, 현대 민주주의에 대한 최대의 도전은 거대한 사기업으로 성장한 언론사들이 여론 형성과 정치 교육에서 지배적

● 비판 해석학과 헤게모니 접합 이론의 이론적 전제와 이로부터 도출할 수 있는 방법론적 절차에 관해서는 강명구·박상훈(1997) 제2장을 참조..

인 영향력을 발휘하게 되었다는 사실이다. 고전적인 민주주의 이론에서 가정했던 것과는 달리, 현대 언론은 시민사회의 다양한 의견 분포를 반영하는 매체가 아니라, 자신들의 조직적 이해와 선호에 맞게 여론과 정치의 세계를 만들어 가는 독립된 주체로 기능해 왔다(Meyer and Hinchman 2002). 한국은 하나의 극단적인 사례로 이해될 수 있다.

따라서 이 글이 초점을 두고 있는 것은, 다원적 의견의 수동적 반영자 혹은 공공적 의견의 자유로운 소통장으로서의 여론 매체가 아니라, 위르겐 하버마스Jürgen Habermas가 말하는 '권력화된 공론장', 즉 공개성의 원리가 갖는 순수성보다는, 전략적 의도와 의사소통적 영향력을 통해 헤게모니의 영역을 지배하는 담론 생산 주체로서의 언론에 대한 것이다(하버마스 2001).

2. 접근: 지배 담론으로서의 지역주의

지역주의 해석을 문제 삼는 이유

누군가 다음과 같은 의문을 제기할 수 있을 것이다. 왜 지역주의 그 자체를 분석의 대상으로 접근하지 않고 지역주의에 대한 담론 혹은 지역주의에 대한 해석을 대상으로 하는가. 이는 이 글의 중심적인 주장과 맞닿아 있는 문제이자, 이후 경험 분석의 전제를 확보하기 위한 예비 작업으로서도 논의되어야 하는 중요한 문제다. 이런 질문에 대답하기 위해서는 우선 한국의 지역주의라고 하는 문제가 도대체 어떤 구조로 이루어져 있는지를 이해하지 않으면 안 된다.

한국의 지역주의를 연구하는 데 있어서 겪게 되는 가장 큰 어려움은 어떤 객관적 실체 내지 경험적 범주로 환원하여 분석하기 어렵다는 사실에 있다. 무엇보다도 한국의 지역주의는 주관적 편견과 허위의식을 동반하는 강한 상부구조적 계기들에 의해 둘러싸여 있기 때문이다. 한국의 지역주의는 미국과 같이 남부의 플랜테이션 농업 부문과 동북부의 산업-금융 부문 간의 이해 대립이나, 그것과 떼려야 뗄 수 없는 인종 간 대립과 같은 종류의 것이 아니다. 마찬가지로 서구의 다문화 국가에서 발견되듯이 종교·언어·종족·전통·역사적 차이에 의해 구분되는 문화적 지역공동체가 존재하는 것도 아니다. 앞에서도 계속 강조했지만, 한국은 통치의 지역적 다원성을 특징으로 하는 봉건제의 경험이 없고, 고려 말 대몽 항쟁 이후 지난 1천 년 가까운 기간 동안 한 번도 자치나 분리를 지향하는 지역주의 운동이 없었다.

권위의 중앙 집중화와 지방의 강권적 통합을 동반하면서 지역 균열을 만들어 냈던 서구의 근대 민족국가 성립 과정과는 달리, 한국의 경우는 근대 이전에 이미 강한 중앙 관료 체제하에서 오랫동안 통합되어 있었고, 긴 식민 지배와 냉전 체제에서 분단과 전쟁을 경험함으로써 지역적 정체성을 자극할 수 있는 역사적 계기를 갖지 못했다. 자율적 시민사회의 영역에서 지역주의가 집단적 갈등 내지는 물리적 폭력을 동반한 사례는 없으며, 지역주의 강령을 갖는 지역 정당이 존재한 적도 없다.

비교정치학이나 정치사회학에서 말하는 지역주의란, 직업이나 계급과 같이 사회의 기능적 분화에 의해 대체될 수 없는 하위문화 sub-culture로서의 지역공동체의 존재를 전제하는 개념이다. 다시 말해 지역주의란 엘리트 충원이나 경제적 자원 등 이른바 도구적 가치 instrumental value를 재분배한다고 해서 쉽게 대체 혹은 해체될 수 없는, 지역공동체에 대한 충성심을 의미하는 것이다. 마찬가지로 지역주의 정당이란, 이들 지역공동체의 이익과 열망을 실현하고자 하는 정치조직으로서, 사회 전체적으로는 항상 소수자의 위치에 있기 때문에 이들이 추구하는 정치적 대안은 다수결 민주주의 majoritarian democracy에 대한 거부로 나타난다. 가장 일반적인 대안은 분리 독립과 자치, 분권이며[*] 그 밖에도 미국의 사례에서 볼 수 있듯이 작은 주들에게 부여된 비토권,[**] 스위스와 같이 정부 형성에 소수 정파도 공동 통치자로 참여하는 협의체주의 consociationalism[***] 등이 있다.

---

* 서유럽 지역주의 정당의 정치 동원의 특징에 대해서는 Beyme(1985)를 참조.
** 미국의 헌정 구조에서 지역 대표성의 문제와 비토권에 관해서는 Dahl(2001), Weingast(1998)를 참조.
*** 소문화 지역공동체로 분절화된 사회(segmented society)에서의 민주주의가 갖는 정치적 특성과 협의체주의에 관해서는 Lorwin(1971), Lembruch(1974), Lijphart(1977)를 참조.

한국 지역주의의 특성

한국의 지역주의가 이런 다문화 국가에서 볼 수 있는 지역주의와 매우 다른 성격과 내용을 갖는다는 사실은 분명하다. 그간 지역주의의 문제로 일컬어져 온 현상들 ― 특정 지역에 대한 편견, 사회적 거리감, 경제적 자원과 엘리트 충원에서의 지역 차별, 투표 행태와 정당 기반의 지역적 분절성 등 ― 은 한국의 지역이 갖는 어떤 문화적 특성이나 기질 내지 사회경제적 차원에서 지역이 갖는 기능이나 역할 때문에 만들어진 것이 아니다.

경제적 자원 분배와 엘리트 충원에서의 지역 차별을 지역주의의 원인으로 설명하는 접근 또한 충분한 설명력을 갖지 못한다. 우선 객관적 지역 차별의 구조와 주관적 차별 인식이 갖는 인과적 상관성은 체계적이지 않다. 권위주의 산업화를 거치면서 지역을 둘러싼 객관적 구조는 수도권과 영남에 편중된 개발 혜택과 엘리트 충원을 가져왔지만, 실제 주관적 갈등 인식은 반反수도권이나 반反영남의 형태로 나타난 것이 아니었다. 게다가 자원 분배와 엘리트 충원에서의 지역 간 차별의 문제라면 사실 한국의 지역주의를 개선하기란 그다지 어려운 일이 아닐 것이다. 만약 그런 문제였다면, 지역 갈등의 정도는 경험적으로 매우 분명하게 객관화할 수 있을 뿐만 아니라 정부의 산업 정책, 인사 정책을 통해 완화 혹은 해결될 것이기 때문이다. 실제로 민주화 이후 인사 충원에서의 지역 편중은 크게 개선되었고, 집권당의 지지 기반이 되는 지역이 다른 지역에 비해 경제적 혜택을 더 많이 받은 것도 아니었다.

한국에서 지역주의 문제의 핵심은 실제로 지역의 차원에서 설명될 수 있는 정도와, 지역이나 지역주의 때문이라고 해석되는 인식의 정도 사이에 매우 큰 격차가 존재한다는 사실이다. 지금까지 살펴본 대로 한국에서 지역이라는 범주는 다른 사회 균열에 의해서도 분할될 수 없을 만큼의 동질적인 이익을 갖는 단위가 아니며, 다른 지역과 대립된 역사적 경험을 갖는 독립된 문화적 공동체로 존재하는 것도 아니다. 그럼에도 불구하고 놀라운 것은 민주화 이후 한국 정치를 설명하거나 규범적 판단을 내리는 데 있어서, '지역주의 때문에' 문제라거나 '지역주의를 극복해야' 정치발전이 가능하다는 등, 지역주의가 중심이 되는 인과적 진술과 주장이 여론 시장에서 별다른 증거 없이 생산되고 있다는 사실이다. 주요 정치 엘리트들은 '망국적인' 지역주의를 경쟁적으로 동원하여 해당 지역의 맹주가 되었고, 지역은 이들이 '깃발만 꽂으면' 그가 원하는 대로 투표하며, 따라서 다른 사실보다 해당 지역 맹주의 생각, 예컨대 '김심'金心이 뭐냐가 중요하고, 이들이 존재하는 한 정치 변화는 불가능하다는 신화적 해석이 언론 보도에 자유롭게 등장하는 것도 같은 현상이다.

근본적으로 이런 설명들은 객관적 사태를 설명하는 것이라기보다 언론이라는 해석자가 갖고 있는 한국 정치관을 반영하는 것이라 할 수 있다. 논리적인 구조에서 볼 때 설명 변인으로서 지역주의는 인과적으로 분리된 실체가 아니며, 객관적 사실에 있어서도 반중의 예들은 많기 때문이다. 예컨대 1992년 14대 총선에서 민자당, 2000년 16대 총선에서 자민련과 민국당의 예에서 볼 수 있듯이 지역주의에만 의존한 정당은 실패했다. 대표적인 반호남 지역연합의 사례로 알려진 민자당은 1990년 3당 합당으로 득표율 합 73.4퍼센트, 전체 의석수의 3분의 2가 훨씬 넘는 217석의 거대 정당이 되었지만 1992년 선거에서 득표율 38.5퍼센트에 과반수에 못 미치는 149석을 얻는 데 그쳤다. 충청과 영남의 지역주의에 의존하려 했던 자민련과 민국당은 정당으로 살아남는 데 실패해 사라졌다.

경쟁하는 후보자들이 제시하는 정책이나 이념 간의 차이가 큰 경우 지역이라는 요인이 유권자의 투표 결정에 큰 영향을 미치지 못하는 사례도 많다. 유권자가 정치 엘리트의 전략적 의도를 뛰어넘어 투표하는 경우도 많다. 요컨대 정치인들이 동원하는 지역주의의 영향을 받아 유권자가 투표한다는 이른바 '사악한 정치인-어리석은 유권자의 설명 모델'은 실제의 현실과는 별개로 여론 시장을 지배하는 '담론'일 뿐이다.

이상의 논의를 통해 알 수 있듯이 한국의 지역주의는 객관적 사태로서보다 주관적 해석의 차원에서 좀 더 잘 포착된다는 특징을 갖는다. 무엇보다도 한국의 지역주의 문제는 사실facts의 차원에서 기능하는 측면보다, 인식perception의 차원에서 작위적으로 만들어지고 동원되는 측면이 훨씬 더 크기 때문이다. 지역이라는 객관적 기초와 지역주의라는 인식 사이의 이런 격차는, 한국에서 지역주의 문제를 둘러싼 논의를 끊임없이 주관적인 것으로 만든다. 그 격차의 공간은 갈등하는 세력들 각자가 이해관계에 따라 지역주의를 작위적으로 해석하고 동원하는 장場이 된다. 지역주의를 해석하고 말하는 방식은 어떤 정치적 입장에 서있느냐에 따라 매우 다르게 나타난다. 이는 학술 연구에서도 마찬가지로 지역주의에 대한 연구는 그 주제가 어떤 것이든 현실 정치적 함의를 강하게 갖기 마련이다. 따라서 객관적 지역 차별의 구조와는 별개로, 담론 정치의 차원에서 작위적으로 만들어지고 변형되고 동원되는 지역주의의 이데올로기적 측면에 주목하지 않으면 안 되는 것이다.

이제 지역주의라는 실체가 모호한 담론의 안개를 헤쳐 가야 하는 긴 여행을 시작할 차례다. 다음과 같은 질문으로부터 출발해 보자. 여론 시장을 주도하는 언론의 지역주의에 관한 해석의 틀은 어떻게 형성되고 변화되었는가? 각각의 지역주의 담론은 어떤 정치적 이해관계 혹은 전략적 의도를 반영하는가?

3. 주류 언론에 나타난 지역주의

지역주의 이슈가 등장하는 계기

여론 매체에서 지역주의와 관련된 기사가 만들어지는 계기는 모두 정치적인 것이었다. 지역주의와 관련된 기사의 거의 절대량은 선거 시기에 나타난다. 다른 경우는 1990년의 3당 합당, 1994년 집권당

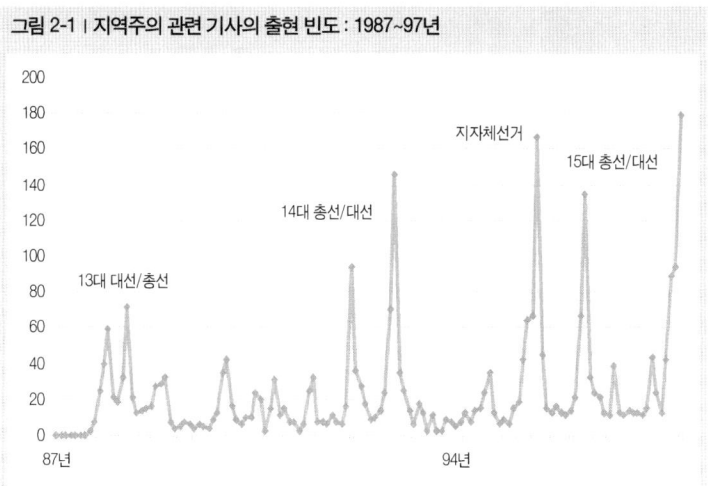

그림 2-1 | 지역주의 관련 기사의 출현 빈도 : 1987~97년

출처 : 위의 빈도는 1990년 이전 기사도 자동 검색이 가능한 『조선일보』를 대상으로 '지역감정, 지역 차별, 지역 소외, 지역 갈등, 지역주의, 지역 분할, 지역 격차, 지역색, 지역 대통령, 지역당'의 단어를 포함하고 있는 기사 수를 계산한 것이다.

에서 김종필의 출당, 1995년 자민련 창당 및 김대중의 정계 복귀 등 정당 구도party format의 변화를 가져온 사건이 계기가 된다. 그러나 이 역시 크게 보면 선거를 앞둔 정치 경쟁의 한 과정이라고 볼 수 있다. 그 밖의 경우는 대개 정부의 인사와 관련된 것으로서, 임명직 고급 관료의 출신 지역과 이에 대한 여야 논란이 주요 소재가 되지만, 그 빈도나 영향력은 매우 작다. 다시 말해 선거와 같은 정치 경쟁의 시기가 아닌 정상 상황에서, 그리고 정치사회 밖의 자율적 사회 영역에서 지역주의와 관련된 갈등이 기사의 소재로 만들어지는 예는 찾기 힘들다는 것이다. 1987년 이후 지역주의 관련 기사의 빈도를 나타낸 〈그림 2-1〉은 이를 잘 보여 준다.

지역주의 담론의 시기별 변화

주류 언론에 나타난 지역주의 관련 기사의 의미 구조는 크게 세 시기로 나누어 살펴볼 수 있다. 첫 번째 시기는 민주화 이행을 정초한 선거라 할 수 있는 1987년 대선과 1988년 총선까지의 기간이다. 이 시기 지역주의는 정치-사회적 혼란과 불안을 자극한다는 내용으로 권위주의 집권당이 적극적으로 동원하고자 하는 이슈였고, 주류 언론도 이와 같은 방향에서 보도했다(송근원 1994). 이때 지역주의는 전근대적 지방 의식 내지는 영호남 간의 '망국적인 지역 간 적대 감정'으로 정의되었고, 이로 인해 정치 안정과 경제 발전, 안보가 위협받을 수 있다는 의미로 해석되었다.

이런 해석에서는 지역주의가 만들어지고 동원될 수 있었던 정치경제적 원인과 구조에 대한 논의는 찾아볼 수 없다. 대신 호남의 지역 의식과 다른 지역의 지역 의식을 평면적으로 등치시켜 일률적으로 비난하거나, 호남이 오히려 지역주의가 가장 심하게 나타난 곳이라는 의미를 갖게 된다. 설령 호남의 소외 의식을 서술할 경우에도 그것을 어떤 비합리적인 '한'恨 내지 '응어리'라는 부정적 이미지로 설명될 뿐이다.

두 번째 시기는 1990년 3당 합당에서 1995년 2월 김종필이 신당 자민련을 창당하기까지의 기간이다. 이 시기는 그 이전과는 달리 야당과 사회운동 진영에서 집권 세력을 비판하기 위한 소재로 지역주의 담론을 적극적으로 동원했다는 특징을 갖는다. 무엇보다

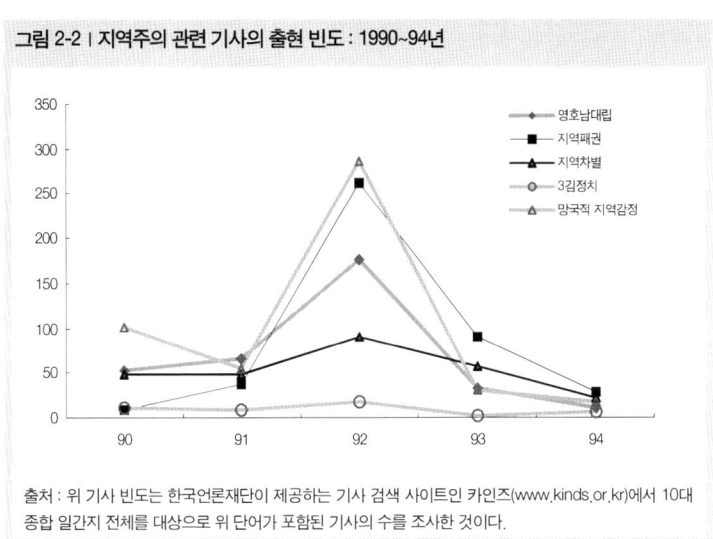

그림 2-2 | 지역주의 관련 기사의 출현 빈도 : 1990~94년

출처 : 위 기사 빈도는 한국언론재단이 제공하는 기사 검색 사이트인 카인즈(www.kinds.or.kr)에서 10대 종합 일간지 전체를 대상으로 위 단어가 포함된 기사의 수를 조사한 것이다.

도 3당 합당은 정치적 대표 체제에서 김대중과 평민당 그리고 그 지지 기반으로서 호남을 배제하는 정치적 지배 연합을 의미했기 때문이다. 이를 계기로 집권 연합에 비판적 의미를 갖는 '지역 패권주의' 담론이 정치적으로 호소력을 갖게 되었다.

1994년 집권당에서 배제된 김종필의 출당 파문 역시 같은 효과를 낳았다. 이를 계기로 '저항적 지역주의'와 '지역등권론' 등의 담론이 동원되었고, 1995년 지방선거에서 집권당은 크게 패배했다. 이 시기 언론이 생산해 낸 지역주의 관련 해석 틀이, 앞선 시기에 비해 크게 변한 것은 아니다. 그러나 흥미로운 것은 담론 생산 행위에 있어 집권 세력과 그 지지자들이 보인 소극성인데, 이는 지역주의에 대한 야당의 적극적인 태도와 크게 대비되는 현상이었다. 결과적으로 지역주의를 '영호남 대립' '망국적 지역감정'으로 보는 기존의 지배적 해석 틀도 계속 생산되었지만, 야당과 비판 세력에 의한 '지역패권주의'의 해석 틀도 기사 구성에 반영되었다. 그 결과 〈그림 2-2〉에서 알 수 있듯이, 서로 다른 의미 구조를 갖는 기사들의 출현 빈도는 서로 같은 방향으로 움직였으며, 특정한 의미 구조가 지배적인 것으로 나타나지 않았다.

세 번째 시기는 1995년 김대중의 정계 복귀 이후 1997년 15대 대선에 이르는 기간이다. 김대중의 정계 복귀와 이로 인한 민주당의 분열을 기점으로 지역주의의 해석 틀을 둘러싼 정당 간 경쟁에서 집권 세력은 다시 공세적인 태도를 갖게 되었다. 주목되는 것은 주류 언론의 태도다. 주류 언론은 김대중의 정계 복귀를 "지역주의를 볼모로 한 퇴행적 태도"라고 비난하는 집권당의 해석을 그대로 수용했을 뿐만 아니라, 지역주의에 대한 하나의 체계적 의미 구조를 조직하기 시작했다. 그 핵심은 지역주의를 '3김'이라고 하는 1980년대 이래 한국의 야당을 대표하는 세 정치 엘리트의 책임으로 해석하는 것이었고, 내용적으로는 김대중과 야당에 대한 배제적 의미를 갖는 것이었다. 한마디로 언론은 지역주의의 원인과 구조에 대한 적극적인 해석자이자 규범적 심판자의 역할을 자처하고 나선 것이다. '3김 청산론'으로 개념화된 이런 해석 틀은 다음과 같은 의미 구조를 갖는다.

(1) 민주화 이후 한국 정치를 제약하는 요인은 지역당 체제다. 이는 3김이라고 하는 해당 지역의 지배 엘리트가 유권자의 지역감정을 경쟁적으로 자극하여 만들어 낸 지역 할거주의의 내용을 갖는다.
(2) 지역주의는 출신 지역이 동일한 정치 엘리트를 맹목적으로 지지하는 전근대적 의식 행태로, 유권자의 정치적 결정에 가장 큰 영향을 미치는 요인이다. 지역주의의 중심 내용은 영호남 간의 망국적 지역감정이며, 이 때문에 충청도와 강원도에서도 반사적 지역주의가 만들어졌다.
(3) 3김은 유권자의 지역주의를 볼모로 정치적 영향력을 행사해 왔다. 따라서 지역당 체제의 극복을 위해서는 3김 청산과 같은 구 정치 엘리트의 퇴출과 함께 유권자의 탈지역주의 의식 개혁이 필요하다.

3김 청산론의 지배 담론화

3김과 지역주의를 동일시하는 이런 해석 틀이 얼마나 빠르게 주류 언론에서 지배적 지위를 차지하게 되었는지, 그리고 3김 청산론이 어떤 의미를 갖는지는 〈그림 2-3〉이 잘 보여 준다. 이 그림은 전체 지역주의 관련 기사 빈도 중 3김 청산의 의미 구조를 갖는 기사와 이에 비판적인 지역 패권주의의 의미 구조를 갖는 기사의 상대적 비중이 어떻게 변화되었는지를 보여 준다.

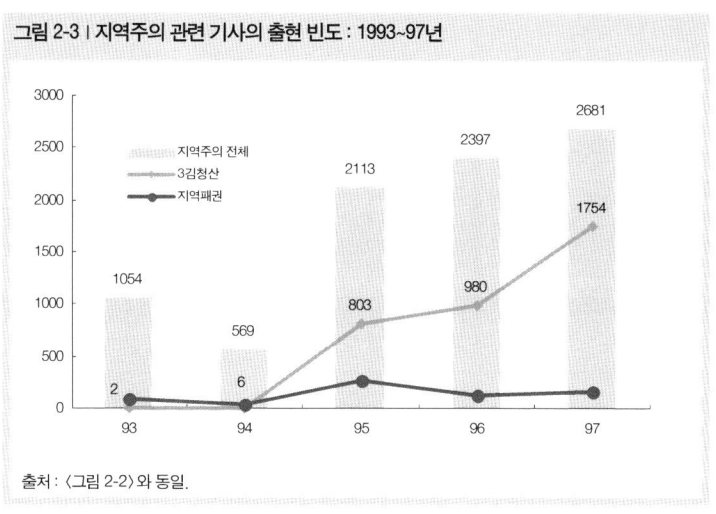

그림 2-3 | 지역주의 관련 기사의 출현 빈도 : 1993~97년

출처 : 〈그림 2-2〉와 동일.

위 자료가 분명하게 보여 주는 것은 두 가지다. 하나는 3김 청산론의 담론이 이와 갈등적 성격을 갖는 지역 패권주의 담론과 충돌하면서, 결과적으로 3김 청산론의 담론이 지역 패권주의 담론을 억압하는 기능을 했다는 것이다. 둘째는 1995년을 기점으로 지역주의와 3김을 동일시하는 해석 틀이 급격히 양산되기 시작하여 1997년에 이르면 전체 지역주의 기사의 65퍼센트에 이르게 될 정도로 매우 급속하게 확산되었다는 것이다. 그야말로 명실상부한 주류 언론의 지배 담론이 된 것이다. 이런 조건에서 언론은 다음과 같은 주장을 경험적 근거의 제시 없이도 자유롭게 하게 되었다.

중요한 것은 정치권뿐 아니라 대다수 국민 사이에도 지역주의와 3김 정치, 지역주의 청산과 3김 정치 청산이 어느새 동의어가 되어 버렸다는 점이다 (『동아일보』 1997/12/22, "지역주의" 기획 종합).

1996년 15대 총선과 1997년 15대 대선의 맥락에서 볼 때 3김 청산론이 갖는 정치적 함의는 매우 분명한 것이었다. 『조선일보』의 다음 기사는 이를 잘 보여 준다.

> 많은 사람들이 3김 청산을 얘기해 왔다. 우리는 왜 30~40년을 3김 씨에 묻혀 헤어나지 못하는가에 대한 반발이기도 하고 '참신'에 대한 동경 때문이기도 했다(『조선일보』 김대중 주필, "3김으로 보낸 33년," 1997/11/01).

위 논리는 두 개의 진술로 이루어져 있다. 하나는 야당의 김대중 후보로 상징되는 3김은 많은 사람들에게 청산의 대상으로 인식되고 있다는 것이며, 다른 하나는 집권당의 이회창 후보는 많은 사람들이 동경하는 '참신'의 의미를 갖는 것으로 동일시되고 있다는 것이다. 여기서 알 수 있듯이 3김 청산론의 핵심적 의미 구조는, 현실 정치인에 대한 대중의 부정적 인식에 편승하여 권위주의 세력을 대표하는 집권당 후보를 긍정하는 것으로 나타났다. 그렇다면 이런 의미 구조를 갖는 3김 청산론은 언제, 누구에 의해서 처음 조직되었을까? 그리고 어떻게 다른 의미 구조의 담론을 제압하면서 그렇게 빠른 속도로 지배적 담론의 위치를 갖게 되었을까?

4. 3김 청산론의 담론적 기원

1980년 『조선일보』의 담론 기획

여론 시장에서 지역주의 관련 기사가 처음 등장한 것은 1971년 대통령 선거에서였다. 그다음은 1980년 이른바 '민주화의 봄'과 광주항쟁을 전후한 시기였다. 이 두 시기를 지나 지역주의 관련 보도가 본격적으로 생산된 것은 1987년 민주적 개방 이후부터였다고 할 수 있다.

1971년 대선을 전후한 시기는 정치인의 지역주의 관련 언술을 전달하는 스트레이트 기사와 투표 결과에 나타난 지역 간 차이를 확인하는 것 이상 주목할 만한 기사는 없었다. 반면 1980년 『조선일보』의 보도를 보면 다음의 세 가지 담론적 요소가 주목된다. 우선 지역감정을 주제로 한 기사는 모두 야당인 신민당 내부의 갈등을 다루는 소재로 이루어져 있다는 점이다. 예컨대 야당의 지구당 위원장 선출을 둘러싼 폭력 사태가 대표적인 사례다. 둘째, 야당의 정치 지도자 3김을 정치발전에 부정적인 영향을 미치는 구정치 질서의 대변자이자 퇴진해야 할 세력으로 정의했다는 점이다. 셋째, 이런 정의의 다른 측면은 유신 체제를 재생산하고자 했던 전두환을 '새정치 세력'으로 의미 부여하는 것이었다. 대표적으로 1980년 8월 14일 김영삼의 야당 총재직 사퇴에 대해 이례적으로 1면에, "구정치 질서 공식 종언"이라는 제목의 해설 기사를 실었던 것을 들 수 있다.

> 한 가지 분명한 사실은 5·17을 기점으로 구정치 질서의 보스 격인 '3K'가 모두 퇴진하고 …… 전두환 국가보위비상대책 상임위원장이 …… 국정 전반을 실질적으로 운영해 나가고 있고 새 정치 세력을 주도할 인물로 확연히 부각되고 있(다는 것) …… 김 총재가 이번 정계 은퇴 성명에서 …… 과거 야당의 비생산적 정치 운영이 국가 발전과 경제 건설에 발전적으로 기여하지 못한 점을 반성하고 자퇴한 것으로 풀이된다.

1987년 『조선일보』의 담론 기획

『조선일보』의 1987년 보도는 훨씬 체계적이다. 대표적인 예는 8월 이후의 "김대중 칼럼"이다. 특히 주목되는 것은, 당시는 대규모 노동자 투쟁이 절정을 이루던 시기였고, 지역주의가 사회적으로 논란이 된 사례도 없었으며, 『조선일보』를 제외한 다른 여론 매체들에서는 지역주의에 관한 기사를 보기 어려웠다는 사실이다. 따라서 1987년 8월 이후 김대중 주필의 칼럼과 사설, 여론조사의 형태로 작성된 『조선일보』의 기획 기사는 시민사회에 존재하는 여론을 반영한 것이라기보다는, 민주적 개방 이후 변화를 바라는 대중적 욕구가 폭발적으로 표출된 정치 상황에 영향을 미치려는 『조선일보』의 의도를 반영하는 소재로 이해될 수 있다. 우선 "지역감정"이라는 제목의 8월 2일자 김대중 칼럼의 주요 내용은 다음과 같다.

모두가 걱정스러운 눈치고, 심지어 두려움 같은 것을 느끼는 사람도 많다. 이러다가는 나라꼴이 엉망이 될 것이라고 개탄하는 사람도 늘어나고 있다. 그것은 지역감정을 두고 하는 말이다. 구체적으로 말해서 전라도와 경상도 사람 간의 적대적 감정이고, 더 구체적으로 지적하면 경상도 정권에 대한 전라도 사람들의 한 맺힌 피해 의식이다. …… 최근에 와서 지역감정을 자신들의 정치적 목적에 이용하려는 경향이 노골화…… 게다가 영호남의 지역감정의 틈바구니를 겨냥한 움직임의 조짐도 엿보이는 실정이다. …… 지금 우리 유권자들에게 가장 잘 먹혀 들어가는 한마디는 '전라도에 정권이 넘어가는 것을 보고만 있을 것이냐'인 것…… 어느 쪽이 먼저라고 말할 수는 없지만 이런 상황은 서로 꼬리를 물고 상대방을 자극해서 악순환의 고리에 불을 댕길 것이며 그것이 경우에 따라서 어떤 폭력적 양상으로까지 발전하지 않는다는 보장이 없다. …… 지도자라는 사람들이 지역감정에 호소하거나, 그것을 자극하는 따위를 삼가도록 하고 또 국민들도 특정인의 정치적 이익에 추종하는 행위를 거부하도록 하는 캠페인이라도 벌였으면 하는 것이다. …… 이런 일련의 반지역감정 운동의 선봉을 대학생들이 맡았으면 하는 것이다.

이어 8월 16일자 "당신은 누구 편인가"라는 제목의 "김대중 칼럼"은 훨씬 직설적이다.

지역 간의 감정도 갈수록 심화되어 이제는 'xx도 놈'이라는 표현이 그렇게 낯설지가 않아졌다. 그런 현상의 결과로 …… 무슨 글 한줄 쓰면 '근로자 편이냐 기업주 편이냐'는 희롱조의 힐문이 되돌아오고, '민주화 편이냐 반민주화 세력이냐'라는 서슬이 시퍼런 비난이 여기저기서 날아온다.

이런 내용이 갖는 정치적 성격은 9월 13일자 "돌아온 '3K'"라는 제목의 "김대중 칼럼"에 잘 나타나 있다.

오늘의 상황이 어쩌면 적어도 외견상 1980년 4~5월의 상황과 그렇게 비슷하게 돌아가는지 기분 나쁠 정도다. …… 물론 그때의 상황 여건과 오늘의 상황 여건이 같지는 않다. 권력의 공백기에서 그 공백을 메우려는 숨 가쁜 질주들이 앞을 다투었던 그때와 하나둘씩 절차를 밟아 권력의 양도를 다짐하는 지금의 상황이 우선 같지 않다. …… 그러나 그때나 지금이나 비슷한 것이 있다면 그것은 대통령에의 꿈을 버리지 않고, 오로지 매진하는 '그때 그 사람들의 지금 모습'인지도 모른다. …… 3김 씨의 80년 재연을 덮어놓고 사시할 생각은 없다. …… 그러나 지금은 그렇게 한가하지가 않다. …… 두 김 씨의 이름이 결코 우리 정치의 마법이 아니고 두 사람 아니면 우리는 일어서지도 못할 것 같은 맹신이 언제나 존재하지 않는다는 것을 두 사람의 추종자들이 깨닫도록 하는 방법은 정말 없을까."

10월 20일자 여론조사와 사설도 마찬가지다. 우선 총 다섯 개로 구성된 설문항은 피응답자로 하여금 일정한 방향의 응답을 유도한다. "지역감정이 우려되나요"에서 시작된 설문은 네 번째 항목에 가서는 "경상도 출신의 대통령 후보가 전라도에서 선거 유세를 할 경우 거부반응이나 충돌 없이 무사히 잘 치러질 것으로 보십니까"

로, 마지막 항목에 가서는 "전라도 출신의 대통령 후보가 경상도에 가서 선거 유세를 할 경우 거부반응이나 충돌 없이 무사히 잘 치러질 것으로 보십니까"로 끝난다.

통계학자 출신으로 '갤럽 여론조사'라고 하는 세계적인 기업을 창설한 조지 갤럽George Horace Gallup은 의식조사에서 가장 중요한 것은 '질문 내용의 선택과 워딩'wording이라고 말한다. 특히 질문 내용이 특정의 대답을 유도할 가능성과, 이로 인한 실제 여론과 조사 결과 사이의 오차를 피해야 한다고 한다. 따라서 갤럽은 의식조사를 행하는 데 있어서 질문 작성자는 "설명을 위한 것이든, 선택지를 나열하기 위한 것이든, 문장이 길면 길수록 질문의 워딩이 응답에 영향을 미칠 가능성이 커진다"는 사실을 '실천 법칙'으로 명심해야 한다고 강조한다(갤럽 1993, 99-115).

이런 여론조사 상식에 어긋난 『조선일보』의 설문항 디자인은 그 목적이 피응답자의 의식을 객관적으로 조사하려는 데 있는 것이 아니라, 질문을 통해 체계적으로 특정 방향의 응답을 만들어 내기 위한 것이었다고 할 수 있다. 당연히 실제의 조사 결과도 그런 의도대로 나왔다. 10월 22일자 사설의 내용 역시 흥미롭다.

"광주와 부산 또는 대구에 사는 사람, 또는 최근 그 지역을 왕래해 본 사람이라면 이제 지역감정의 상태가 배타적 성격을 넘어 적대적·파괴적 양상으로 번지고 있다는 것을 잘 알고 있을 것이다. ……지역감정 해소에 앞장설 …… 움직임들이 전국 도처에서 일어날 것을 바라 마지 않는다. 동시에 우리는 21일부터 시작된 해태와 삼성 간의 코리안 시리즈에서 그 가능성의 첫 조짐을 체험하고 싶다."

이쯤 되면 당시 『조선일보』가 지역감정의 표출을 걱정하고 염려해서 그런 것인지 아니면 지역감정이 폭력적으로 표출되기를 얼마나 바라고 있었는지가 어느 정도 분명해진다고 본다. 실제로 11월 들어 그 바람대로 본격적인 지방유세는, 누구에 의한 것인지를 알 수 없는 폭력을 동반하는 경우가 나타났다. 『조선일보』는 곧바로 이 사태를 지역감정의 폭발로 해석했고, 그 수혜자는 권위주의 집권당이었다.

누구를 위한 3김 청산론이었나

이상에서 알 수 있듯이, 『조선일보』는 1987년 민주화 정초 선거 훨씬 이전부터 지역감정을 자극하고 동원하는 한편, 선거 경쟁에 참여하게 될 야당의 3김에 대해 매우 직설적인 반대 담론을 조직했다. 민주화 정초 선거 상황에 대한 『조선일보』의 정의는 지나칠 정도로 지역감정 의존적이며, 그 원인에 대한 설명은 노골적일 만큼 반호남적이다. 그 대안은 지역감정을 자극하는 것, 그래서 3김 모두가 집권의 가능성으로부터 멀어지길 바라는 것으로 나타난다. 요약하면 다음과 같다.

(1) 상황 정의: 집권당이 민주화라는 역사적 결정을 했음에도 불구하고 두려움을 느끼게 할 만큼 지역주의에 근거한 추종자들이 두 김 씨를 '정치의 마법'처럼 '맹신'하는 상황이다. 그 결과 상대방을 자극해서 악순환의 고리에 불을 댕겨 어떤 폭력적 양상으로까지 발전할 가능성이 높다.

(2) 원인: 이는 3김이 자신의 집권을 위해 지역주의에 불을 댕기고 있기 때문이다. 그중에서도 전라도와 경상도 사람 간의 적대적 감정, 더 구체적으로는 경상도 정권에 대한 전라도 사람들의 한 맺힌 피해 의식이 가장 큰 문제의 원인이다.

(3) 대안: 반민주 세력이라고 힐난을 받더라도 유권자가 두 김 씨의 정치적 의도를 추종하지 못하도록, 이들이 없는 정치가 필요하다는 의식 개혁 캠페인을 벌여야 한다.

3김 청산론이 어떤 의도로 누구에 의해 만들어진 것인가를 이보다 더 잘 보여 줄 수는 없을 것이다.

5. 3김 청산론의 확산 메커니즘

새로운 담론 생산자의 등장

앞서 지적했듯이 야당 정치 엘리트와 지역주의를 동일시하는 3김 청산론이 지배적 해석의 지위를 갖게 된 데에는 1995년 김대중의 정계 복귀가 큰 계기가 되었다. 우선 김대중의 정계 복귀는 주류 언론이 선호하는 대표적인 기사 주제인 현실 정치인에 대한 부정적 인식을 자극하는 소재로 기능했다. 이런 접근이 새로운 것은 아니다. 그러나 그 이전이 아니라 1995년 이후에서야 3김 청산론이 지역주의에 관한 지배적 해석 틀이 될 수 있었던 것은 여기에 새로운 담론 생산 집단이 결합되었기 때문이다. 그것은 야당과 사회운동 진영으로부터 왔다.

주류 언론은 이들의 담론 행위를 보도하는 형태로 3김 청산론의 대대적인 유통자 역할을 하게 된다. 우선 김대중의 정계 복귀는 야당 내 이른바 평민당계 세력과 자민련의 이해관계에 부합하는 반면, 이기택을 중심으로 한 민주당 당권파 세력, 그 밖에 동교동계의 역할이 커지는 데 반대하는 동시에 당권 세력과도 비판적 거리를 유지하는 비주류 세력의 이해관계와 충돌한다. 따라서 김대중과 평민당계 세력이 새정치국민회의로 분당해 나갔을 때 민주당 잔여 세력은 이들을 공격하고 비판하기 위해 3김 청산론을 수용하게 된다.

흥미로운 것은 이 시기 3김 청산론을 가장 적극적으로 동원한 세력은 정치 세력화 혹은 정계 진출을 지향했던 재야 사회운동 그룹이었다는 점이다. 3김 청산론을 공식적인 견해로 내건 최초의 재야 사회운동 조직은 '정치개혁시민연합'이었다.[*] 대체적으로 이들은 1987년 대선 당시 '후보 단일화파'로 분류되었던 그룹이라는 특징을 갖는다. 여기에 장기표·송운학·노회찬 등 민중당 혹은 진보

| 관련 일지 |

1995년	3월 21일	김종필, 자유민주연합 창당
	6월 27일	제1회 전국 동시 지방선거
	6월 29일	김대중, 정계 복귀 선언
	8월 28일	정치개혁시민연합 발기인대회
	9월 5일	김대중, 새정치국민회의 창당
	11월 27일	개혁신당 창당
	12월 6일	민주자유당, 신한국당으로 전환해 출범
	12월 21일	민주당과 개혁신당 합당 통합민주당으로 출범
1996년	1월 22일	이회창, 신한국당 입당
	4월 11일	15대 국회의원 총선
	6월 13일	통합민주당, 민주당으로 당명 변경
	11월 10일	국민통합추진회의(통추) 창립대회
1997년	7월 21일	신한국당, 경선에서 이회창이 이인제, 이수성 등을 누르고 대통령 후보로 당선
	8월 28일	민주당, 조순을 총재로 선출
	11월 13일	노무현 새정치국민회의 입당
	11월 24일	신한국당과 민주당 통합, 한나라당으로 출범
	12월 19일	15대 대선

정치연합 출신이 결합되었고, 이들은 1995년 말 개혁신당으로 재결집하게 된다.** 개혁신당 조직 과정에 나타난 지역주의 관련 내용을 보면 다음과 같다.

> 홍성우(개혁신당 공동대표) : "노태우 씨 비자금 사건으로 도덕성을 상실한 채 권력만을 추구해 온 3김의 비리가 드러났다. …… 반역사적 반국가

- '정치개혁시민연합'의 주요 참여 인사들은 다음과 같다.
장을병, 홍성우(공동대표), 박형규, 박인제, 박원순, 임재경, 성유보, 정성헌, 최열, 장두환, 박재일, 임현진, 김대환, 신경림, 김지하, 한명숙, 최한수.
- ** '개혁신당'의 주요 참여 인사들은 다음과 같다. 홍성우, 장을병, 서경석, 김홍신, 성유보, 장기표, 노회찬, 서상섭, 최윤, 하경근, 김성식, 이삼열.

적 지역 할거주의를 조장해 온 3김 중심의 구정치 세력을 청산하자"(『동아일보』 1995/11/02).

장을병(개혁신당 공동대표) : "지역 할거에 기반을 둔 붕당정치, 보스정치와 단호히 선을 긋고 모든 개혁 세력과 하나로 뭉쳐 새로운 정치 시대를 열자"(『동아일보』 1995/11/02).

장기표(민중당 출신) : "후3김 구도의 청산은 목소리만으로는 안 된다. 이들을 대체할 새로운 세력이 모인 새로운 개혁 정당이 있어야만 가능하다"(『동아일보』 1995/08/26).

이부영(민주당) : "민주당 이부영 부총재는 요즘 '복덕방론'을 편다. 지역 할거 구도에 바탕을 둔 3김 구도를 극복하고 정치 개혁을 하고자 하는 세력들을 하나로 묶는 '중개업자'가 되겠다는 것이다"(『조선일보』 1995/07/24).

1996년의 정치 변화와 '통추'

1996년 4월의 15대 국회의원 총선이 다가오면서 3김 청산론을 근거로 정치 세력화를 모색한 이들 재야 세력은 민주당과 통합하게 된다. 선거 경쟁에서 통합민주당의 정치 동원 전략이 갖는 성격은 원내총무(이철)의 설명에서 잘 나타난다.

최대 과제를 '3김 정치 청산'에 두고 있다. …… 바로 '3김 청산'이야말로 망국적인 '지역주의 청산'이라는 과제와 동전의 양면이 된다. …… 지역주의의 병폐는 실로 엄청난 것 …… 정치발전을 가로막고 있는 최대의 암적 요인이다. …… 3김의 '지역 나눠 먹기'가 기승을 부리는 현실(에서) …… 지역을 볼모로 자신들의 정치적 기득권을 기어이 온존하려는 자(를) …… 국민은 결코 속지 않고 심판할 것이다(『한국일보』 1996/02/24).

그러나 15대 총선에서 통합민주당은 기대했던 결과를 얻지 못했다. 홍성우, 이철 등이 중심이 되어 통합민주당의 차기 대선 주자로 영입하려 했던 이회창은 집권 신한국당에 입당했다. 개표 결과 통합민주당은 지역구에서 9석을 얻는 데 그쳤고 당 지도부와 재야 출신 후보 모두 낙선했다. 현실 정치에 진출하려던 시도가 좌절된 재야 세력은 그 원인을 지역주의적 3김 정치에서 찾으면서, 1997년 대선을 앞두고 전개될 정계 개편과 연합의 정치에서 기회를 얻고자 또 다시 독립적 조직을 결성하게 된다. '통추'로 약칭되는 '국민통합추진회의'가 그것으로 주요 참여 인사는 다음과 같다.

김원기(상임대표), 장을병, 신경림, 송기숙, 유창우, 송월주, 박형규, 백낙청, 이호철, 박찬석, 김진홍, 제정구, 이수인, 이미경, 김홍신, 노무현, 김정길, 박석무, 유인태, 김원웅, 홍기훈, 김부겸, 안평수, 성유보, 이철, 장기표

3김 청산론의 보수적 재편

이들이 직면한 어려움은 대선에서 독자적인 정치 세력으로 영향력을 가질 수 있는 후보 대안을 갖지 못했다는 것이다. 그 결과 이들

통추 세력은 3김 청산을 위한 제3의 후보 대안을 누구로 할 것이냐를 둘러싸고 분열되었다. 김원기 등은 이수성을 영입하고자 했고, 제정구·원혜영·유인태 등은 조순을 중심으로 3김 청산의 대안을 실현하고자 했다. 그러나 결과적으로 3김 청산을 지향하는 제3의 정당은 만들어지지 못했다. 이회창과 이수성은 집권 신한국당의 대선 후보 경선에 나섰고, 조순은 민주당의 대통령 후보가 되었다. 이 과정에서 신한국당 경선 후보였던 이인제가 국민신당을 결성하고 대중적 영향력을 동원하는 데 성공함으로써 15대 대선 후보는 3김 청산을 내세운 이회창(신한국당)과 조순(민주당), 3김 청산과 함께 세대교체를 내세운 이인제(국민신당), 정권 교체를 내세운 김대중(새정치국민회의)으로 정렬되었다. 대선 국면의 막바지에 들어서자 민주당의 조순은 이회창과 연대해 한나라당을 창당했고, 뒤이어 이부영·박계동·김원웅·홍성우, 통추의 제정구·김홍신·이철 역시 한나라당에 입당했다.* 이들의 명분은 모두 3김 청산이었다. 더불어 한나라당 내 민중당** 출신 인사들의 경우도 자신들의 정치적 선택을 3김 청산론으로 정당화하고자 했다.

---

* 이 과정에서 장을병은 국민신당을 선택했고, 김원기·노무현 등 나머지 세력은 국민회의에 입당함으로써, 3김 청산을 목표로 독자적인 제3당을 만들고자 했던 재야 사회운동 세력의 도전은 종결되었다.
** 대표적인 인사로는 민중당에서 각각 공동대표, 사무총장, 대변인, 노동위원장을 지냈던 이우재, 이재오, 정태윤, 김문수 등이 있다. 이들 대부분은 1994년에서 1996년 사이에 신한국당에 입당했다.

조순(민주당 총재) : "3김 시대를 청산하고 깨끗한 정치와 튼튼한 경제를 만들기 위해 힘을 합쳤다. 부정부패와 비자금, 1인 보스 중심의 정치를 청산해야 21세기 선진국을 이룰 수 있다는 공통 인식을 갖고 있다"(『경향신문』, 1997년 11월 14일).

김문수(민중당 출신) : "제가 볼 때에는 3김 정치라는 것은 김대중, 김영삼, 김종필 셋만 있고 나머지 정치인은 다 졸이 되어 버리는 정치이다. 그리고 이런 정치는 지역 정치이다"(『한겨레21』 제272호, 1999년 8월 26일).

3김 청산 담론 동맹의 공고화

이 시기 가장 흥미로운 것은 과거 민주화 투쟁의 과정에서 권위주의 집권당과 대립했던 재야 세력의 독자적 정치 세력화 시도가 3김 청산론을 근거로 추구되었다는 사실, 나아가 이들의 시도가 좌절되었을 때 상당수가 권위주의에 기원을 둔 집권당에 입당했고, 동시에 3김 청산론은 집권당 후보의 선거 슬로건으로 전환되었다는 사실이다. 이런 사실만큼 한국 정치에서 이념적 차이가 갖는 진정성이 얼마나 취약한 기반 위에 서있는가를 보여 주는 예도 드물다. 동시에 민주화 이후 한국 정치에서 이 시기만큼 지역주의에 대한 하나의 해석이 민주주의든 진보든 개혁이든 모든 이념과 세력을 압도하는 지배적 위치를 차지하게 된 경우는 없다. 이 과정에서 발견할 수 있는 3김 청산의 담론 동맹을 단순화하면 〈그림 2-4〉와 같다.

우선 정치 세력으로서는 집권 보수정당뿐만 아니라, 1995년 재

그림 2-4 | 3김 청산론의 확산과 담론 동맹의 등장

	언론	정치사회	사회운동
1980년 민주화의 봄	『조선일보』 -야당의 지역감정 경쟁 -퇴출되어야 할 3K		
1987년 민주화 정초 선거	『조선일보』 -[지역감정+3K]의 담론적 접합		3김 청산 담론 동맹
1995년 DJ정계 복귀 1996년 15대 총선	『조선일보』 -3김 청산론	민주자유당 민주당 ↓ ↓ 민중당 ← 개혁신당 ← 정개련 ↓ (통합)민주당 신한국당	
1997년 대선	주류 언론 -3김 청산론	↓ ↘ 통추 한나라당	

야 세력이 중심이 된 개혁신당, 이들과 통합한 민주당, 그리고 1992년 14대 총선과 대선 시기 이른바 진보 정당을 대표했던 민중당 세력의 상당 부분이 1996년 15대 총선과 1997년 대선의 과정에서 3김 청산 연합에 참여했다. 여론 시장에서는 주류 언론 전체가 3김 청산론의 생산자 역할을 담당했다. 지식사회에서의 학술적 재생산도 뒤따랐다. 의심의 여지없이 지역주의 해석을 둘러싼 경쟁의 구도에서 일종의 헤게모니적 담론 구성체가 안정된 의미 체계를 제시하며 매우 분명한 모습으로 나타난 것이다.

6. 3김 청산론의 담론 효과

3김 청산론의 이데올로기적 효과

민주화 정초 선거에서 동원된 지역주의 담론은 권위주의 재생산의 위기에 직면한 지배 연합의 선호를 반영하는 것으로, 다른 무엇보다도 『조선일보』의 담론적 기획에서 그 성격이 잘 나타났다고 할 수 있다. 그 의미 구조의 핵심은 상식의 세계를 지배하는 현실 정치인에 대한 부정적 인식 내지 도덕주의적 편견에 기초하여 지역주의와 야당을 동일시하는 3김 청산론이었다. 이런 담론이 정치사회나 여론 시장에서 지배적 위치를 갖게 된 것은 1995년 김대중의 정계 복귀 이후였다. 앞서 살펴본 대로 이를 기점으로 광범한 담론 동맹이 형성되었고, 여기에는 『조선일보』를 중심으로 한 주류 언론과 집권 세력뿐만 아니라 야당 내에서도 많은 세력과 재야 운동권, 심지어 진보 정당의 일부도 합류했다. 그 결과 3김 청산론으로 요약될 수 있는, 지역주의에 대한 해석의 틀은 더 이상 『조선일보』와 권위주의 지배 연합만의 인식이 아닌 것이 되었으며, 별다른 설명이나 비판 없이 미디어 공론장에서 자유롭게 재생산되고 소비되었다. 지역주의에 대한 해석에 있어 일종의 '의사擬似 사회적 합의'를 주장할 수 있는 정도의 영향력을 갖게 된 것이다.

　이런 담론 상황이 가져온 효과는 여러 측면에서 이해될 수 있다. 우선은 사태 전개의 부정적 측면에 대한 정치적 책임을 정치 엘리트 개인의 차원으로 환원시킴으로써 지역주의 문제를 구조적으로 이해하기 어렵게 했다는 점이다. 호남의 투표 행태는 특정 정치 엘리트에 대한 맹목적인 지역주의 추종 행위로 비난되고, 반호남 지역주의에 대한 비판적 이해는 '친DJ적' 정치 성향 때문인 것으로 치환됨으로써, 결과적으로 지역주의에 대한 합리적 논의의 지평은 확대되지 못했다.

둘째는 권위주의 집권 연합의 세력 기반을 확대시키는 한편 그에 대한 정치적 반대를 분해하는 데 기여했다는 점이다. 다른 무엇보다도 3김 청산론은 민주화와 관련된 이슈의 강도를 약화시키고 그 원인을 야당 후보들의 지역주의 경쟁 때문인 것으로 환원하는 담론 효과를 가졌다. 앞서 살펴보았듯이 1996년 15대 총선을 전후한 시기, 정치 세력화를 모색했던 재야 세력은 결과적으로 권위주의 지배 연합과 나란히 3김 청산론의 담론 정치를 전개했다. 하지만 그 결과는 집권당의 선거 승리와, 통합민주당과 재야 출신 후보의 낙선과 좌절이었을 뿐이다.

3김 청산론의 정치적 효과

셋째는 민중당 지도부 혹은 재야 운동 출신이 집권당인 신한국당(후에 한나라당)에 참여할 수 있는 담론적 통로를 제공했다는 점이다. 다시 말해 이들이 이념적 거리를 뛰어넘어 정치 활동의 장을 옮기는 데 있어서 3김 청산론은, 정당 연합론에서 말하는 일종의 정거장

connectedness 효과를 가졌다는 것이다. 3김 청산론의 담론적 효과를 알리바이로 이들은 권위주의에 기원을 갖는 보수정당에 참여하는 자신들의 정치적 선택을 정당화하려 했고, 반대로 이를 비판하는 사람들을 DJ주의자로 몰아붙였다. 요컨대 3김 청산론은, 민주화 이후의 정치 경쟁에서 불가피하게 제기될 수밖에 없는 이념적 차이와 계층적 기반 등의 이슈와 아젠다를 억압하는 이데올로기적 효과를 가졌다고 하겠다.

넷째는 민주정치에 대한 부정적인 태도를 강화하는 데 기여했다는 점이다. 현대 민주주의는 정당 간 파당적 정치 경쟁이 중심이 되는 정치체제라고 할 수 있다. 3김 청산론은 현실 정치 세력이 정파적 이익을 추구하는 행위를 부도덕한 것으로 정의함으로써 민주정치의 존재 이유 자체를 부정하는 효과를 갖는다. 요컨대 3김 청산론은 권위주의 통치에 봉사했던 주류 언론이 민주화 이후에는 정치의 부도덕성을 공격하고 비난하는 것에서 자신의 정당성을 찾고자 했던 대표적인 지배 담론이었다.

물론 지배 담론으로서의 광범한 생산과 유통에도 불구하고 실제로 3김 청산론의 대중적 영향력이 절대적인 것은 아니었다. 1997년 15대 대선에서 3김 청산론을 내세웠던 집권당은 정권 교체론을 앞세운 야당에 패배했다. 2002년 16대 대선에서 역시 3김 정치의 후계자로 공격받았던 노무현 후보가 승리했다. 주류 언론이 절대적 지배력을 차지하고 있는 여론 시장에 나타난 지역주의 관련 해석이 실제 시민의 여론을 반영하는 것이라면 아마도 이런 결과는 나타날 수 없었을 것이다. 따라서 3김 청산론은 유권자의 선호와 의식을 반영하기보다, 권위주의 지배 연합과 주류 언론의 전략적 의도를 반영하는 측면이 강했고, 그 영향력은 제한적이었다고 할 수 있다.

3김 청산론은 끝났는가

3김 정치론의 대상이었던 김대중이 현실 정치에서 더 이상 주요 행위자로서의 역할을 하지 못하게 되었다고 해서, 3김 청산론이 사라졌다고 보기는 어렵다. 앞서의 논의를 통해 알 수 있듯이 3김 청산론은 그로부터 특정의 담론적 효과를 기대하는 세력의 이해관계에 강력한 기반을 갖는다. 주류 언론에 의해 대변되고, 사회경제적으로 지배적인 위치와 기득권을 향유하고 있는 한국 사회 보수적 헤게모니의 소유자들에게 있어서 자신들의 지위를 위협하는 가장 강력한 존재는 국가이고, 민주주의에서 국가의 힘은 정치에 의해 조직된다(최장집 2002).

이들이 선호하는 것은 가능한 한 정치의 힘을 약화시키는 것이다. 그 방법은 3김 청산론에서 알 수 있듯이, 정치에 대한 대중적 불만의 소재들을 3김으로 치환하고, 이후 세대 정치인을 3김 정치의 후계자로 규정하는 것이다. 노무현 정부 출범 이후 주류 언론은 한결같이 새 정부에게 3김 정치의 종식을 제안했다. 흥미로운 것은 이들에 의해 3김 정치가 '지역 동원 정치'(『문화일보』 2007/04/14), '야당과 초당적 대화 없는 정치'(『조선일보』 2007/02/25), '권위주의 정치'

(『세계일보』 2007/01/23), '수의 논리로 개혁을 밀어붙이는 정치'(『동아일보』 2007/01/28), '정쟁이 되풀이되는 정치'(『세계일보』 2007/02/27) 등 기존에 제기된 한국 정치의 문제 일반을 대표하는 것으로 정의되었다는 점이다. 3김 정치가 이렇게 해석되면 정치의 모든 부정적 측면을 지역주의로 환원하고 민주주의의 근간인 정당정치를 냉소하는 이데올로기적 경향은 쉽게 재현될 수밖에 없다.

이런 해석 틀에 다가가게 되면 한국 정치에 대한 분석적 논의는 중단된다. 현실 정치에 대한 냉소와 불만에 편승하여 정치 세력화를 모색하고 지지 기반을 개척하려는 유혹 때문에, 제3의 세력 역시 지역주의에 대한 지배 담론을 무비판적으로 수용해 반지역주의를 정치 이념으로 내세우기 쉽다. 우리 사회에서 지역주의를 극복해야 한다는 것은 누구도 부정하지 않는 주장이 되었음에도 불구하고, 실제로는 지역주의가 정치의 세계를 지배하는 언어로 기능하는 역설적 상황이 지속되는 것은 바로 이런 조건에서 가능했던 일이다.

지역주의에 관한 지배적 해석이 어떤 내용으로 형성, 변화되었는가 하는 문제는 민주화 이후 한국 사회의 여러 각축하는 힘들의 구조와 특징을 분석할 수 있는 핵심적인 주제라고 할 수 있다. 마찬가지로 민주화 이후의 한국 정치를 이해하는 방식에 있어서 잘 드러나지 않는 민감한 차이를 보여 주는 일종의 리트머스시험지와 같은 것이기도 하다. 당신은 어떤 지역주의관을 갖고 있는가. 지역주의 때문에 문제라고 화를 내기 전에, 우리의 지역주의는 어떤 특징을 갖는 것인지, 누가 특정의 지역주의관을 필요로 하고 동원하는

지, 한국의 지역주의를 움직이는 힘은 무엇인지 등의 문제를 먼저 돌아봤으면 한다.

3장

한국의 유권자는 지역주의에 의해 투표할까

2000년 16대 총선은 중요하다. 무엇보다도 반호남 지역주의의 초점이었던 김대중이 민주주의 정치과정을 통해 집권한 이후 최초의 총선이었기 때문이다. 이 장에서는 어떤 선거 결과든 지역주의 때문으로 해석해 온 그간의 관행적 해석이 왜 잘못인지를 따져 보기 위해 2000년 총선의 결과를 자세히 살펴보려 한다. 정당 간 이념적·계층적·정책적 거리감이 작을수록 지역 간 표의 분절성이 커진다는 정당 체제의 고전적 테마를 활용했다.

김대중의 집권과 뒤 이은 노무현의 집권은 호남의 선택으로 가능했다. 기존의 지역주의적 관점에서 보면 도저히 있을 수 없는 일이 아닐 수 없다. 이를 기점으로 호남 문제의 해결은 더 이상 한국 민주주의의 중심 과제가 아니게 되었다. 이제는 유권자의 다양한 계층적·이념적 차이와 요구가 좀 더 폭넓게 대표될 수 있는 정당 체제를 어떻게 발전시킬 것인가의 문제가 더 중요하게 되었다는 것이다. 이런 인식의 근거를 밝히는 작업도 동시에 이루어질 것이다.

논의를 위해 선거 결과를 요약하면 다음과 같다.

16대 총선(2000년 4월 13일)의 경쟁 구도 및 선거 결과

집권당	야당		
새천년민주당	한나라당	자유민주연합	민주국민당
35.9%(115석)	39.0%(133석)	9.8%(17석)	3.7%(2석)

1. 기존의 설명

여전히 지역주의 때문인가

이 장의 목적은 2000년 4월 치러진 16대 총선에서 지역적으로 매우 분절화된 선거 결과가 나타난 원인을 지역주의 때문으로 환원하지 않고 설명해 보는 데 있다. 우선 이 장에서 다루고자 하는 문제를 좀 더 압축적으로 정의하기 위해 '지역적으로 분절화된 표의 분포'를 '지역 구도'로 개념화하고, 유권자의 투표 결정에 선호나 동기로 작용한, 지역 관련 갈등과 의식을 '지역주의'로 개념화하고자 한다.

경험 분석의 대상으로서 지역 구도는, 집합 자료상에 나타난 표의 지리적 불균등성 혹은 지역별 특정 정당에 대한 지지 집중 현상을 의미한다. 따라서 지역 구도는 개별 유권자의 투표 행위가 집합되어 나타난 거시적 결과를 나타내는 것일 뿐, 유권자의 지역주의적 선호나 동기를 전제하는 의미로 사용되지 않는다는 점에 주의할 필요가 있다. 지역 구도와 지역주의를 개념적으로 구분하는 이유는 다음과 같은 분석적 질문을 제기하기 위해서다. 투표의 거시적 결과로서 지역 구도는 유권자의 지역주의적 선호와 동기 때문에 나타난 것인가? 지역주의 때문에 지역 구도가 나타났다는 것은 경험적인 측면과 규범적인 측면에서 유의미한 설명이 될 수 있는가?

지역 구도와 관련해서, 16대 총선에서 주목되는 결과는 세 가지다. 첫째, 지역 구도는 재현되었다. 12대 총선 이후 정당별 '지역 균

표 3-1 | 지역 균열 지수: 12~16대 총선

민주화 이전				민주화 이후					
12대(1985년)		13대(1988년)		14대(1992년)		15대(1996년)		16대(2000년)	
민정	9.2	민정	25.1	민자	20.3	신한국	22.9	민주	38
신한민주	15.3	통일민주	42.9	민주	46.9	국민회의	54.9	한나라	30.5
민한당	2.1	평민	78.5	통일국민	25.6	자민련	22.6	자민련	29.1
		공화	50.1			통합민주	8		

열 지수*를 계산해 보면 〈표 3-1〉과 같다. 이 표가 보여 주듯이 특정 지역에서 특정 정당에 대한 지지 집중 현상은 1987년 민주화를 기점으로 새롭게 나타나 지속되었고, 16대 총선 역시 이런 지역 구도가 유지되었다. 그렇다면 아무것도 달라진 것은 없었을까? 집합적 차원에서는 동일해 보일지 몰라도 그것을 구성하는 부분 내지 미시적 차원에서는 다를 수 있다. 일단 두 번째와 세 번째 주목할 만한 문제를 먼저 살펴보고 이야기를 계속해 보자.

초점 지역으로서의 충청과 영남

둘째, 충청 지역의 경우 선거 결과는 이전 15대 선거 결과와 크게 달랐다. 〈표 3-2〉는 충청 지역의 15대 총선 결과와 16대 총선 결과

---

* 지역 균열 지수는 알포드(Alford 1963)의 계급 균열 지수를 원용, 사회 인구학적 특성별로 가장 표를 많이 획득한 지역의 득표 크기에서 여타 지역에서의 평균 득표 크기를 뺀 것이다.

표 3-2 | 충청 지역 정당별 득표율 비교: 15~16대 총선 (단위 : %)

15대 총선		16대 총선	
신한국	27.9	한나라	23.20
국민회의	8.4	민주	30.03
자민련	46.9	자민련	34.79

를 비교한 것이다. 무엇보다도 주목되는 것은 이 지역에 강한 지지 기반을 갖는 것으로 이해되었던 자민련의 지지가 크게 감소했다는 것이다. 그 결과 충청 지역에서 한 정당의 지지 독점 현상뿐만 아니라 주요 세 정당의 득표율 편차는 사실상 사라졌다. 총선시민연대가 자민련의 김종필 명예 총재에게 정계 은퇴를 요구하고, 이에 대해 자민련이 시민운동과 김대중 정부 사이의 '음모설' 및 '유착설'을 매개로 지역감정 동원에 집중했던 선거 과정 동안, 자민련에 대한 충청권의 지역주의 투표가 확대될 것이라는 게 지배적인 예측이었다. 그렇다면 일반적인 예상과는 달리 충청 지역에서 자민련의 지지 시장이 급격하게 축소된 원인은 어떻게 설명될 수 있는가?

셋째는 영남의 선거 결과에 대한 것이다. 그간의 선거에서 지지 시장의 지역 집중성과 지역 의존도가 가장 강했던 민주당의 지역별 지지율 편차와 지역 기반 의존도는 〈표 3-1〉에서 볼 수 있듯이 16대 선거에서 크게 감소되었다. 반면 한나라당의 경우, 정당 리더(이회창)의 출신 지역(충청)과 무관한 영남에서 98.5퍼센트의 의석을 차지함으로써, 15대 총선에 비해 이 지역 의석 점유율이 22.7퍼센트포인트나 증가했다. 영남에서 한나라당이 획득한 의석수는 한나

표 3-3 | 호남에서 대선 대비 총선에서의 여야 지지율 증감 (단위 : %)

	야당		집권당	
	전북	전남	전북	전남
증감(13대)	-22.2	-21.3	+14.6	+11.1
증감(14대)	-34.1	-27.2	+26.1	+16.6
증감(15대)	-28.6	-19.4	+18.9	+11.6

라당 전체 의석수에서 51퍼센트를 차지한다. 결과적으로 16대 선거에서 한 정당의 의석 독점이 가장 강하게 표출된 지역은 경상도였다. 이는 역대 총선에서 쉽게 포착할 수 있는 '집권당 프리미엄'의 효과가 영남에서는 나타나지 않았다는 점에서 주목된다. 집권 민주당은 16개 광역 지역 중 영남에서 한 석도 획득하지 못했으며, 득표율의 측면에서는 15대 대선 시기 김대중 후보의 득표율에 비해 득표 증가를 이끌어 내지 못했다. 집권당이 야당의 지역 기반에서 대선에 비해 국회의원 총선에서 지지표를 증가시키지 못한 것은 16대 총선이 처음이다. 〈표 3-3〉이 보여 주듯이 민주화 이후 지난 13~15대 총선 시기 집권당은 야당의 지역 기반인 호남에서 대선에 비해 득표율이 크게 올랐으며, 반대로 야당은 지지율이 큰 폭으로 떨어졌었다.

이전의 총선과는 달리 16대 총선에서 집권당의 지지율 증가가 영남에서 나타나지 않았던 이유는 무엇인가? 영남에서 한나라당의 의석 독점 현상은 어떻게 설명될 수 있는가?

2. 유권자의 선택: 선호와 대안 그리고 제도 제약

선호와 대안의 함수관계

유권자가 지역주의적 동기에 의해 지지 후보(정당)를 결정했는지, 나아가 지역주의에 의해 투표 결정을 한 유권자의 규모는 얼마나 되는지를 탐색할 수 있는 가장 좋은 소재는 의식 조사 자료다. 그러나 조사 결과는 긍정적이지 않다. 1987년 이후 매 선거 시기 조사된 의식조사 결과에서 지지 후보 결정 요인을 '지역성'과 '지역 연고' 때문이라고 응답한 비율은 평균 5퍼센트 안팎으로 매우 낮다. 따라서 지역주의 투표를 독립변인으로 선거 결과를 해석하는 기존의 설명은 지역별로 집계한 집합 자료에 의존해 왔다. 요컨대 각 정당의 지역별 득표율(혹은 의석률)의 편차가 큰 것은 해당 지역 유권자가 갖는 지역주의 이외에 다른 변인으로 설명될 수 없다는 것이다.

그러나 셰보르스키가 지적하듯(Przeworski 1990, 13), 집합 자료는 투표자의 선호로 환원하여 해석될 수 있는 자료가 아니다. 유권자 개개인이 선택할 수 있는 대안들이 충분히 포괄적이고 서로 독립적이며 위계적 순서를 갖지 않는 한 투표 결과는 시민의 의사를 표현한 것으로 볼 수 없다. 또한 스트롬(Strom 1992, 41-43)이 강조하듯이 사회 균열에 따른 집단의 조직화가 억압되거나, 정당이나 후보들이 선택할 수 있는 전략의 범위가 제한되거나, 특정 정당 및 후보를 지지해 유권자가 얻을 수 있는 기대 가치가 선거 외적인 요인에 의해 축소된다면 집합 자료로 나타는 투표 결과는 사회 균열을 반영하지 못한다. 요컨대 집합 자료에 나타난 지역별 편차를 곧 지역주의 투표의 크기 혹은 지역 균열의 영향력으로 환원하는 기존의 설명은 근본적으로 한계가 있다.

대의제 민주주의에서 선거는 사회의 집단적 갈등과 균열을 정치적 대표 체제로 전환하는 제도적 절차로 정의된다. 대체로 그 근거는 다음과 같은 논리로 이루어져 있다. 사회는 경쟁적 이해관계를 갖는 집단으로 이루어져 있다. 분배 효과를 갖는 정책의 결정과 집행은 합법적 절차를 통해 선출된 정치 엘리트와 정당에 의해 이루어진다. 선거 경쟁에서 정당과 후보는 지지표를 극대화하기 위해 잠재적 지지자의 선호를 반영하는 정책과 이슈를 경쟁적으로 제시한다. 주권자로서 유권자는 정치적 대표로 선출되기 위해 경쟁하는 정당(후보) 중 자신의 정책적 거리와 가장 가까운 정당(후보)을 선택함으로써 자신의 이해를 실현하고자 한다. 따라서 다른 변인의 개입이 없다면 선거 결과는 사회 균열에 따른 유권자의 선호와 그 편성 구조에 의해 결정된다.

그러나 욕망은 기회 구조와 함수관계에 있다(Elster 1986). 즉 유권자가 갖는 선호는 그가 선택할 수 있는 대안에 어떤 것들이 있는지, 각각의 대안이 가져다줄 기대 가치의 크기는 어떤지에 의해 제약된다는 것이다. 선거에서 유권자가 직면하는 대안 집합feasible set은 정당(후보)으로 나타난다. 정당(후보) 대안의 배열이 사회 균열에 따른 유권자의 편성 구조를 폭넓게 반영하고 있다면 시민이 자신의 선호대로 투표할 가능성은 높아진다. 반대로 유권자가 자신이 선호하는 정책적 지향을 대표하는 정당(후보)이 없다고 판단할수록 유권자가 투표를 통해 자신의 선호를 실현하기는 어렵다.

물론 유권자의 집단적 특성과 그에 따른 이해와 선호는 하나의 차원만을 갖는 것이 아니다. 특정 유권자의 집단적 특성은 다양한 정체성의 결합이며, 그에 따라 이해와 선호는 다차원성을 가질 수 있다. 예컨대 한 유권자는 계층적으로 노동자로서 임금 및 고용과 관련된 정책적 선호를 가질 수 있고, 남성으로서 병역 관련 가산점 제도의 존폐 여부에 크게 반응할 수도 있으며, 가톨릭교도로서 낙태 관련 정책에 관심을 가질 수 있다. 각각의 집단적 정체성과 선호는 같은 방향을 갖지 않을 수 있으며, 각각의 선호 강도는 동일하지 않을 수 있다.

만약 한 유권자 V(voter)가 가톨릭교도로서 낙태를 불법화하는 정책을 선호하지만 이 선호 강도보다는 노동자로서 임금 및 고용 관련 경제정책에 가장 큰 선호 함수를 갖고 있다고 가정해 보자. 그런데 경제정책 관련된 이슈 차원에서 각 정당(후보) 간의 정책적 차이는 크지 않은 반면, 낙태 문제를 둘러싼 이슈 차원에서 정당(후보) 간 정책적 거리는 매우 크고, 이런 조건에서 유권자의 투표 결정이 이루어진다고 해보자. 이 경우 유권자 V의 노동자로서의 집단적 정체성과 선호는 투표 결정에 큰 영향을 미치지 못하게 되고, 투표 결과는 낙태 문제를 둘러싼 이슈 차원에서 좀 더 큰 균열 현상을 갖게 된다. 이런 결과를 2차원 이슈 상황에 나타내면 다음과 같다. 논의

그림 3-1 | 2차원 이슈 공간에서 균열 축의 압축과 쟁점 거리

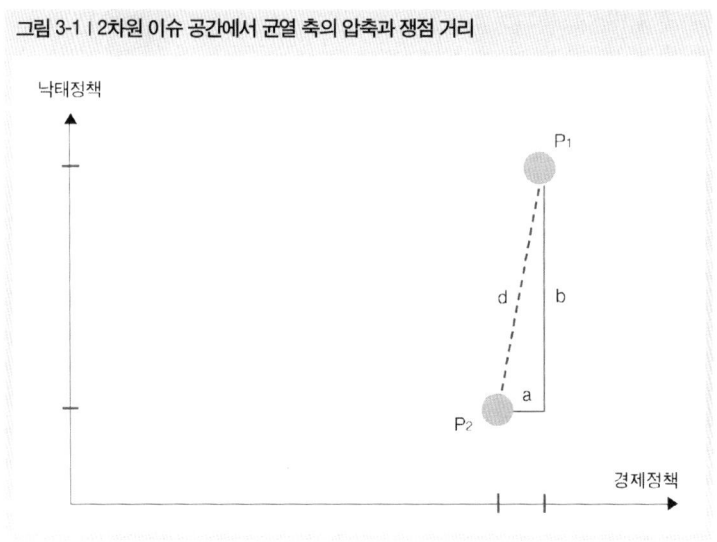

를 단순화하기 위해 선택 가능한 정당(후보)은 P_1과 P_2 두 개이며, 전자의 경제정책을 둘러싼 균열을 수평축으로 나타내고, 후자의 낙태 정책을 둘러싼 균열을 수직축으로 나타낸다.

〈그림 3-1〉은 경제정책과 낙태 정책이라는 2차원 이슈 공간에서 정당 간 쟁점 거리(d)에 대한 유권자의 평가가 어떤 균열 차원에서 더욱 크게 결정되는가를 보여 준다. 유권자 V가 평가하는 두 정당(후보) 간 쟁점 거리 d는 a에 비해 b에 절대적인 영향을 받는다. 분명 유권자의 선호 구조는 낙태 정책(b)보다 경제정책(a)에 좀 더 민감하게 반응한다고 가정했음에도 불구하고 이 균열 축에서 실제 V가 선택할 수 있는 대안으로서 정당(후보)의 정책적 차이가 크지 않을 경우 그의 투표 결정은 낙태 정책에 의해 압도될 수밖에 없다.

사르토리(Sartori 1976)는 이런 현상을 균열 축의 압축 현상이라고 정의했다. 그리고 이를 통해 선거 결과, 왜 사회 균열에 조응하지 않는 정당 체제가 나타날 수 있는지, 왜 정당 간 이념적 거리가 좁을수록 지역 균열이나 문화적 균열이 큰 영향력을 발휘하게 되는가를 분석했다.

선거제도의 행위 제약 효과

유권자가 선택할 수 있는 대안 집합으로서 정당(후보)의 배열 구조뿐만 아니라, 득표를 의석으로 전환시키는 수학적 규칙인 선거제도 역시 유권자의 투표 결정에 영향을 미친다. 물론 선거제도가, 의석으로 표현되는 표의 가치를 불평등하게 만드는 분배 효과를 갖지 않는다면, 선거제도의 변인은 무시할 수 있다. 전국을 단일 선거구로 하고, 진입 장벽(의석을 배분받을 수 있는 최소 득표율)을 두지 않는 비례대표제는 유권자의 선호가 투표로 표출되는 데 있어 가장 작은 제도 제약을 갖는다.

반대로 선거구의 크기가 작을수록, 진입 장벽이 높을수록, 그리고 최대 다수 득표자에 대한 지지표 이외의 표를 사표로 처리하는 단순 다수제 plurality가 적용될수록 선거제도는 불평등한 분배 효과를 갖는다. 이 경우 정당의 규모가 클수록 의석으로의 전환에 있어 표의 가치는 높게 평가되며, 반대로 정당의 규모가 작을수록 표의 가치는 낮게 평가되는 기계적 효과 mechanical effect가 나타난다(Duverger

1954). 요컨대 평등선거라는 민주적 원칙이 실질적으로 침해되는 것이다. 나아가 득표를 의석으로 전환하는 과정에서 발생하는 기계적 효과는 유권자의 투표 결정에도 영향을 미친다. 비록 특정 정당이 대표하는 정책과 이념을 선호하는 유권자가 있다 해도 그 정당에 투표하는 것의 가치가 의석으로 실현되지 않는다면, 그 정당을 지지함으로써 기대할 수 있는 정치적 효용은 줄어들 것이기 때문이다. 결과적으로 표의 가치가 낮게 평가되는 정당을 선호하는 유권자가 잠재적 재정 후원자, 활동가, 당원, 자원봉사자로서 참여할 인센티브뿐만 아니라, 투표 결정을 통해 지지를 표명할 인센티브 역시 감소시키는 심리적 효과psychological effect가 나타난다.

전국을 단일 선거구로 하는 비례대표제를 채택하지 않는 한 선거는 불가피하게 지역적 대표 체제의 성격을 가질 수밖에 없다. 경쟁하는 정당들의 정책적·이념적 차이가 약하고, 새로운 정당의 출현을 제약하는 제도적 장벽이 높은 경우 표의 지리적 분절성은 불가피하다. 1980년대 이후 영국의 선거 결과는 대표적인 사례다.

영국의 사례

한 선거구에서 한 명의 대표를 선출하는 단순 다수제를 채택하고 있는 영국의 경우, 1980년대 이전까지 정당 대안의 분포는 노동당과 보수당이 좌-우의 이슈 공간에서 큰 쟁점 거리를 가졌으며, 두 정당이 상호 40퍼센트 안팎의 안정적 지지 기반을 바탕으로 양당 체제를 유지했다. 이 시기까지 중간계급이 보수당과 노동당을 지지하는 비율은 약 7 : 3으로 분기되었으며, 반대로 노동계급의 경우는 약 3 : 7로 분기되는 강한 계층 투표 경향을 보였다. 따라서 잉글랜드 지역에서 보수당이, 스코틀랜드와 웨일스 지역에서 노동당의 득표 및 의석 획득률이 높게 나타난 결과는 해당 지역의 노동계급과 중간계급의 구성비를 반영하는 것으로 해석되었다(Denver 1989, 37-38).

그러나 1980년대 이후 영국의 선거 결과는 전통적인 정당-유권자 선거 연합이 변화되었음을 보여 주었다. 예컨대 1992년 총선의 경우를 보면, 보수당은 잉글랜드 지역에서 60.9퍼센트의 의석 점유율을 차지한 반면, 웨일스와 스코틀랜드 지역에서는 각각 15.8퍼센트와 15.3퍼센트의 의석 점유율을 나타냈다. 노동당의 경우는 웨일스와 스코틀랜드에서 각각 71.1퍼센트와 68.1퍼센트의 의석을 독점한 반면, 잉글랜드 지역에서의 의석 점유율은 그 절반(37.2퍼센트)으로 나타났다. 이런 경향은 더욱 심화되어 1997년 총선의 경우, 보수당은 스코틀랜드와 웨일스에서 단 한 석의 의석도 획득하지 못했다.

이런 변화의 이면에는 보수당과 노동당의 정책적·이념적 거리가 크게 축소되었다는 사실이 있다. 노동당이 케인스주의를 포기하고 신자유주의적 정책 노선에 접근함에 따라 경제정책에 있어 두 당의 차이는 크게 약화되었다. 경제정책에서의 정당 간 차이의 약화는 두 정당에 대한 계층별 지지 편차를 크게 축소시켰다. 1997년 선거에서 노동당은 ― 홉스봄(1999)이 제3의 길을 주창한 블레어를 '바지 입은 대처'라고 비판할 만큼 ─ 신자유주의 정책 노선을 적극적으로 수용함으로써 이런 경향을 강화했다. 그 결과 1990년대 이후 노동당과 보수당에 대한 노동 계층의 지지 비율은 약 55퍼센트 대 45퍼센트 안팎으로 편차가 크게 줄었다. 그리고 두 정당 간 정책적 거리가 줄고 계층 투표가 약해진 것에 비례하여 스코틀랜드와 웨일스 지역에서 지역 분권화의 이슈나 보수당 장기 집권에 대한 염증 등 다른 이슈의 영향력은 크게 나타났다.

1997년 선거에서 보수당은 스코틀랜드와 웨일스 지역에서 8.5퍼센트포인트의 지지를 잃었다. 노동당은 6퍼센트포인트의 지지를 증가시켰다(Butler and Cavanagh 1997). 이 작은 차이가 정당별 의석 분포에 미친 영향은 선거제도의 기계적 효과에 의해 증폭되어 나타났다. 보수당은 약 20퍼센트를 득표하고도 한 석의 의석도 획득하지 못한 반면, 노동당은 득표율 6퍼센트포인트의 증가만으로 81퍼센트의 의석을 독점했다. 요컨대 1980년대 이후 영국의 경험은, 정당 간 정책적 거리감의 축소와 그에 따른 계층 투표의 약화 현상이 선거제도의 효과와 결합되면서 정치적 지지 시장의 구조를 지역적으로 분절화시킨 대표적 사례라 할 수 있다.

이상의 논의는 투표의 집합적 결과가 사회 균열과 그에 따른 유권자의 선호로 환원되어 설명될 수 없다는 것을 보여 준다. 따라서 집합 자료상의 표의 지리적 분절성이라는 결과를 강한 지역 균열 혹은 유권자의 지역주의적 선호와 동기 때문으로 보는 인과적 연결은 확정적인 것이 될 수 없다. 표의 지리적 분절성은 지역주의나 지역 균열이 크지 않아도 정당 간 이념적·정책적 거리가 줄어들 경우 나타날 수 있는 현상이며, 단순 다수제와 같이 표와 의석의 부등가 교환을 만들어 내는 제도 효과에 의해 확대되기도 하는 것이다.

3. 초점 지역의 선거 결과와 유권자 투표 행위

부산·경남 지역의 투표 행위

반DJ 때문에?

동일 지역 출신 후보들이 경쟁하는 총선에서 지역주의는 정당 리더의 지역성을 매개로 나타난다는 관점에서 보면, 부산·경남 지역 선거 결과를 지역주의에 의한 결과로 해석할 수 없다. 한나라당 리더인 이회창은 부산·경남 출신이 아니며, 부산·경남에 대한 지역적 동질성은 민국당의 경우가 훨씬 강했기 때문이다. 이런 이유로 대부분의 사람들은 부산·경남 지역 선거 결과를 압도한 투표 성향을 '반DJ 지역주의'로 해석해 왔다. 나아가 이 지역에서 한나라당의 의석 독점률이 100퍼센트로 나타났다는 사실에 주목하여 '반DJ 지역주의'의 심화를 우려했다.

그러나 의석률로 나타난 결과는 유권자의 투표 결정 차원을 넘어 선거제도의 기계적 효과를 포함한다. 따라서 유권자의 행위 동기에 초점을 둔 분석의 대상은 득표율이어야 한다. 득표율의 차원에서 보면 부산·경남 지역 투표 결과는 '반DJ 지역주의'의 강화로 나타나지 않는다. 1997년 15대 대선에서 김대중 후보가 얻은 득표율에 비해 16대 총선 결과 부산·경남 지역에서 집권당의 득표율은 감소하지 않았다. 마찬가지로 이회창 후보에 대한 득표율에 비해 16대 총선 결과 한나라당의 지지가 증가한 것도 아니다. 그럼에도 불구하고 이들 지역에서 다른 지역과는 달리 집권 민주당에 대한 지지가 늘지 않은 결과를 지역주의 때문으로 설명하고자 한다면 최소한 다음과 같은 전제를 만족시켜야 한다. 지역주의만 없었다면 유권자가 집권당 후보를 지지할 충분한 이유가 있었다는 것이다.

16대 총선에서 가장 강한 이슈 충격을 주었던 총선시민연대의 낙천/낙선 운동의 이 지역 최대 피해자는 민국당이었을 뿐, 한나라당과 민주당에는 큰 영향을 미치지 못했다. 정당별 출마 후보의 인물 변수라는 측면에서 민주당 후보를 우월하다고 평가할 만한 근거도 없었다. 따라서 영남은 유권자가 집권 민주당 후보를 전보다 더 많이 지지한다면 그것은 정당에 대한 것일 수는 있어도 후보 공천의 우월함으로 설명할 수는 없었다. 그렇다면 1997년 IMF 경제 위기 이후 이 지역에 대한 김대중 정부의 정책적 대응이 이 지역 유권자에게 긍정적인 평가를 이끌어 낼 만한 것이었다고 볼 수 있을까?

영남 유권자의 합리적 선택

1997년 IMF 경제 위기의 충격은 다른 지역에 비해 부산에서 집중적으로 나타났다. 그 후 2년간 부산의 실업률은 여타 광역도시보다 높았으며, 가처분소득의 감소 역시 이 지역에서 가장 크게 나타났다. 1999년 현재, 부산의 일인당 지역 총생산GRP은 전국 평균을 1로 했을 때 0.77로서 대구의 0.69에 이어 16개 시도 중 최하위였다. 그 결과 이 지역 유권자의 소비생활을 보면 대출 의존도가 높았고, 부산은 '파이낸스'라고 하는 사채 시장이 폭발적으로 증가하는 도시가 되었다.

엄밀한 의미에서 부산 경제의 위기라는 국가적 차원의 문제다. 1960~70년대 부산 경제의 성장은 권위주의 체제하에서의 불균등 지역 발전 모델의 결과이며, 반대로 1980년대 이후 부산 경제의 장기 침체는 불균등 지역 발전 모델의 한계를 의미하는 것이다. 요컨대 부산 경제의 위기 문제는, 권위주의적 경제 발전 전략을 대체할 새로운 지역 발전 전략과, 대안적 산업구조로의 재편을 위한 정책을 마련해야 할 민주 정부의 정책적 책임을 회피할 수 없는 것으로 만든다. 따라서 이 지역의 장기적 경제 침체와 소득 감소의 문제에 대해 김대중 정부가 무정책으로 일관했다고 생각하는 이 지역 유권자들이 투표 결정에 그런 평가를 반영했다면, 그 선거 결과를 지역주의라고 비난할 수 없는 것이다.

나아가 이런 조건에서는 지역주의적 편견을 갖지 않는 유권자조차 정부에 대해 책임을 추궁하는 수단으로 '지역주의 투표'를 활용할 수도 있다. 예컨대 1980년대 말 이후 장기 경제 침체와 IMF 경제 위기가 중첩되면서 상대적으로 소득이 급격히 감소하고 고실업 문제에 직면해 있는 부산 지역 유권자의 상당수가 지역 경제 상황의 개선에 가장 우선적인 선호 순위를 갖는다고 가정해 보자. 이들 유권자를 대표하는 행위자를 유권자 A로 표기하고, A는 어떤 지역주의적 편견이나 비현실적 판단을 갖지 않는 합리적 행위자라고 하자. 그리고 A는 현재 경험하고 있는 경제적 어려움의 원인이 1970년대 말 이후 장기간 누적된 정책 실패의 결과이며, 부산 경제의 회복은 기존의 지역 발전 모델을 대체할 새로운 발전 모델과 국가적 차원의 산업구조 재편 정책을 통해 현실화될 수 있다는 합리적 판단을 갖고 있다고 하자. 이 합리적 유권자는 어떻게 투표하게 될까?

국회의원 선거 시기가 도래했고 차기 대통령 선거가 시기적으로 멀리 떨어져 있으므로, 유권자 A는 이 선거가 정권의 향배에 영향을 미치지 않는 것으로 판단했다고 하자. 그 밖의 변인들은 모두 통제하자. 예컨대 진보-보수, 개혁-현상 유지 등의 이슈 차원에서 집권당과 야당의 쟁점 거리는 투표 결정에 영향을 미칠 만큼 크지 않았다고 하자. 집권당과 야당 후보 이외에 자신의 이념성을 선명히 드러낸 후보들도 출마했지만, 당선 가능성이라는 할인 요인에 따라 대안 집합에서 배제했다고 하자.

이제 지역 경제 상황을 둘러싼 이슈 공간에서 선택할 수 있는 대안은 두 개이고, 각각의 쟁점 위치가 ① 지역 경제의 어려움은 현 정부의 지역주의적 '부산 죽이기'의 결과라고 주장하는 야당과, ② 대안적인 지역 발전 모델과 현실적인 정책적 대안을 갖지 못한 채 야당이 지역주의를 동원한다고 비판하는 집권당으로 구성되어 있다고 가정해 보자. 두 정당 모두 정책적 대안을 갖지 못한 채, 표면적으로 이슈 경쟁은 지역주의를 둘러싼 것으로 나타난다. 유권자 A는 어떤 투표 결정을 하게 될까?

지역 경제 상황은 생산적 자원에 대한 할당과 분배를 통제하는 집권당의 반응에 크게 의존한다는 점에서, 유권자 A는 투표 행위를 통해 집권 정부의 반응을 극대화하는 선택을 하고자 할 것이다. 유권자 A의 선택은 집권당 후보가 당선되는 결과와 야당 후보가 당선되는 결과 사이의 기대 효용의 차이, 즉 어떤 결과가 정부의 반응을 극대화하는 데 효과적일 것인가에 대한 주관적 평가가 좌우할 것이다. 유권자 A가, 지역 경제에 대한 정부의 정책 부재가 부산의 지역감정을 심화시키고 있다는 신호를 보내 반응을 얻고자 전략적으로 야당 후보를 지지했다고 하자. 부산 경제에 대해 정부가 정책적으로 배려해 주기를 바라는 기대가 크면 클수록 A가 그런 선택을 할 개연성은 증가할 것이다.

분명 유권자 A는 지역주의자가 아니다. 그럼에도 불구하고 A는 지역주의 투표를, 정부의 무정책에 대한 책임 추궁의 수단이자 자신의 정책적 선호를 실현하는 전략적 수단으로 선택한 것이다. 위와 같은 전략 상황을 가정할 때 그의 투표 결정은 합리성을 벗어나지 않으며, 이를 비판할 수 있는 규범적 기준을 제시하기란 쉽지 않다.

영남에 거주하는 호남 유권자의 선택

2000년 4월의 선거 직전인 3월 20일 전후에 조사, 공개된 한국갤럽의 의식조사 자료는 매우 흥미로운 결과를 보여 준다. 그것은 부산·

경남 지역 거주 유권자 중 호남에 원적지를 둔 유권자가 어떤 선택을 했는지를 보여 주기 때문이다. 한나라당 후보와 민주당 후보에 대한 호남 출신 유권자의 지지 비중은 55 : 45로 한나라당 후보에 대한 지지가가 강하게 나타났다.

이런 조사 결과는 1996년의 15대 총선 당시 호남에 원적을 둔 유권자의 선택과는 매우 대조적이다. 당시 부산·경남에 거주하는 호남 출신 유권자가 신한국당과 국민회의를 지지한 비중은 20.7 : 79.3이었기 때문이다. 그 뒤로 정권이 교체되었고, 김대중 정부가 들어서자 호남 출신의 부산·경남 거주자의 투표 행태에서 지역성의 요인이 약화된 것이다. 이는 16대 총선의 부산·경남 지역 선거가 반호남 혹은 반DJ 지역주의에 의해 압도된 것이었다면 나타나기 어려운 것이 아닐 수 없다. 오히려 16대 총선에서 부산·경남 지역 선거는 과거와는 달리 원적지라는 속인주의적 기준보다 거주지라는 속지주의적 기준이 좀 더 크게 작용했다고 말할 수 있다. 그리고 이런 결과를, 출신 지역과의 혈연주의적 연대보다 거주 지역의 경제 상황을 반영하는 것으로 해석할 수 있다면, '부산 죽이기'와 같이 유권자의 의식 표면에 나타난 감정은 어떤 고정된 지역성에 기인하는 것이 아니라 정부의 정책적 접근 여하에 따라 크게 변화될 수 있음을 함축한다고 할 수 있다.

충청 지역의 투표 행위

지역주의적 왜곡?

16대 총선에서 충청 지역 투표 결과의 사례 역시, 지역 구도가 어떻게 약화될 수 있느냐의 문제를 탐색하기에 좋은 소재를 제공한다. 선거 이전, 충청 지역의 투표 결과에 대한 지배적인 예측은, 지역주의가 불러 일으켜져 자민련으로 지지가 확대, 결집될 것이라는 데로 모아졌다. "또 다시 지역주의가 기승을 부릴 것"이라는 예측이 지배적이었고, 1995년 지방선거와 1996년 15대 총선에서 '핫바지론'으로 표현된 지역주의 이슈가 자민련의 지지를 크게 신장시켰다는 설명이 유력한 근거로 제시되기도 했다. 지역당이 지역주의를 동원하면 지역주의 투표가 늘어날 것이라는 지극히 단순하고 동어반복적인 인과 논리가 아무렇지도 않게 주장되었던 것이다. 그러나 실제 결과는 이런 예측과 크게 달랐다.

16대 총선 당시 충청 지역에서 가장 주목되는 변화는 유권자가 직면한 이슈 상황에 있다. 이슈 상황의 변화를 가져온 요인은 총선시민연대의 개입과 자민련의 보수 우경화다. 총선시민연대는 김종필의 정계 은퇴를 요구했고, 자민련은 총선시민연대와 김대중 정부의 '유착(음모)설'로 맞대응했다. 자민련은 다른 정당과 크게 차별화되어 시민사회 운동과 정면으로 대립하는 정당이 되었고, '신보수주의 제창'과 함께 '정부 인사의 찬탁설' 및 '국가보안법 개정 반대' 이슈를 제기함으로써 보수적 차별화는 더욱 크게 나타났다.

여러 의식 조사 자료를 보면 총선시민연대가 제기한 이슈의 효과는 충청 지역 유권자에게도 매우 크게 작용했음을 알 수 있다. 선거 전인 1월 27일, '리서치 앤 리서치'가 충청 지역을 대상으로 실시한 여론조사 결과는 이를 잘 보여 준다(『동아일보』 2000/01/28). "총선연대가 JP 정계 은퇴를 촉구한 데 대해 공감하느냐"라는 질문에 대해 충청 지역 유권자의 59.5퍼센트가 공감한다고 응답했다. "총선연대의 공천 반대 명단 발표가 민주당의 자민련 죽이기라는 주장에 공감하느냐"라는 질문에 "공감하지 않는다"라는 응답률은 56.7퍼센트였으며 특히 대전의 경우 69.5퍼센트로 나타났다. "이번 명단 발표 후 JP와 자민련에 대한 지지도가 어떻게 될 것으로 보느냐"라는 질문에 대해서는 "낮아질 것이다"라는 응답이 65.1퍼센트에 이른다. 총선시민연대의 이슈 충격은 충청 지역 유권자에게 지역주의적으로 왜곡되어 전달되지 않은 것이다.

정치적 차이와 유권자 선택

이념 이슈의 효과는 지역성이라는 변인과 무관하게 유권자의 투표 결정을 이념적 정향을 따라 분화시키는 것으로 해석할 수 있다. 그리고 이 이슈의 효과에 비례하여 출신 지역이 투표 결정에 미치는 효과는 축소된다. 3월 20일을 전후해 실시된 한국갤럽의 투표자 의식조사 자료는 이를 뒷받침한다. 충청 지역 거주 유권자를 모집단으로 할 경우 원적별 '당선 희망 정당'은 〈표 3-4〉와 같이 나타났다.

분명하게 드러나는 것은 원적지가 어디냐와 상관없이 당선 희

표 3-4 | 원적지별 당선 희망 정당: 16대 총선 시기 (단위 : %)

	표본 수	한나라	민주	자민
충청 출신	3,690	12.3	12.3	13.5
기타 지역 출신	1,459	13.4	16.5	10.3

망 정당에 대한 응답에 거의 차이가 없다는 사실이다. 이런 결과는 그 이전 선거인 1996년 15대 총선 시기의 조사 결과와 크게 다르다. 1996년 조사된 한국갤럽의 자료에 따르면 대전-충남 출신 유권자는 신한국당보다 2배 정도 더, 국민회의에 비해서는 4배 이상 더 자민련을 지지했었기 때문이다.

쟁점을 둘러싼 정당(후보) 사이의 차이가 클수록 표의 지역적 분절성이 약화된다는 것은 수도권의 일부 지역구에서 확인되는 것이기도 하다. 예컨대 5공화국 핵심 세력 출신인 이세기 후보와, 대표적인 학생운동 출신 임종석 후보가 경합했던 서울의 성동 지역구의 경우, 지역이라는 요인은 유권자의 투표 결정에 거의 영향을 미치지 못했다. 한국갤럽의 조사 결과에 따르면 부산·경남 출신 유권자의 최다 지지를 받은 후보는 이세기 한나라당 후보가 아니라 임종석 민주당 후보로 나타났다. '문화일보-TN 소프레스'의 여론조사에서는 부산·경남·울산 지역 출신 유권자의 55.6퍼센트가 민주당 임종석을 지지하는 것으로 나타났다(『문화일보』 2000/03/09). 반대로 강인섭-손세일 후보가 경합했던 은평갑의 경우처럼 두 후보 사이의 이념적 차이가 거의 없는 상황은 유권자 지지의 지역적 분포를 〈표 3-5〉과 같이 극히 불균형하게 만드는 효과를 가졌다.

표 3-5 | 원적별 후보 지지 (은평갑)

원적별	한나라당 강인섭	민주당 손세일
광주·전라	12.2	50.9
대구·경북	56.1	8.3
부산·경남	46.5	11.7

지역주의적 설명의 공허함

16대 총선을 기점으로 충청 지역에서 나타난 변화를 이 지역의 지역주의가 본래 약했다거나, 혹은 이전에 비해 지역주의가 약화되었기 때문이라거나, 그것도 아니면 '이인제 효과'로 인해 새로운 지역주의가 등장한 것이라고 설명하는 것은 쉬운 일이다. 이런 설명은 문제의 원인을 지역주의라는 가공의 장치로 환원하는 것일 뿐 사실은 아무것도 설명하는 것이 없다.

앞에서 살펴본 총선시민연대의 낙천/낙선 운동에 대한 이 지역 유권자의 평가가 보여 주듯이, 충청 지역의 유권자는 다른 지역 유권자와 다르지 않았다. 다수 유권자의 이런 선호에 비해 자민련이 냉전적 이슈를 소재로 극우의 방향으로 쟁점 위치를 옮기고자 했을 때 충청 유권자의 저항 역시 강했다. 지역주의라는 프리즘을 떼고 보면, 이처럼 사태는 오히려 선명하게 설명된다. 한마디로 말해 16대 총선을 기점으로 시대에 맞지 않게 냉전 권위주의 시대의 부정적 이미지를 부여받은 자민련의 사회적 기반이 급격히 와해되어 버린 것이다.

4. 유행이 지난 낡은 접근

문제는 선택의 구조

정당 체제의 유형을 비교의 맥락에서 탐구하고자 했던 사르토리(Sartori 1976)는 벨기에에서처럼 지리적으로 분절화된 선거 결과가 나타나는 원인을 복수의 지역공동체들 간의 갈등에서 찾는 접근에 대해 비판적이다. 그런 접근을 "유행이 지난" 것으로 비판하면서 그는, 표의 지리적 분절성은 유권자가 선택할 수 있는 유효 정당relevant parties 사이의 이념적 거리가 작기 때문에 나타나는 현상으로 설명한다.

한국 정당 체제의 구성적 특징이 이념적으로 협애하고, 보수 편향적인 엘리트 과두 체제로 나타날 때, 정당 간 정치 경쟁이 사회 균열에 의해 제약되기보다 국가권력의 소유권 그 자체를 둘러싼 단차원적 갈등으로 표출되는 것은 당연한 귀결이다. 게다가 현대 한국 사회에서 국가는 정치적 측면만을 갖는 것이 아니었다. 권위주의 산업화를 통해 국가는 현대 한국 사회를 자신의 형태와 유사하게 주조했다. 생산적 자원의 분배와 할당은 위계적이고 관료적인 통제 방식을 통해 이루어졌다. 그 결과 한국 사회의 계층적 위계 구조의 상층에는 국가가 존재하며, 그 영향력은 사적 영역에서 자원에 대한 접근을 통제하는 데까지 이른다.

이런 조건은 사회적 갈등을 국가로 응집시키는 기능을 한다. 그리고 그것은 유권자의 정치의식을 한동안 여당 성향, 야당 성향과 같은 개념으로 포착할 수 있었던 근거가 되었다. 사실 민주화 이후 유권자의 투표 결정이 지역별로 특정 후보 대안에 대한 집중적 지지로 나타난 것은, 넓은 의미에서 보면 여야 균열의 다른 표현이라고 볼 수 있다. 무엇보다도 유권자가 갖는 선호와 욕구는 국가권력으로부터의 거리감에 의해 압도된 것이기 때문이다. 유권자가 국가권력을 향한 상승의 경향을 강하게 갖고, 그러면서도 정당 대안이 이념적·계층적·정책적 차이에 의해 분획되지 않을 때, 정치 경쟁의 결과가 지역·종교·인종·언어와 같은 일차적인 균열 요인에 의해 분절화되는 것은 자연스러운 일이다.

유권자 책임론의 이데올로기성

정당들이 조직하는 경쟁적 대안을 시민이 선택하는 근대 민주주의에서, 정치의 언어를 보편적 내용을 갖도록 조직하고 발전시키는 것은 정당의 역할이다. 그리고 이는 정당들이 자신을 지지하는 유권자들의 선호와 이해를 실현 가능한 이념과 정책으로 조직하고자 하는 의지와 능력을 가질 때 발휘될 수 있다. 근대 대의제 민주정치가 정치 엘리트(정당)들 사이의 경쟁을 중심적 요소로 하면서도, 여기에 그치지 않고 포괄적 대중 참여, 사회적 이해와 요구에 반응할 수 있다고 주장되는 근거는 바로 여기에 있다.

유권자가 이런 정당 대안을 가질 수 없을 때, 그리고 정당에 의해 경쟁적으로 조직되는 보편적 정치 언어를 만날 수 없을 때, 나아가 언론이든 지식사회든 이런 정당의 기능을 대체할 수 있는 역할을 제대로 하지 못할 때, 수천만 표 중의 한 표만을 쥐고 있는 유권자가 자신의 선호를 실현하기 위해 어떤 정보와 시각에 의존하게 될 것인가? 문제를 이렇게 제기하는 것이 지역주의의 망국성을 소리 높여 개탄하는 것보다 수천 배 더 현실적이다.

제3부　　한국의 민주화는 왜 지역 정당 체제를 가져왔나

4장

민주화 이전 선거에서도 지역주의 때문에 문제였을까

4장의 목적은 민주화 이전부터 유권자가 지역주의적으로 투표를 했고, 민주화 이후의 선거 결과는 그 연장선일 뿐이라고 보는 기존의 설명이 왜 잘못인가를 밝히는 것이다. 문제를 그렇게 설명하는 것은 실제 사실과도 다를 뿐만 아니라 자칫 지역주의적 시각으로 굴절된 과거를 만들어 내는 데 기여하게 된다. 민주주의를 싫어하고 민주화를 바라지 않던 세력들이 지역주의를 어떻게 이데올로기로 채색하고 활용했는지에 대한 비판적 문제의식 없이, 지역주의가 얼마나 오래되고 심각한 문제인가를 소리 높여 주장하는 것으로 달라질 것은 없다는 생각을 해야 한다고 본다. 이 장의 내용 가운데 일부는 앞에서도 살펴보았고, 민주화를 기점으로 한 투표 행태 및 정당 체제의 변화와 관련해서는 이어지는 5장 이하에서 자세히 살펴보게 될 것이므로, 이야기를 최대한 빠르게 진행하겠다.

1. 기존의 일반화된 설명

지역 정당 체제는 필연적?

잘 알다시피 한국에서 지역주의가 본격적인 논란이 된 것은 민주화 이후다. 물론 그 이유는 1987년 대선에서부터 지금까지 모든 선거 결과가 지역에 따라 큰 편차를 보여 왔기 때문이다. 앞서도 이야기했지만, 이에 대한 우리 사회의 지배적인 설명은, 지역주의적 선호를 갖는 유권자가 각각의 지역당을 선택한 결과로 보는 것이다. 그런데 흥미로운 것은, 대부분의 기존 연구는 이를 민주화 이후 새롭게 나타난 현상이라고 보지 않는다는 점이다. 다시 말해 민주화 훨씬 이전부터 지역 정당 체제, 즉 지역을 분획선으로 하는 정치적 경쟁의 구조가 등장할 수 있는 인과적 조건이 이미 구조적으로 확립되어 있었다는 것이다. 사실일까?

기존 연구에서 강조하는 지역 차별의 구조는 크게 두 차원으로 이루어져 있다. 하나는 지역 차별의 사회경제적 차원이며, 다른 하나는 사회 심리적 차원이다. 사회 심리적 차원의 지역 편견을 구조적 특성으로 보는 것은, 그것이 오랜 역사 속에서 지역민의 의식 세계 속에 내면화되어 있고, 일단 형성된 이후에는 객관적 증거에 의해서도 쉽게 변화되지 않는 '적대적 감정'의 성격을 갖는다고 보기 때문이다(김만흠 1987; 김진국 1989).

지역 균열의 사회경제적 차원을 구성하는 것은 영남의 수혜와

호남의 배제가 짝을 이루는 지역개발과 엘리트 충원에서의 지역 차별이다. 이에 따르면, 경제개발과 엘리트 충원에서의 지역 차별은 기득권 수호를 동기로 한 영남 유권자의 영남당 지지 경향과, 소외 의식에 기초를 둔 호남 유권자의 호남당 지지 경향을 강화시킴으로써 영호남 유권자의 투표 결정을 정반대의 방향으로 움직이게 한다(김만흠 1991; 남영신 1991; 황태연 1997; 조기숙 1996). 이런 논리에 바탕을 두고 기존 연구는 민주화 이전의 선거와 관련해서 다음의 세 가지 핵심적인 주장을 발전시켰다.

첫째, 1971년 대통령 선거는 '한국 사회 지역 균열의 전형'을 보여 주었다.

둘째, 지역 차별 구조의 효과에 의해 1971년 이후 선거에서 '집권 세력의 영남 지지 기반화 현상이 강화'되어 왔다.

셋째, 민주화는 권위주의 시기 '민주 대 독재'라는 좀 더 강한 정치 균열에 의해 잠시 억제되었던 지역 균열을 폭발적으로 표출하게 만들었고 그 결과가 지역 정당 체제로 나타났다.

이 세 주장은 경험적으로 뒷받침될 수 있을까? 일단 이 장에서는 앞의 두 주장에 대해서만 따져 보기로 하고, 세 번째 주장에 대해서는 다음 장에서 살펴보자.

2. 1971년 대선과 지역주의

지역 균열의 전형?

기존 연구에서 1971년 대선을 지역주의 선거로 해석하는 근거는 두 가지다. 하나는 집합 자료다. 그것은 영남 지역에서 박정희 후보가, 호남 지역에서 김대중 후보가 압도적 지지를 받았다는 사실에 주목하는 것이다. 1971년 대통령 선거는 지역 지배(혹은 패권) 체제의 수호와 이에 대한 도전으로 정의되고, 그 결과 호남에서 김대중 후보가 62.3퍼센트를 득표하게 된 반면, 영남에서 박정희 후보가 71.1퍼센트를 득표하고, 동시에 호남 지역에 대한 편견과 차별 의식에 의해 경기·강원·충북·충남 지역에서도 박정희 후보가 지지율을 증대시켰다는 것이다. 다른 하나는 선거운동 과정에서 두 후보 진영이 지역주의를 경쟁적으로 동원해 지역 대결을 부추겼다는 것이다. 그러나 이 두 진술은 비교의 시각을 결여하고 있다. 중요한 것은 그 이전 선거에 비해 지역별 득표율이 얼마나 변화되었으며, 다른 이슈에 비해 지역 이슈가 얼마나 큰 비중을 갖는 것이 되었는가에 있기 때문이다. 이를 중심으로 실제의 상황을 살펴보자.

먼저 1971년 대선이 지역주의 선거였다면, 다시 말해 그 이전 충청 출신 윤보선 후보와는 달리, 지역 차별 구조의 핵심 지역 출신인 김대중 후보가 등장함에 따라 지역주의 경쟁이 압도적인 효과를 가졌다면 집합 자료의 결과는 다음과 같이 나타나야 할 것이다. 먼

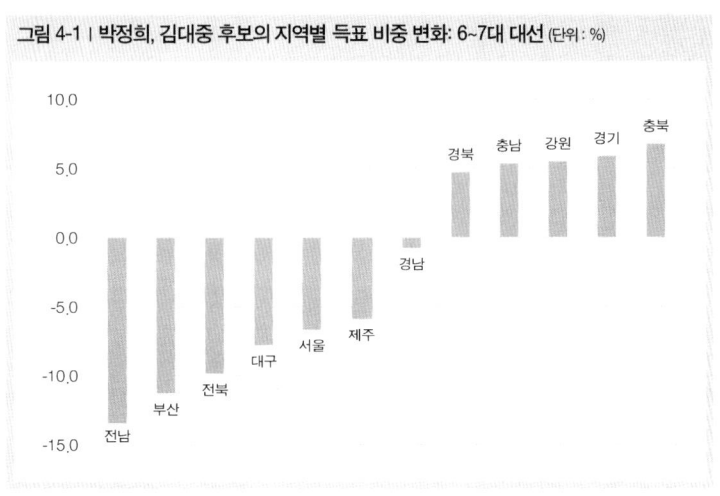

그림 4-1 | 박정희, 김대중 후보의 지역별 득표 비중 변화: 6~7대 대선 (단위: %)

저 박정희 후보의 경우는 1967년 대선 결과에 비해 호남에서 지지표가 상당 부분 줄어들고, 경북과 경남에서는 반대로 상당 부분 지지표가 늘었어야 하며, 그 밖의 비영호남 지역에서도 반호남 지역주의의 효과로 인해 지지표가 증대되었어야 한다. 김대중 후보 지지표의 지역별 변화는 그 역이어야 한다.

〈그림 4-1〉은 1967년의 6대 대선과 비교하여, 1971년의 7대 대선에서 박정희, 김대중 후보의 득표 비중의 변화를 지역별로 나타낸 것이다. 그림에서 하단은 박정희 후보의 지지 감소와 김대중 후보의 지지 증대를 나타내며 상단은 그 반대다.

예상과 다른 선거 결과

〈그림 4-1〉은 7대 대선을 지역주의 투표라고 가정했을 때 예상되는 변화와 거리가 멀다. 특징별로 살펴보자. 첫째, 영남권에서는 부산·대구·경남에서 박정희 후보의 득표 비중이 감소한 반면, 김대중 후보의 득표 비중은 크게 증가했다. 특히 부산의 경우 김대중 후보가 42.6퍼센트를 득표했는데, 이는 이전 선거에서 같은 당 후보(윤보선)가 얻은 득표율에 비해 11퍼센트포인트가 증가한 것이다. 대구에서 김대중의 지지율 증대는 서울에서의 지지 증가를 앞지르고 있다. 이는 박정희 후보가 영남에서 표를 늘리지 못했음을 보여준다. 경북의 경우 박정희 후보의 득표 비중은 4.7퍼센트포인트 증가했지만 대구에서는 반대로 7.4퍼센트포인트 감소했다.

둘째, 호남의 경우 김대중 후보에 대한 지지가 크게 증가했다. 그러나 주목할 것은 호남의 투표 성향 변화는 7대 대선에서 새롭게 나타난 현상이 아니라 1967년 6대 대선에서부터 매우 뚜렷하게 나타났다는 점이다. 6대 대선에서 윤보선 후보와 박정희 후보의 호남 지역 득표 비중의 변화를 보면 윤보선 후보가 5대 대선에 비해 전남에서 13퍼센트포인트, 전북에서 8퍼센트포인트 늘린 것으로 나타났기 때문이다. 따라서 호남의 투표 결과만을 기준으로 한다면 7대 대선이 아니라 6대 대선이 주목되어야 한다.

셋째, 그 밖의 비영호남 지역의 경우 서울과 제주를 제외하면 박정희 후보가 1967년 6대 대선에 비해 득표 비중이 크게 늘어난 것으로 나타났다. 그리고 이 결과는 지역주의에 의한 것이라기보다는 1971년 7대 대선 경쟁을 지배했던 안보 이슈로 좀 더 잘 설명된다. 이에 대해서는 뒤에서 살펴보겠다.

지역주의 이슈의 비중

이제 1971년 7대 대선에서 지역주의 이슈가 어느 정도 비중을 갖는 것이었는지를 살펴보자. 만약 7대 대선이 지역주의 이슈가 지배한 선거였다면 여야 간 이슈 제기의 빈도에서 지역주의 이슈가 큰 비중을 차지하는 것으로 나타나야 할 것이다. 『중앙일보』를 소재로 이 시기 주제별 이슈 점유도를 조사한 송근원(1994, 634)의 연구에 따르면 7대 대선에서 지역감정이 차지하는 이슈 점유도는 0.9퍼센트에 불과하다. 실제로 『전남일보』, 『대구매일』, 『경남일보』 등 당시의 지방지를 통틀어 살펴보아도 7대 대선에서 지역주의 관련 단어가 본문에 포함되어 있는 기사의 수는 10개를 넘지 못한다. 그

• 물론 여기서 부정선거 효과는 고려하지 않았다. 다만 흥미로운 점을 하나 지적한다면 7대 대선에서 전남의 무효표가 서울(유권자 수가 가장 많은)의 무효표보다 두 배가 훨씬 넘는 것으로 집계되었다는 점이다. 서울의 무효표는 4만9,498표였고 전남의 무효표는 10만 3,232표였다(중앙선관위 1995). 당시 전남 지역에서 대규모 개표 부정행위가 있었음을 보여 주는 간접적인 증거라고 할 수 있다.

•• 지역감정에 대한 송근원(1994, 113-114)의 분류 항목은 지방자치 이슈를 포함하고 있다. 따라서 실제 지역감정 이슈 점유도보다 높게 나타난 문제가 있지만 두 이슈를 합해도 매우 작은 비중만을 차지한다는 점에서 그대로 둔다.

럼에도 불구하고 기존 연구에서 지역주의 이슈가 매우 큰 비중을 갖는 것으로 해석되는 것은 다분히 결과론적인 해석이다.

7대 대선에서 점유도와 반응도가 가장 컸던 이슈는 두 가지다. 하나는 '예비군제 폐지 및 교련 철폐' 등을 둘러싼 안보 이슈이며, 다른 하나는 '3선 개헌/부정선거/부정부패' 등 정치체제의 정통성과 관련된 이슈다. 각각의 이슈 점유도는 24.5퍼센트와 24.2퍼센트이다. 두 이슈가 지지표의 지리적 분포에 미치는 영향에 대한 해석은 다음과 같이 요약된다.

먼저 정치체제 정통성 관련 이슈는, 교육 받은 젊은 유권자가 집중되어 있는 도시지역에서 야당 지지를 증대시킨다(윤천주 1981; 이갑윤 1998). 이에 대해서는 선거 연구자들 사이에 이견이 없다. 앞서 살펴본 서울·대구·부산의 대도시 지역에서 김대중 후보의 득표 규모가 크게 증가했다는 것은 이를 뒷받침한다. 다음으로 안보 및 이념 관련 이슈는 경기·강원·충청 지역에서 보수적 정향의 표를 집중시킨다는 연구가 있다(손호철 1993). 안보/이념 관련 이슈의 효과는 4대 대선과 5대 대선 결과를 사례로 한 연구의 결론이다. 예컨대 5대 대선에서 제기된 박정희의 후보 자격(사상 시비) 관련 이슈는 점유도가 18.3퍼센트였는데, 이때 박정희 후보의 전국 지지율과 지역 지지율의 차이는 〈그림 4-2〉와 같다.

이 그림은 5대 대선에서 좌경 시비의 대상이 된 박정희 후보의 지지 기반이 남북을 축으로 분절되었음을 잘 보여 준다. 전국 평균에 비해 낮은 지지를 받은 곳은 경기·강원·충북·충남이었고 그 반

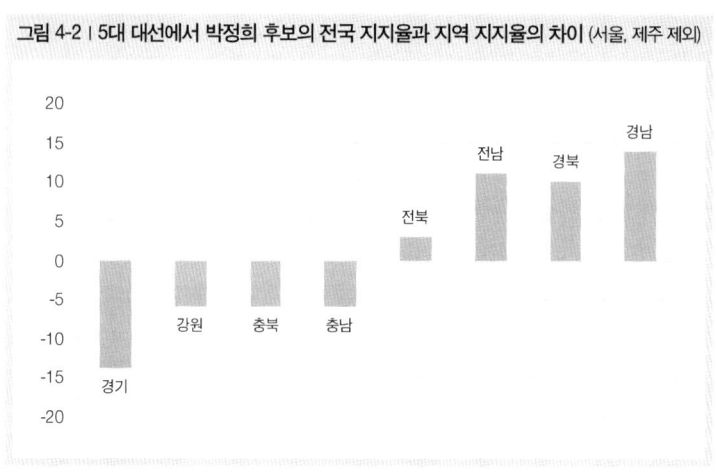

대는 경남·전남·경북·전남이었다. 이처럼 이념 이슈의 지리적 분절 효과를 강조하는 기존 연구의 해석을 받아들인다면, 7대 대선에서 경기·강원·충청권에서 김대중 후보의 지지 감소는 잘 설명된다. 두 선거 모두 이념적으로 좌경 시비에 휘말린 후보에 대한 지지가 경기·강원·충청권에서 낮게 나타났기 때문이다. 어떤 경우든 1971년 선거 결과를 지역주의 때문으로 설명하는 것은 근거가 매우 취약하다.

사후적 해석으로서의 지역주의

1971년 선거 과정에서는 지역감정 관련 쟁점이 별로 없었던 반면, 선거 후에는 선거 결과를 지역감정에 의한 것으로 보는 해석이 등장했다. 선거 결과를, 한국민들에게 내재되어 있는 '지역감정의 인자因子' 때문이라고 해석한 이영일(1971)의 주장이 대표적이다. 1장에서도 지적했듯이, 1971년 선거를 지역주의 선거로 규정하려는 것은, 선거의 의미가 정치체제의 정통성과 관련된 문제로 해석되는 것을 피하고자 한 권위주의 정권의 의도를 반영한다고 할 수 있다.

실제로 1971년 6월 19일 한국정치학회는 "선거와 정치발전"이라는 주제로 1971년 선거 결과에 대한 토론회를 개최했는데, 여기에 참석한 경북대 김인곤 교수는 선거 결과만을 보고 지역감정이 작용했다고 해석하는 견해를 비판하면서 경상도 유권자의 투표 결정 상황을 다음과 같이 재미있게 묘사했다(한국정치학회 1971, 220).

> 선거운동 과정에서 청중들의 동향을 보면 호남 지방에서는 김대중 씨를 위해서 부녀자들이 물을 떠놓고 칠성님께 기도를 드리고 있단다 하는 이야기까지 나돌고 있었습니다. 그런데 경상도 사람들은 그렇게 신경을 안 씁니다. 전남에서 그렇게 하고 있으니 우리도 하자, 그런 게 전혀 없었어요. 오히려 동정을 하고 그 후보가 훌륭하나 보다, 이렇게 생각하고 있고, 그래서 제가 보고 판단한 바에 의하면 지역감정이 선거 결과에 작용했다 하는 것은 너무 결과만 보고 과장이 된 것이 아닌가, 다시 말하면 경상도 사람들이 투표 전에 무슨 약속을 한 사실이 없고 오히려 어떤 사람이 연설회에서 그런 이야기를 했다가 그곳 지방지에 크게 비난을 받을 정도였다, 그래서 이 지역감정이 크게 작용했다고 너무 그렇게 몰아세우는 것은 비과학적이 아닌가 그렇게 생각합니다.

사실 지역주의적 선거냐 아니냐의 문제를 접어 두면, 1971년 대선은 반권위주의적 대중 동원의 특징을 갖는 것으로 좀 더 잘 설명된다. 1장에서 자세히 살펴보았듯이 1971년을 전후한 시기는 권위주의 체제에 대한 사회적 비판이 고조되고, 산업화와 경제성장의 비용을 감수했던 사회집단들의 저항이 본격적으로 등장하기 시작한 때였기 때문이다.

지역주의 없이도 설명 가능한 선거

물론 1971년 선거에서 민주주의와 권위주의라는 정치적 가치를 둘러싼 갈등은 여전히 도시적 특성에 국한된 것이었다. 나아가 유권자의 절반이 농촌에 거주하고 일인당 국민총생산GNP이 289달러밖에 안 되는 조건에서 민주주의는 다수의 유권자에게 절실한 문제가 아니었는지도 모른다. 따라서 미국과 일본 시장에 가까운 지경학적인 조건에 의해 경제 발전이 지리적으로 동남 축에 집중되었을 때, 이 지역 유권자의 다수가 집권당 후보를 지지한 것은 지역주의의 개입을 가정하지 않고도 설명될 수 있는 결과다. 설령 집권당 후보가 영남 출신이 아니었다 하더라도, 경제개발의 혜택을 선호하여 집권당 후보를 지지하는 투표 양상은 영남 지역 유권자에게 가장 영향력 있는 투표 결정의 동기였을 것이다. 그리고 이는 경제개발의 효과가 나타나기 시작한 1967년 대선에서 이미 뚜렷한 특징으로 등장했다.

1967년 6대 대선에서 집권당 후보에 대한 경북의 지지 비중은 71퍼센트이며 경남은 75퍼센트, 부산은 67퍼센트였다. 마찬가지로 1967년 야당 후보(윤보선)가 경제개발의 지역적 혜택이 불균등하게 분배된 것을 이슈로 호남 지역 유권자의 비판 의식을 자극하고 유권자가 이를 수용한 것 역시 합리적인 일이라 할 수 있다. 1971년 대선에서 호남 출신 김대중 후보의 등장이 이런 투표 경향에 새로운 변화를 가져온 것은 아니다. 따라서 1967년 대선을 기점으로 경제성장의 혜택을 지역적으로 분배하는 문제와 관련된 이슈가 영향력 있는 이슈로 등장했다고 말할 수는 있지만, 그것을 오늘날 우리가 말하는 망국적이고 극복해야 할 지역주의와 동일시하기는 어렵다.*

지역주의 문제와는 무관하게 1971년 대선에서 야당의 정치 동원 양상은, 한국 정당정치의 역사적 전개에서 대단히 중요한 의미를 갖는 것이었다. 그것은 과거 지주 계급에 기반을 두었고 그래서 권위주의 집권당보다도 더 보수적이었던 한국의 야당이, 이 선거를 전후하여 권위주의에 대항하는 명실상부한 반대당 opposition party으

---

* 정근식(1991, 148-149)은 1967년 대선 시기부터 호남 지역의 중소 자본가들이 당시 언론을 통해 지역 개발 이슈를 조직하고자 했다는 점을 강조한다. 1967년의 '호남푸대접시정위원회'나 1970년의 '전남근대화촉진위원회', 1971년의 '전남개발촉진위원회' 등이 그것이다. 그러나 이런 조직의 활동과 정치적 성격에 대한 논의는 없다. 1960년대 말 이후 경제개발이 본격화되면서 아마도 이와 유사한 조직은 다른 지역에도 결성되었을 것이다. 그리고 대부분의 경우 이들 조직은 집권당과 유착 관계를 발전시켰을 것이다.

로 등장했음을 상징적으로 보여 주었기 때문이다. 그것은 단순히 정치적인 측면에 국한되지 않고, 경제적이고 이념적인 측면에서의 비판을 동반한 것이었다. 유권자, 특히 도시의 유권자는 야당의 이런 이슈에 영향을 받았고, 이는 영남의 도시 지역에서도 매우 강한 영향력을 발휘했다.

이에 대항하기 위해 집권당이 반호남 지역주의를 특히 영남 지역에서, 동원한 것은 사실이지만 그 효과를 과장해서는 안 된다. 집합 자료가 보여 주는 것은 지역주의 동원이 영남 지역, 특히 영남의 도시지역에서 야당의 지지 증가를 막지 못했다는 것이다. 따라서 지역주의 동원은 기존의 여권 지지 유권자의 이탈을 막는 효과를 가졌을지 몰라도, 지역주의에 의해 유권자가 선호 순서를 바꾸고 그 결과 투표 결정의 방향을 야당 후보에서 집권당 후보로, 혹은 집권당 후보에서 야당 후보로 변경했다는 식의 설명은 객관적 사실로 입증될 수 없는 것이다. 그렇다면 국회의원 총선 결과는 어떠했을까?

3. 국회의원 선거와 지역주의

지역 기반은 점차 강화되었을까?

앞서 살펴본 대로 기존 연구는 권위주의 시기 지역 차별의 구조가

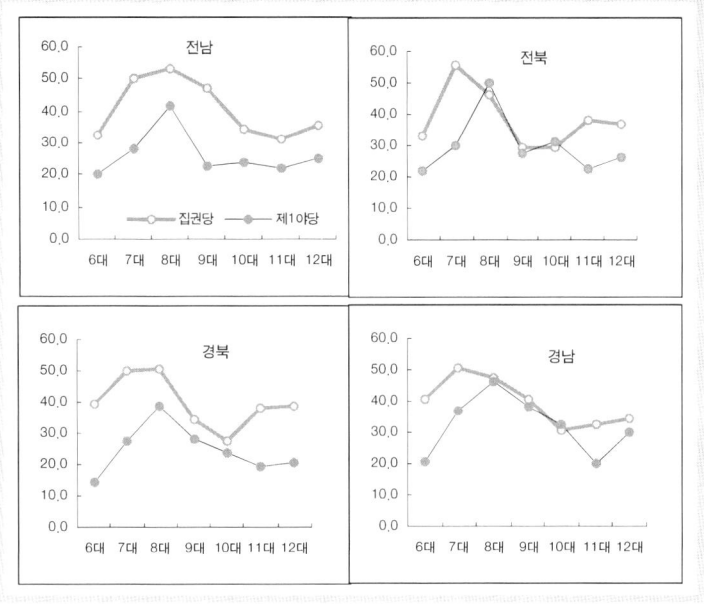

그림 4-3 | 민주화 이전 총선에서 영호남 지역별 여야 간 지지율의 변화: 1963~85년 (단위: %)

유권자 편성을 결정지었다고 설명한다. 그 특성은 "[수혜 지역=여당 후보=영남] 대 [피해 지역=야당 후보=호남]"의 형태를 갖는다(김만흠 1991, 111). 이런 전제가 입증되려면 권위주의 통치 기간 중 집권당의 지지 기반은 영남에 의존을 많이 하게 되고, 반대로 호남의 경우는 김대중을 리더로 하는 야당에 좀 더 지지를 많이 한 결과가 나타나야 할 것이다. 그리고 여야 간 지지율 획득과 상실은 서로 다른 방향으로 움직여야 할 것이다.

〈그림 4-3〉은 지역 차별이 구조화되었다고 가정되는 박정희 정권 이후 민주화 이전까지 영호남 지역에서 집권당과 야당의 득표율

표 4-1 | 민주화 이전 영호남의 투표 성향

지역	6대 총선		7대 총선		8대 총선		9대 총선		10대 총선		11대 총선		12대 총선	
	P₁	P₂	P₁	P₂	P₁	P₂	P₁	P₂	P₁	P₂	P₁	P₂	P₁	P₂
전북	-0.3	1.8	4.9	-2.9	-2.6	5.4	-9.2	-4.7	-2.3	-1.8	2.4	0.6	1.6	-2.8
전남	-1.2	0.3	-0.2	-4.3	4.2	-2.6	8.7	-9.7	2.6	-8.7	-4.6	0.5	0.5	-3.9
경북	6.1	-5.8	-0.3	-5.1	1.6	-5.8	-3.9	-4.5	-3.9	-9.2	2.8	-2.3	3.5	-8.5
경남	6.9	0.2	0.0	3.9	-1.6	1.8	1.9	5.6	-1.2	-0.1	-3.1	-1.6	-1.1	0.8

주 : P₁은 집권당, P₂는 제1야당을 가리킨다.

변화를 보여 준다.

지역주의적 가정이 예상하는 것과는 달리, 위 자료는 영호남 모든 지역에서 집권당과 야당의 지지율 변화가 전체적으로 같은 방향으로 움직인다는 것을 보여 준다. 또한 호남에서 야당의 지지보다 집권당의 지지가 전반적으로 높게 나타나고 있으며 반대로 경남의 경우는 8대 선거 이후 여야 간 득표율 격차는 11대를 제외하면 거의 없는 것으로 나타나고 있다.

여야 두 정당의 지역별 지지율을 전국 평균 득표율과 대비해 보아도 마찬가지다. 기존 연구의 지역주의적 유권자 편성의 가정이 사실이라면 영호남 두 지역에서 집권당과 야당의 지지율은 전국 평균을 크게 상회하는 것으로 나타나야 할 것이다. 〈표 4-1〉은 여야 간 지역별로 전국적 지지율과의 차이를 나타낸 것이다. 음의 정수로 나타난 것은 각 당이 전국 평균에 비해 낮은 득표를 했다는 것을, 양의 정수는 그 반대를 의미한다.

이 표가 보여 주듯이 영호남 어느 지역도 전국 평균과의 차이는 일관된 방향을 갖고 있지 않으며 그 차이도 거의 무시할 수 있는 정

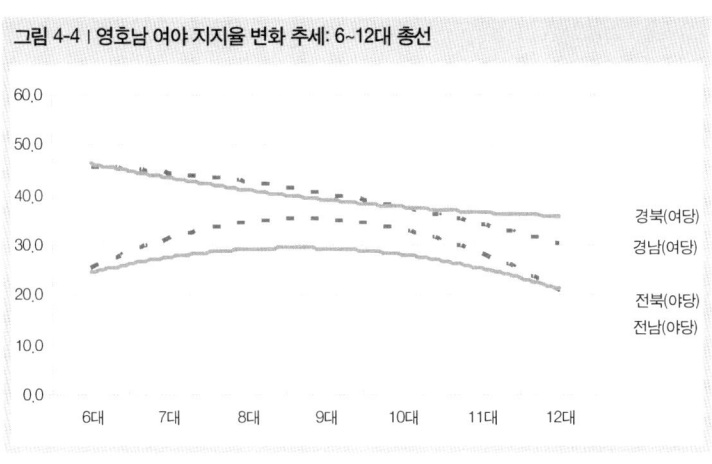

도에 불과하다. 전국 평균 득표에 비해 각자의 지역에서 더 얻은 득표가 10퍼센트포인트를 넘는 사례는 없다. 영호남 지역에서 집권당과 야당의 지지율 변화 추세를 살펴보아도 동일한 결론을 얻을 수 있다. 〈그림 4-4〉는 영남 지역에서 집권당 지지율 변화와 호남 지역에서 야당 지지율 변화의 다항식 추세선을 나타낸다.

위 그림이 보여 주듯이 영남 지역에서 집권당 지지 기반 강화 경향, 반대로 호남에서 야당 지지 기반 강화 경향은 나타나지 않는다. 실제 결과는 오히려 그 역의 경향이다. 영남에서 집권당은 지지 기반의 약화 경향을 보여 주며, 반대로 호남에서는 야당의 지지 약화 경향을 보여 주기 때문이다. 요컨대 '권위주의 지역 지배 체제의 영남 지지 기반화 경향'은 실제 사실로 뒷받침될 수 없는 주장이 아닐 수 없다.

강화 경향이 있었다면 민주화에 대한 요구

아마도 선거에서 나타난 경향으로만 본다면, 주목할 것은 민주화라는 정치적 가치에 대한 투표자들의 선호가 좀 더 분명해졌다는 사실이다. 1985년 12대 총선 결과는 이를 잘 보여 준다. 이 선거의 가장 큰 특징은 도시 지역과 젊은 세대에서의 강한 야당 지지 성향과 전체적으로 높은 투표율에 있다.

6대 총선에서 11대 총선 사이 평균 투표율은 74.6퍼센트였던 반면, 1985년 12대 총선의 투표율은 84.6퍼센트였다. 투표율과 도시 지역에서의 야당 지지율이 높아진 것은 이 선거가 민주화를 목표로 내건 대규모 대중 동원을 동반했기 때문이다. 야당 진영에서는 권위주의 체제에 대한 타협파의 입지가 급격히 축소되었고, 반권위주의 선명성을 내건 투쟁파가 주도권을 장악했다. 학생운동이 대대적으로 활성화된 것도 이때였다. 이런 사실을 고려하지 않고 1987년 6월 항쟁을 설명하는 것은 불가능하다.

요컨대 굳이 민주화 이전 선거에서 나타난 경향성을 말하라면 그것은 지역 기반 강화 현상이 아니라 민주화에 대한 강한 요구였다고 해야 옳을 것이다.

4. 새로운 문제로서 지역주의

민주화 이후 등장한 지역주의 문제

사실 냉정하게 말하면, 지역주의가 사회적으로 큰 이슈가 된 것은 민주화 이후였다고 할 수 있다. 지역주의 내지 지역 균열의 여러 요소들이 권위주의 산업화 시기에 등장했지만, 적어도 민주화 이전까지 지역주의는 별 논란의 소재가 되지 못했다. 엄밀히 말해 지역주의는 민주화 이후 한국 정치의 새로운 이슈로 등장한 것이다. 이는 〈표 4-2〉가 잘 보여 준다. 이 표는 국회도서관이 제공하는 자료 검색 시스템에서 지역 문제 관련 학위논문과 단행본, 그리고 정기간행물에서 논문의 형태로 출간된 자료의 수를 가리킨다.

분명 지역주의 문제가 학술 시장의 영역에서 유인력 있는 주제로 주목된 것 역시 민주화 이후 시기다. 민주화 이전 시기 지역주의 문제가 언급되는 빈도는 성, 세대 등과 같은 다른 주제의 빈도와 비교해 사실상 무시될 수 있는 정도였다.

학술 시장뿐만 아니라 여론 시장의 영역을 살펴보아도 마찬가지다. 〈그림 4-5〉는 일간신문에서 지역 이슈의 출현 빈도를 시기별로 나타낸 것이다.

무엇보다도 특징적인 것은 민주화 이전 시기까지 여론 시장에서 지역과 관련된 이슈가 거의 주목되지 않았다는 사실이다. 요컨대 한국의 지역주의는 민주화와 더불어 한국 정치의 중대 이슈로

표 4-2 | 지역주의 문제 관련 연구 현황: 1977~99년

	1977~86년	1987~99년
정기간행물	2	98
석·박사 학위 논문	0	17
단행본	0	17

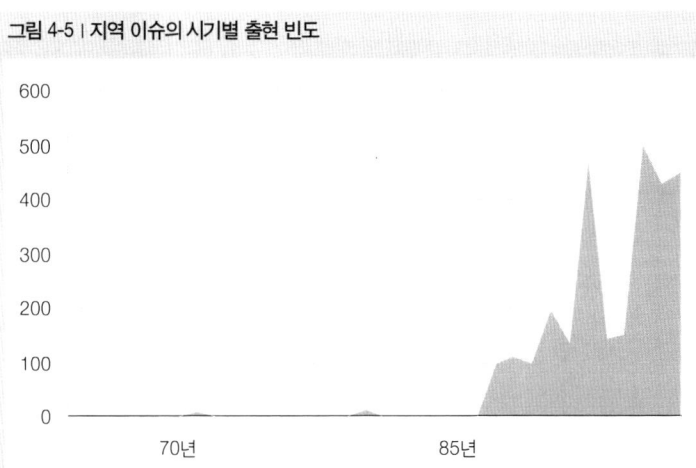

그림 4-5 | 지역 이슈의 시기별 출현 빈도

주: 지역 이슈 출현 빈도는 『조선일보』에서 '지역감정, 지역 차별, 지역 소외, 지역 갈등, 지역주의, 지역 분할, 지역 격차, 지역색, 지역 대통령, 지역당'의 단어를 포함하고 있는 기사의 수를 가리킨다. 『조선일보』를 선택한 이유는 9개 종합 일간지 통신 사이트 가운데 유일하게 1990년부터 기사 본문을, 그 이전 1920년부터 기사 제목을 제공하고 있기 때문이다. 1990년 이후는 역대 기사 중 '본문' 항목에서 위의 키워드를 통해 검색했고, 1987년부터 1989년 사이는 수작업을 통해 동일한 방법으로 기사 수를 계산했다. 1987년 이전 시기는 역대 기사 중 '기사 제목' 항목에서 동일한 방법으로 검색했다. 1971년과 1980년에 발행된 신문을 조사해 본 결과 본문을 포함해도 결과에는 큰 차이가 없었다.

'새롭게' 등장한 것이라 하겠다. 그러니 지역주의로 채색된 과거를 억지로 만들어 낼 이유는 없다고 하겠다.

5장

지역주의가 정말로 민주화 정초 선거를 지배했을까

5장은 '민주화 정초 선거'라고 불리는 1987년 12월의 대통령 선거에서 지역주의가 어느 정도 영향력을 갖는 변수였는지를 살펴보고 있다. 권위주의 정권이 민주화 이행을 약속함에 따라 '민주 대 독재의 균열'이 약화되고 잠재되어 있던 강한 지역주의가 폭발했으며 그 때문에 선거 결과 지역 정당 체제가 나타났다는 기존의 설명이 사실인지를 따져 보고 있는데, 결론은 물론 그렇지 않다는 것이다. 1987년 선거를 압도했던 것은 민주화에 대한 열망이었지 지역주의적 열망이 아니었다. 기존의 설명은 경험적 사실로 뒷받침되지도 않은 채 지역주의의 영향력을 과장했으며, 민주화를 열망했던 시민의 대다수를 지역주의에 종속된 유권자로 만들었다. 결국 설명해야 할 문제는 민주화라고 하는 보편적 가치를 향한 강한 열망이 지배했던 선거였음에도 불구하고 지역적으로 극히 분절화된 투표 결과가 왜 나타났느냐에 있는 것이지, 지역당과 지역주의 유권자에 의해 지배되었다고 하는, 사실과 다른 선거 상황을 '창조'해 내는 데 있지 않다.

1. 민주화 이행기의 전략 상황

기존의 두 접근

1987년 민주화 정초 선거와 관련해 기존 연구는 서로 다른 관점에서 경쟁적 설명 모델을 발전시켰다. 첫 번째 설명 모델은 강한 사회 균열로서 지역주의의 존재에 초점을 둔다. 이에 따르면 한국 사회의 정치·경제·사회·문화적 특성은 권위주의 시기의 '지역 지배 체제'에 의해 형성되었으므로, 정초 선거에서 유권자는 지역주의에 따라 투표 결정을 했고 그 결과 지역 정당 체제가 등장했다는 것이다. 지역적 차이에 따른 강력한 갈등 구조와 그것의 의식적인 형태로서 지역주의에 의한 유권자 편성에 초점을 둔다는 점에서 이를 '지역주의 사회 균열 모델'로 정의하기로 하자.

두 번째 설명 모델은 정당에 의한 지역주의 동원에 초점을 둔다. 앞서의 사회 균열 모델은, 정당과 정치 엘리트를 독자적 행위 주체로 가정하지 않는다. 유권자와 마찬가지로 정당과 정치 엘리트의 행위 결정 역시 지역 균열에 의해 규정되었다고 보기 때문이다. 이와는 달리 정당의 지역주의 동원에 초점을 두는 설명 모델은, "국민들이 지역주의적 투표 성향을 보이기 이전에 지역 정당이 시간적으로 선행하여 존재"(문용직 1992, 7)했다고 본다. 다시 말해 유권자의 지역주의적 투표 결정은 지역 정당 간 대립이 첨예화된 결과라는 것이다. 지역주의를 동원한 정당에서, 유권자가 지역주의 투표를 한 원인을 찾는다는 점에서 이를 '지역주의 정치 동원 모델'로 정의하기로 하자.

사회 균열 모델과 정치 동원 모델

이론적으로 두 모델은 매우 다른 이론적 관점에 기초를 두고 있다. 또한 경험적인 측면에서도 야당의 두 후보(김영삼, 김대중)의 분열에 대해 상이한 해석을 갖는다. 사회 균열 모델의 경우 양김의 분열은 지역 균열의 구조적 결과로 설명된다.

> 지역 균열의 구조가 정치 엘리트 내지 정치의 영역에서만 존재하는 것이 아니라 국민 대중의 수준에서도 광범하게 존재하고 있으(므로) …… 정치 엘리트의 분열이 지역 균열을 구체화시키고 심화시키는 결과를 초래했지만 이미 존재하는 사회적 지역 균열이 정치 엘리트 분열의 한 원인이 되었다(김만흠 1991, 7).

반면 정치 동원 모델에서 양김의 분열은 정당의 조직적 성격과 정치 엘리트의 전략적 이해에 의해 설명된다. 한국의 정당 조직은 지역 파벌 혹은 지역 파벌 간의 연합으로 이루어져 있다. 비록 강력한 권위주의 집권당에 대항하기 위해 여러 지역 파벌이 하나의 야당으로 통합된다 해도 그것은 사실상 하나의 정당 안에 복수의 정당이 병존하는 것이다. 따라서 지역 파벌 간 연합의 필요성이 사라질 경우 그것은 곧 독자적 정당 대안을 조직하는 것으로 나타난다. 1987년 6·29선언은 지역 파벌 간 연합의 필요성을 사라지게 했으며, 그 결과 야당은 두 개의 지역 정당으로 나타났다.

> 야당의 조직적 측면에서 볼 때 분당은 1987년 6·29때 예고된 것이나 다름이 없었다. 또한 분당과 동시에 호남과 영남은, 야권의 경우, 필연적으로 대결케 되어 있었다(문용직 1992, 16).

지역주의 단일 쟁점 상황?

그러나 이런 차이점에도 불구하고 두 모델은 야당의 분열과 지역주의적 투표 결정을 필연적인 것으로 해석한다는 점에서는 같다. 사회 균열 모델의 경우, 1987년 정초 선거는 과거 권위주의 정권에 의해 억압되었던 지역주의가 표출된 선거로 해석된다. 지역주의는 이미 민주화 이전 시기부터 중심적인 사회 균열이었으며, 민주화로 인해 지역 균열의 표출을 제약하는 정치적 장애물이 약화되었다는 것이다. 따라서 민주화는 지역 균열이 지배하는 전략 상황으로 이어질 수밖에 없었고, 당연히 유권자는 지역주의라는 단일 쟁점에 의해 압도되었다고 본다. 그 결과 13대 대선의 "지역주의적 정치 행태와 이에 따른 지역 균열의 정치 구조는 예견된 것"(김만흠 1991, 116)이라고 주장하는 것이다.

정치 동원 모델 역시 인과 논리는 다르지만 13대 대선을 지역주의 단일 이슈 상황으로 정의한다. 그 근거는 두 가지다.

첫째, 1987년 6월 항쟁에서 유권자가 원했던 것은 대통령 직선제라는 민주주의의 절차적 내용이었고 그 이상은 아니었기 때문에, 대통령 직선제의 수용은 민주화 쟁점의 소멸을 의미하는 것으로 본다. 그 결과 민주 대 독재의 균열이 유권자의 투표 결정에 미치는 영향은 사라졌고, 지역주의만이 유권자가 쟁점 위치를 설정할 수 있는 유일한 이슈가 되었다는 것이다.

둘째, 정당의 지역주의 동원은 집권당뿐만 아니라 야당을 포함하는 모든 정당의 지배적 전략이었다는 것이다. 집권당은 강력한 두 야당의 표가 지역적으로 분열되기를 선호하기 때문에 지역주의를 동원했다. 두 야당 후보(김대중, 김영삼)는 각자 자신의 지역에서 지역주의를 동원하고, 다른 후보의 경우 지역주의를 동원하지 않는 것에서 최대의 보상가를 갖는다. 따라서 전략 상황은 죄수의 딜레마 게임으로 나타나고 결과적으로 두 후보 모두 각각의 지역에서 지역주의를 최대한 동원하게 된다.

> 상대방이 어떠한 전략을 택하던지 간에 자신은 지역주의에 호소하는 것이 최선의 전략임을 알 수 있다. …… 그들에게 있어서 지역주의에 호소하는 것은 호소하지 않는 것보다 유리했던 것이다(문용직 1992, 10).

이상과 같은 주장대로 만약 13대 대선에서 유권자가 직면한 전략 상황이 지역주의 단일 쟁점의 상황이었고, 정당들이 경쟁적으로 지역주의를 동원했다면, 지역주의적 투표 결정과 지역 정당 체제의 등장은 필연적일 수밖에 없을 것이다. 그런데 과연 그런가?

관련된 가정을 세분화하여 따져 보자. 먼저 유권자와 관련해서 초점은 세 가지다. 첫째, 1987년 정초 선거의 상황에서 유권자는 지역 균열을 지배적인 균열로 인식했는가. 둘째, 지역주의와 유권자의 투표 결정 사이의 인과관계는 성립할 수 있는가. 셋째, 직선제 수용으로 인해 유권자는 민주화 이슈에 대해 더 이상 반응하지 않았는가.

정당과 관련된 가정 역시 세 가지 질문을 제기할 수 있다. 첫째, 한국의 정당을 지역 파벌 혹은 지역 정당으로 정의할 수 있는가. 둘째, 야당 두 후보의 분열은 지역주의에 의한 결과였는가. 셋째, 지역주의의 동원은 모든 정당의 지배적 전략이었는가.

2. 사회적 균열 구조와 지역주의 문제

유권자의 갈등 인식

우선 한국 사회의 균열 구조와 관련된 문제를 보자. 기존 연구가 제시하는 증거들은 생산적 자원의 분배가 지역적으로 불평등하게 분배되어 왔다는 사실과, 생활 세계에서 특정 지역에 대한 편견이 존재한다는 사실이다. 그러나 이런 사실이 곧 전체 사회 균열에서 지역 균열이 지배적 영향력을 가졌음을 보여 주는 것은 아니다.

생산적인 자원의 배분에 영향을 미치는 집단적 요인은 지역만이 아니다. 여기에는 직업·소득·교육·성性·이념 등의 변인도 중요한 기준이 된다. 이들 요인을 기준으로 자원의 불평등한 분배 구조를 보여 주는 것은 어렵지 않으며, 그것은 지역보다 훨씬 불평등한 결과를 갖는다. 편견 역시 지역에만 부과되는 것은 아니다.

1988년 12월에 한국사회학회와 『중앙일보』가 실시한 "한국 사회의 갈등 인식"에 관한 공동 여론조사 결과를 보면 한국 사회를 분열시키는 가장 큰 갈등은 다섯 가지로 나타났다(『중앙일보』 1989/01/01). 지역 갈등은 계층 갈등(89.3퍼센트), 노사 갈등(89퍼센트)에 이어 85.3퍼센트로 세 번째였다. 그 밖에도 세대 갈등(82.3퍼센트)과 이념 갈등(67.3퍼센트) 역시 높다고 응답했다. 이는 절대다수의 사회 구성원이 민주화 이후의 한국 사회를 대단히 갈등적인 사회로 평가했음을 보여 준다. 1987년 7~9월의 대규모 노동조합운동의 등장을 고려하면, 계층 갈등이나 노사 갈등의 존재에 대한 피조사자의 높은 인지도는 현실적이다. 반면 1988년이라는 조사 시점을 고려하면, 그 이전에도 지역 균열이 높게 인지되었는지 아니면 1987년과 1988년의 선거 결과 때문에 나타난 변화인지 하는 인과의 방향을 확정적으로 말할 수 없다.

갈등 인식의 변화

1986년 12월 말과 1987년 12월 말에 실시한 『한국일보』의 여론조사 결과는 매우 흥미로운 사실을 보여 준다.* 동일한 조사 항목 가운데 '지역감정 및 지역 갈등의 정도'를 묻는 질문에 대한 응답을 살펴보면, 1986년의 경우 지역감정이 심각하다고 응답한 비율(56.7퍼센트)과 그렇지 않다고 응답한 비율(43.4퍼센트)이 큰 차이가 없는 반면, 1987년 대통령 직접선거 이후의 조사에서는 심각하다고 응답한 비율(77.3퍼센트)이 그렇지 않다는 응답(22.7퍼센트)을 압도하는 것으로 나타나기 때문이다.

1987년 10월 20일을 전후해 한국기독교사회문제연구원이 실시한 여론조사(한국기독교사회문제연구원 1987)도 비슷한 결과를 보여 준다. '한국 사회 당면 과제'에 대한 16개 항목 가운데 '지역감정 해소'에 대한 응답은 8위에 불과한 반면, '노사문제' '농민 문제' 등 계층 균열에 대한 응답이 2, 3위를 차지했기 때문이다.

같은 시기에 조사된 한국갤럽조사연구소의 여론조사 역시 같은 결과를 보여 준다. 차기 대통령이 처리해야 할 중요 과제를 묻는 질문에서 '지역감정 해소'는 응답률 8퍼센트로 전체 15위였다. 이 결과는 유권자가 11위로 나타난 외교 문제나 12위로 나타난 세금

• 『한국일보』(1987/01/01; 1988/01/01)를 참조.

문제보다 지역감정 문제를 덜 중요한 것으로 평가했음을 보여 준다. 수위를 차지한 응답은, 계층적인 이슈와 관련된 경제문제(1위), 농어촌 문제(2위), 빈부 격차 문제(3위), 사회복지 문제(9위) 등과, 정치사회적 이슈와 관련된 기본권 신장 문제(4위), 부조리 척결 문제(5위), 언론 자유(6위), 통일 문제(7위), 교육 문제(10위) 등이다. 어떤 자료도 민주적 개방 이후 정초 선거에 이르는 시기 한국 사회가 지역 균열에 의해 압도되었음을 보여 주지 않는다.

호남 출신의 갈등 인식

반호남 지역주의의 피해자로서 어느 지역민보다 지역 균열에 민감했다고 볼 수 있는 호남 출신의 인식도 크게 다르지 않았다. 김만흠(1987)의 조사 결과에서도 볼 수 있듯이, "사회 경험에서 출신 지역으로 인한 피해 경험"에 대한 질문에서 호남 출신의 응답 가운데 자신의 출신 지역 때문에 피해를 본 적이 없었다는 비율이 83.2퍼센트에 이른다거나, "출신 지역 밝히기를 꺼리거나 숨긴 경험"에 대한 질문에서 호남 출신의 응답 중 그런 적이 없다는 비율이 83.6퍼센트로 나타난다. 이는 한국의 지역 문제가 특정 지역을 사회적으로 통합되지 못하게 할 정도의 문제가 아니었으며, 민주화가 진전됨에 따라 지역주의의 토대라고 할 수 있는 정치의 권위주의와 시민사회의 보수성이 개혁되면서 자연스럽게 해결될 수 있었던 문제라는 것을 보여 준다.

물론 "출신 지역이 장애가 된 적이 있다"는 응답에서나, "출신 지역을 감춘 적이 있다"는 응답에서 호남 출신의 응답(각각 16.7퍼센트, 16.4퍼센트)이 다른 지역 출신에 비해 높은 것은 사실이며, 비록 그 비율은 크지 않다 하더라도 특정 지역에 대한 차별의 가능성이 존재한다는 사실에 학문적 관심을 갖는 것도 좋은 일이다. 그러나 지역 편견이 사실 이상으로 과장되거나, 지역 문제의 본질을 유권자의 지역주의적 의식으로 환원하는 접근은 문제의 핵심에서 벗어나는 것이다.

그렇게 과장해서 이론적으로 한국의 지역 문제를 인종·종교·언어·문화적 차이가 뚜렷한 분절 사회segmented society의 지역 문제와 동일시하거나, 개헌과 같은 특단의 조치를 해서라도 해결하지 않으면 안 될 '사회 암적 문제'라고 주장하는 것은 '지역 근본주의'적 접근이라고 할 수 있다. 홉스봄(Hobsbawm 1990)은 "민족주의를 연구하는 사람이 민족주의자가 되어서는 안 된다"는 경구적 지적을 한 바 있는데, 이 지적은 지역 문제를 다루는 연구자에게도 동일하게 시사하는 바가 크다.

민주화, 억압된 지역 갈등의 분출구?

다음 문제를 살펴보자. 권위주의 정권이 대통령 직선제를 수용했기 때문에 유권자의 투표 결정에 대한 민주화 이슈의 영향력이 소멸되었다고 해석할 수 있을까? 대규모 민주화 투쟁에 직면해 권위주의 국가가 대통령 직선제를 수용했을 때, 이것으로 민주화라는 의제는 종식되었다고 판단한 유권자는 있을 수 있다. 이들이 6월 항쟁을 지지했던 이유는, 인권침해와 살인 행위로 나타난 경성 권위주의를 반대했기 때문이다. 따라서 권위주의 국가의 민주화 조치에 만족한 이들 유권자에게 집권당 후보는 투표 대상에서 배제되지 않았을 것이다.

그러나 이들 유권자는 6월 항쟁의 이슈 설정자가 아니었다. 적어도 대통령 직선제 수용을 강제했다는 의미에서 한국 현대 정치사에서 가장 강력한 '민주화 이슈 혁명'을 이끌었던 6월 항쟁의 주축 행위자의 선호는 지극히 변화 지향적이었다. 그들에게 대통령 직선제라는 요구는, 정권 교체 혹은 한국 사회의 구조적 변혁, 아니면 자신이 지지하는 정치 엘리트의 집권이라는 목표를 실현하는 수단을 의미했다. 이들의 선호 강도는 강하고, 대선에서 이를 실현하고자 하는 기대 의식은 강렬했다.

13대 대선은 유세의 규모와 열기, 사회단체들의 자발적 선거 감시 운동의 조직 등 모든 측면에서 역대 어느 선거와도 비교할 수 없는 사례다. 13대 대선의 전략 상황을 대다수 유권자가 직선제 수용에 만족함으로써 민주화 이슈가 소멸된 상황으로 정의하고, 다른 사회 균열이나 이슈가 없었으므로 유권자는 지역이라는 일차적 유대감에 의해 투표 결정을 했다고 가정해 보자. 이 경우 투표 행위가 갖는 기대 효용은 낮아지고, 그 결과 투표 불참을 선택한 유권자의 규모는 증가해야 할 것이다. 특히 지역 연고 후보를 갖지 못한 서울·경기·강원·제주 등의 투표율과, 민주화와 정권 교체에 강한 선호를 갖는 20~30대 유권자의 투표 불참은 더욱 높게 나타나야 할 것이다.

그러나 실제 결과는 이런 가정과는 달랐다. 우선 13대 대선은 투표율이 대단히 높았다. 89.2퍼센트라는 투표율은 지난 50년의 선거 가운데 가장 높은 수치다. 뿐만 아니다. 이 투표율은 그 구성에 있어서 연령별·도농별·성별 차이를 동반하지 않았다는 점에서도 선거 역사에서 특별한 사례다. 서울·경기·인천·강원·제주의 투표율(88.7퍼센트)은 전국 평균과 사실상 차이가 없으며 오히려 부산의 투표율(88.4퍼센트), 충남의 투표율(88.3퍼센트)을 앞선다. 어떤 측면에서 보든 13대 대선의 투표율은 정권 교체와 권위주의 정권 유지를 둘러싼 강렬한 경쟁의 상황을 반영하고 있다.

3. 정치 동원과 지역주의 문제

정당을 어떻게 볼 것인가

이제 정당의 지역주의 동원과 관련된 문제를 살펴보자. 정당과 관련된 행위 가정에서, 정당을 지역 균열을 반영하는 종속적 변인으로 가정하는 것은 비현실적이다. 파네비안코(Panebianco 1988)가 강조하듯이 정당은 사회 균열을 대변하는 수동적 존재가 아니라 자체의 목적에 따라 수단을 선택하는 조직이다. 따라서 조직의 성격에 따라 사회 균열의 제약을 크게 받는 정당과 그렇지 않은 정당이 존재하고, 분석의 초점은 여기에 맞춰져야 한다. 예컨대 정당 리더의 결정력이 강한 경우와, 반대로 사회 균열에 따른 이해 집단(예컨대 노동조합)이 정당의 결정 구조에 미치는 영향력이 강한 경우, 정당이 선택할 수 있는 전략의 범위는 큰 차이가 있다.

마찬가지로 정당 내부의 조직적 차원에서도 정당 리더와 활동가, 당원, 지지자 각각의 영향력이 당내 결정 구조에 어떻게 결합되어 있는지가 중요하다. 정당 리더가 결정권을 독점할 경우 결정 집단의 크기는 1에 가까워진다. 반면 평당원이나 지지자의 영향력이 강하면 결정 집단의 크기는 극대화된다. 한국의 정당이 사회 균열에 구속될 만큼 사회집단과의 결속이 강하지 않은 것은 분명하다. 마찬가지로 정당 조직 내부에서 볼 때도 활동가·당원·지지자가 정당의 결정 과정에서 갖는 영향력은 미미하다. 따라서 한국의 정당을 사회 균열이나 유권자 편성 구조를 반영하는 수동적 존재로 가정하는 것은 설득력이 없다. 또한 사회 균열로서 지역 균열이 갖는 순효과net effect는, 경쟁하는 정당들의 동원 전략이 어떤 효과를 갖는지가 먼저 분석되지 않고는 분리해 낼 수 없다. 따라서 정당과 정치 엘리트가 실제로 지역주의를 동원했는지의 문제와 상관없이, '정치에서 조직이란 편견을 동원하는 존재' '자신에게 유리하게 균열과 갈등을 동원하고 활용하는 존재'라는 행위 가정(Schattschneider 1960, 30-34) 없이는, 민주화 이후 한국의 정치 변화를 설명할 수 없다.

정당과 관련된 첫 번째 문제는 한국 정당의 조직적 성격을 정의하는 문제다. 한국의 정당 조직이 공식적인 결정 구조를 초월하는 파벌적 구조를 갖는다는 사실에는 이견이 있을 수 없다. 그리고 그런 파벌의 구성원이 지연이나 학연과 같은 일차적인 유대와 강한 상관관계를 갖는다는 것도 분명한 사실이다. 이는 한국에서 정치를 직업으로 하는 정치 엘리트의 충원과 재생산이 사회적 갈등이나 요구와 유리된 채 하나의 정치 계급으로 기능하게 된 기초이다. 그리고 이는 한국 정당 조직의 후진성 혹은 사회적 무책임성으로 나타난다.

정당 파벌에 대한 합리적 이해 방식

그러나 이들 파벌 조직을 지역 파벌 혹은 지역 정당으로 정의하는 것은 다른 문제다. 한국의 경우 역대 어느 파벌도, 지리적으로 구분되는 경제적 부문의 이해를 대변하는 섹션section의 성격을 갖지 않았다. 정치학 용어로서 섹션은, '공통적인 감정과 이해로 연결된 지역' 혹은 '지역의 이익을 대표하는 정당의 한 세력 혹은 분파'로 정의된다(『정치학 용어사전』, 1975, 716). 특히 미국 정치에서 섹션은 "한 지역 내 모든 계급이 다른 지역의 이익에 반하여 그 지역의 이해를 진작시키기 위해 협력하는 정치 시스템"으로 해석되어 왔다(Schattschneider 1942, 111).

한국의 경우 파벌 조직이 지역의 동질적 이해를 대표하는 기능적 역할을 했다고 말할 수는 없다. 파벌의 구성원이 같은 지역 출신으로 구성되어 있었다고 해서 이를 지역적 대표 기능을 담당했던 조직으로 정의하는 것은 지나친 비약이다. 인과적으로 엄밀하게 말해 한국 정당에서 파벌 조직의 지역성은 정당들이 사회적 기반을 갖지 않았기 때문에 나타난 결과라고 말하는 것이 사실에 더 가깝다. 한국 정당에서 파벌의 분류와 성격은 지역이 아니라 그 리더에 의해 규정된다. 파벌이 리더를 중심으로 수직적 결정 구조를 갖게 될 때, 그 구성원의 충원과 재생산이 리더와의 일차적 거리에 의해 영향을 받는 것은 당연한 결과이다. 실제로 한국 정당의 역사에서 파벌은 지역 파벌로 시작된 것이 아니라, 역으로 파벌의 리더들이 자신의 조직적 영향력을 경쟁적으로 확대하면서 결과적으로 동질적 지역성을 갖게 되었을 뿐이다.

마찬가지로 1987년 야당의 두 파벌(상도동계와 동교동계)이 분열된 것 역시 이들이 지역 파벌이기 때문에 나타난 필연적 결과가 아니다. 당시 두 파벌의 갈등과 분열은 두 가지 문제와 관련된 것이다. 하나는 정당의 결정 구조다. 다른 하나는 후보 조정 게임이다. 조직으로서의 정당이 구성원의 행위를 구속할 수 있는 공식적인 결정 구조를 갖지 못할 때 집합적 결과의 합리성은 보장되지 않는다. 1987년 야당이 후보 조정에서 실패한 제도적 요인은 바로 여기에 있다. 전당대회든 당무회의든 당의 공식적 결정 구조가 작동하지 않았을 때, 결과는 이를 초월하는 두 정치 엘리트 간의 흥정 게임으로 나타났다. 흥정 게임의 균형은 두 이해 당사자의 이해를 분점하는 데 있다. 실제로 두 파벌 지도자 간의 흥정 게임은 당권과 후보를 분담하는 문제 혹은 후보의 순위 문제, 즉 누가 먼저 후보가 되고 다른 사람이 다음번 대선의 후보가 되는가의 문제로 나타났다.

후보 조정 게임의 구조

야당의 두 후보가 같이 출마해 모두 패배하는 것보다 둘 중 하나가 이번에는 양보하고 다음번 대선 후보가 되는 것이 더 합리적일 수 있을 것이다. 그러려면 몇 가지 조건이 만족되어야 한다. 가장 중요한 것은 이번 선거에서 후보가 되지 못하는 경우 얻게 되는 기대 가치가 무엇이냐는 것과, 약속대로 다음 번 대선에서는 후보가 되는 것의 기대가치가 어떠냐는 것이다.

후보 양보의 기대 가치는 당권 장악과 같은 혜택과 함께 후보를 양보함으로써 유권자로부터 얻게 되는 도덕적 신뢰 등이 있을 수 있다. 다음 번 대선에서는 후보가 되는 것의 기대가치는 두 조건에 의해 영향을 받는다. 하나는 시간 할인율이다. 후보를 양보함으로써 얻게 되는 기대 가치는 시간이 지남에 따라 낮아질 것이기 때문이다. 시간 할인율과 함께 후보 조정의 성공에서 핵심은, 약속대로 다음번 대선 후보가 될 수 있는 확률이다. 만약 할인율이 작거나 다음번 대선에서 후보가 될 확률이 높고, 반대로 두 후보로 분열될 경우 당선 가능성이 낮다고 평가되었다면, 대권 후보를 양보하는 선택의 기대 가치는, 서로 분열되어 각기 대선에 출마하는 경우의 기대 가치보다 높다고 평가할 것이다.*

그러나 이 모든 것을 보장할 제도적 구속은 약했다. 한국의 권력 구조에서 대통령은 정계 개편이든 다른 수단에 의해서든 흥정의 결과를 파기할 수 있을 만큼 막강한 영향력을 갖는다. 그것은 각 흥정 대상자가 계산하는 시간 할인율이 대단히 높으며 약속이 지켜질 확률은 대단히 낮다는 것을 의미한다. 그 결과 두 흥정 당사자 가운데 누구든, 다음번 후보가 되는 기대 가치가 독자적으로 출마하여 얻는 기대 가치보다 낮을 것이라고 평가했다면 흥정은 파기된다. 1987년 야당의 분열은 정확히 이런 성격을 갖는 것이었다. 다시 말해 그것은 지역 파벌의 조직적 특성이 낳은 필연적 결과가 아니다. 그것은 이번 선거에서 단일 후보가 되지 못할 바에는 독자 출마하는 것이 낫다고 평가하게 만든 한국의 강력한 대통령 권력과 공적 조직으로서 정당의 약함을 반영했던 것이다.

이제 가장 중요한 문제를 살펴보자. 원인이야 어찌되었든 야당의 후보 조정이 실패한 결과, 분열되어 나타난 두 당이 출신 지역에 있어서 특정 지역에 편중된 정치 엘리트들로 구성되었다는 사실은 중요하다. 그리고 이는 두 당이 각자의 연고 지역에서 지역주의의

---

* 다음에 후보가 될 것으로 기대하며 양보하려는 사람의 기대 가치 $E(N)$를 도식화해서 표현하면, $E(N) = r(pC + (1-p)L)$이다. r은 시간 할인율을 가리킨다. C는 다음번 대선 후보가 되었을 때 얻게 되는 가치이다. p는 다음번 대선에서 약속대로 후보가 될 확률이다. L은 이번 선거에서 후보가 되지 못하는 경우 얻게 되는 기대 가치다.

동원을 전략적 선택의 하나로 설정할 수 있는 합리적 근거를 갖는 것이다. 그러나 이 경우에도 문제는 실제로 지역주의를 동원했는가, 그리고 이런 선택이 모든 정당의 지배적 전략이었는가 하는 데 있다.

집권당이 지역주의를 동원하는 데 전략적 이해를 갖고 또 실제로 동원했다는 사실에 대해서 연구자들 사이에 이견은 없다. 민주화와 정권 교체를 선호하는 유권자가 다수를 차지하는 조건에서, 이들 유권자 집단을 두 야당 후보에 대한 지지로 양분시키는 것은 가장 중요한 전략적 목표이기도 했다. 지역주의의 동원은 이를 위한 효과적인 수단으로 간주되었다. 그러면서도 지역이라는 변수와 무관하게 현상 유지를 강하게 선호하는 보수적 유권자 집단의 지지를 독점할 가능성이 높으므로, 집권당 후보에게 지역주의 동원이 가져올 대차손trade-off은 크지 않다. 또한 송근원(1994, 151-152)의 연구가 정확하게 지적하고 있듯이, 집권당의 지역주의 관련 이슈의 성격은 '안정 이슈'와 연결된 것이었다. 집권당이 동원했던 지역주의는 특정 후보가 집권할 경우, '유세장 폭력'에서 볼 수 있는, 특정 지역의 보복적 행위가 만연하게 될 것이라는 의미 구조를 갖는 것이었다.

반면 나머지 세 야당 후보의 경우 지역주의를 동원하는 것은 지배적 전략이 될 수 없었다. 우선 지역주의의 동원은 선거 경쟁에서의 승리와 집권을 목적으로 하는 정당의 이해관계와 양립하기 어렵다(Schattschneider 1942, 112). 예컨대 대선에서 승리하고자 하는 후보가 지역주의를 동원하면 자신의 지역 기반에서는 절대다수를 차지하는 데 도움이 되겠지만 다른 지역에서는 그 반대의 결과를 낳을 것이다. 더욱이 대통령 선거가 승자 독점의 양극화된 경쟁을 유인하는 제도적 효과를 갖는다는 점을 고려하면, 지역 기반만으로 승자가 되는 것은 기대하기 어렵다. 지역 유권자의 규모가 작은 정당의 경우는 특히 그러하다.

민주화 이후 세 번의 대선에서 승자가 획득한 지지율의 평균은 40퍼센트이다. 13대 대선의 네 후보를 준거로 할 때 네 개의 광역 지역(경북·경남·호남·충청) 중에서 이를 상회하는 유권자 규모를 갖는 곳은 없으며, 이 중 두 광역 지역의 유권자 수를 합해도 40퍼센트에 도달하지 못한다. 따라서 자신의 지역 기반에서 1백퍼센트의 지지를 획득한다고 해도 그 크기만큼이나 많은 표를 다른 지역에서 얻어야만 승리할 가능성을 갖는다고 할 수 있다.

한국 지역주의의 특이성

기존 연구가 간과하고 있는 것 가운데 하나는 지역주의가 갖는 성격 혹은 효과에 대한 것이다. 한국의 지역주의가 갖는 핵심적 성격은 후보와 해당 지역 유권자가 동일한 지역 연고를 갖는다는 사실을 바탕으로 하는 '긍정적positive 지역 정체성'에 있는 것이 아니다. 지역주의의 핵심은 특정 지역 혹은 특정 지역 출신 후보에 대한 '배타적'negative 의식으로 나타나고, 그 기초에는 급진적 변화에 대한 두려움을 회피하려는 동기가 있다. 따라서 지역주의의 개입은 야당의 세 후보 가운데 하나를 지지할 가능성이 높은 유권자를 집권당으로 향하게 하는 효과를 갖는다.

김대중 후보의 경우 지역주의는 호남 이외의 지지 시장을 확대하는 데 부정적으로 작용한다. 비호남 유권자가 지역주의에 의해 영향을 받을수록 그 피해자는 김영삼과 김종필 후보가 된다. 이들 후보를 지지할 가능성이 높은 유권자가 지역주의의 영향을 받을 경우, 김대중 후보가 당선되는 것을 막기 위해 집권당 후보를 지지할 가능성이 높아지기 때문이다. 이것은 1987년 13대 대선 과정에서 야당의 세 후보가 집권당의 지역주의 이슈를 회피하고자 했던 전략적 근거다.

11월 초 김대중의 부산 집회가 괴청년들의 반대 시위에 부딪히고, 김영삼의 광주 유세가 무산된 직후 두 후보 진영 사이에 논란이 있었지만, 곧바로 양 진영은 집권당의 지역감정 동원에 대해 공동으로 대처하기로 합의했다. 이후 두 후보 진영의 일관된 태도는 지역주의 동원에 반대하는 것이었다. 상대 지역에서 유세했을 때 벌어진 폭력 사태에 대해 김대중은 "정보기관의 공작"이라고 비판했고 김영삼은 "민정당 정부가 고의적으로 만들어 낸 조작 행위"라고 보았으며, 따라서 "지역감정에 좌우되는 것은 노태우 후보를 도와주는 것"이라는 입장을 발표했다. 나아가 상대 후보가 자신의 지역 기반에서 유세를 할 경우, 두 당은 지구당을 통해 유세 방해 행위가 발생하지 않도록 조치하기로 했다.

김종필 후보의 경우도 마찬가지다. 만약 그의 정치적 기반이 충청에 국한되어 있다고 판단했다면 지역주의 동원은 합리적 수단이 된다. 그러나 그는 지역주의를 동원하지 않았다. 그 이유는 세 가지다. 첫째, 13대 대선에서 그의 전략적 목표는 당선이 아니라 정치시장에 진입 혹은 잔류하는 것이었다. 그리고 이는 13대 대선이 아니라 뒤이은 총선에 전략적 초점을 두는 것이다. 한마디로 대선이 아니라 총선에서 표와 의석을 극대화하는 데 있었다는 말이다. 둘째는 지리적으로 그의 지지 기반은 충청에 국한되어 있지 않고, 경기·강원·경북을 포괄하는 것이었다. 이는 13대 총선 결과를 통해 분명하게 나타났다. 따라서 그가 지역주의를 동원했다면 당장 대선에서는 충청권에서 좀 더 많은 표를 얻을 가능성은 있어도 총선에서는 충청 이외 지역의 잠재적 지지 시장을 상실할 가능성이 높았다. 셋째는 지역주의의 개입이 그의 지지 기반인 보수층과 고연령의 유권자로 하여금 집권당을 지지하게 만드는 효과를 갖기 때문이다.

　이상과 같은 이유로 13대 대선에서 그는 지역주의 동원 전략을 선택하지 않았다. 실제로 그가 내세운 것은 보수 세력의 장기적인 이익을 대변하겠다는 주장이었다. 13대 대선에서 그가 직면한 최대의 어려움은 당선 가능성이 사실상 없다고 판단한 유권자의 전략 투표였다. 따라서 그는 잠재적 지지 유권자의 장기적 이해에 호소함으로써 당선 가능성이 낮음으로 인해 발생하는 부정적 효과를 낮추고, 행정부를 이끌어 본 경험을 갖는 정당이 필요하다는 주장을 강조하는 데 초점을 두었다.

야당의 선택과 지역주의 동원의 비합리성

물론 지역 기반이 서로 다른 각 후보가 자신의 지역 기반에서 지지표를 늘리는 동시에 다른 정당 후보의 영향력이 침투하는 것을 통제하기 위해, 각자의 지역에서만 지역주의를 동원하는 것은 개별 정당의 합리적 전략이 될 수 있다. 그러나 이런 전략은 정보의 통제를 전제로 한다. 다시 말해 자신의 지역에서 지역주의를 동원하는 것이 다른 지역의 유권자에게 전달되지 않아야 한다. 기술적으로 이는 불가능하다.

    그러나 이보다 더 중요한 것은 다른 데 있다. 그것은 설령 지역주의가 자신의 연고 지역에서 표를 극대화하는 효과를 갖는다 해도, 지역주의 그 자체가 갖는 효과 때문에 모든 정당이 경쟁적으로 동원할 이유가 없다는 것이다. 어느 한 정당이 특정 지역을 대상으로 지역주의를 동원한다면 다른 지역 유권자 역시 반사적으로 영향을 받는 일종의 '거울 효과'를 갖기 때문이다. 기대 가치의 극대화를 목표로 하는 합리적 행위자가 중요시하는 것은 한계 가치marginal value다. 마찬가지로 지지표의 극대화를 목표로 하는 정당의 전략적 초점 역시 부가적 지지 시장에 있다. 당연히 그 대상은 자신의 지역 기반 밖에 존재하는 타 지역 유권자이다. 한 정당이 지역주의를 동원하고자 하는 한, 다른 정당들 역시 각자의 지역 기반은 공고화된다. 따라서 이미 한계 가치가 0에 가까울 만큼 응집된 지역 기반을 향해 지역주의를 동원한다면, 다른 지역의 지지를 부가적으로 늘릴 가능성은 줄어든다.

　김대중 후보의 경우, 집권당의 지역주의 동원 전략이 등장한 이후 호남 지역에서 대규모 유세를 피하고자 했다. 김종필은 대규모 대중 유세는 하지 않겠다고 선언했다. 유일하게 자신의 지역 기반에서 대규모 유세를 동원한 것은 김영삼 후보였다. 그러나 이것은 지역주의 동원을 위한 것이 아니라 역으로 지역주의가 부산·경남 유권자에게 미치는 부정적 효과를 피하기 위한 것이었다. 8장에서 자세히 살펴보겠지만, 부산·경남에서 집권당이 동원한 지역주의의 영향력이 크면 클수록 김대중 후보의 당선을 막고자 유권자가 집권당 후보를 지지하는 경향은 커질 것이기 때문이다.

　이상과 같은 이유로 집권당 후보를 제외한 정당 후보들은 지역주의를 동원하지 않았다. 실제로 13대 대선 과정에서 정당과 후보가 제시한 지역주의 관련 이슈 빈도가 전체 이슈 점유도에서 차지하는 비중은 극히 작다. 13대 대선에서 이슈별 빈도와 반응도를 조사한 송근원(1994, 157)은, 이 시기 지역감정 이슈가 빈도와 반응도 양 측면 모두에서 '예상과는 달리' 독립된 이슈 항목으로 취급할 수 없을 만큼 작았음을 발견했다. 요컨대, 이렇게 봐도 저렇게 봐도 정초 선거의 결과를 정당의 지역주의 동원 때문이라고 설명하는 것은 설득력이 없다.

6장

지역주의 때문에 지역 정당 체제가 만들어졌을까

6장에서는 '지역주의 때문에 지역 정당 체제가 만들어졌다'는 기존의 설명이 인과론적으로 성립할 수 있는지를 따져 본다. 그러려면 독립변인으로서 지역주의와 종속 변인으로서 지역 정당 체제를 분석적으로 분리할 수 있어야 하고, 독립변인의 측면에서는 지역주의와 지역주의가 아닌 것을 구분할 수 있어야 하고, 종속 변인의 측면에서는 만약 지역주의가 없었다면 선거 결과는 달랐을 것이라는 가정을 만족시켜야 할 것이다. 그 밖에도 따져 봐야 할 것이 많다. 이 장에서는 무엇을 지역주의로 보고 있는지에 대한 기존 논의들을 비판적으로 살펴보고, 그 가운에 인과론적 기준으로서나 규범적 기준에서 합당한 지역주의 투표 모델을 정의한다. 그 핵심은 우리가 문제로 삼을 만한 한국의 지역주의 투표 행태는 자신의 지역에 대한 동일성을 추구하는 데 있는 것이 아니라, 특정 지역에 기반을 둔 정당(후보)에 대한 배타성에 있다는 것이다. 따라서 지역주의의 개입은 그 정당(후보)의 집권을 피하고자 하는 행위 동기를 자극해 유권자의 선호 체계를 교란하는 효과를 갖는다는 점을 강조한다.

1. 민주화와 지역 정당 체제의 등장

정당 체제의 재편

민주화를 기점으로 일어난 한국 정당 체제의 유형 변화는 다음과 같이 요약할 수 있다. 먼저, 정당 구도가 변화되었다. 전국적인 차원에서는 일당 우위 체제에서 다당 체제로 변화되고 지배 정당이 소멸된 반면, 지역적인 차원에서는 새로운 지배 정당이 출현하고 일당 우위 체제가 새롭게 등장했다. 전국적인 차원에서 민주화 이후 한국 정당 체제는 준경쟁적 정당 체제에서 경쟁적 정당 체제로 전환했으나, 지역적 차원에서 정당 체제의 경쟁성은 이전에 비해 훨씬 약화된 것이다. ⟨표 6-1⟩은 이를 잘 보여 준다.

정당-유권자 선거 연합의 변화

다음으로, 유권자의 투표 행태가 변화되었다. 민주화 이전 투표 행태를 특징지었던 도시와 농촌, 연령과 학력 등의 변인은 설명력을 상실했거나 크게 약화된 반면, 지역이라는 변인이 압도적인 설명력을 갖는 새로운 현상이 출현했다. ⟨표 6-2⟩는 이를 잘 보여 준다.

이런 변화는 제13대 대선에서 처음 표출되었고 이후 선거 경쟁에서 반복되어 나타났다. 13대 대선 때 각 후보에 대한 지역 균열 지수를 계산하면, 33.6(노태우), 33.3(김영삼), 68.5(김대중), 39.2(김종

표 6-1 | 경쟁하는 정당 수의 변화: 12~13대 총선 (의석 점유율 기준)

		전국	지역			
			경북	경남	호남	충청
유효 정당 수	12대	2.7	3.4	3.1	3.1	2.8
	13대	3.4	1.3	1.9	1.04	2.4
유효 정당 수 증감		△0.7	▽2.1	▽1.2	▽2.06	▽0.4

주: 유효 정당 수 계산식 : N(s)=P/ΣSi2 (Si는 i 정당의 의석 점유율, P는 0.5% 이상 득표한 정당의 의석 점유율 합).

표 6-2 | 정당별 사회적 지지 기반과 균열 지수

	정당	성(性) 균열 지수	연령 균열 지수	교육 수준 균열 지수	계층 균열 지수	지역 균열 지수
13대 총선	민정	2.8	14.0	11.1	6.9	25.1
	통일민주	1.5	4.7	14.7	11.9	42.9
	평민	0.9	5.5	2.4	14.3	78.5
	공화	3.1	4.7	2.8	4.2	50.1
14대 총선	민자	5.6	15.1	17.0	11.5	20.3
	민주	0.4	10.3	5.4	7.2	46.9
	통일국민	1.1	13.4	2.5	3.9	25.6
15대 총선	신한국	1.5	9.4	3.4	4.3	22.9
	국민회의	2.6	3.9	0.9	3.8	54.9
	자민련	1.1	6.3	8.5	3.3	22.6
	민주당	0.2	0.9	4.3	1.5	8.0

필)로 나타난다. 반면 민주화 이전 집단별 특성을 보여 주는 투표자 의식조사가 이루어지지 않았으므로, 실제 투표 결과를 통해 12대

• 유효 정당 수(effective number of parties)와 관련, 가장 일반적으로 사용되는 락소·타게페라(Laakso and Taagepera 1979)의 유효 정당 수 계산식(1/ΣSi2)에서 분자의 값 1은 각 정당들의 의석 점유율 합이 1이라는 가정을 갖는 것으로, 무소속의 비중이 큰 경우 지수가 과대 대표되는 문제를 갖는다. 분자의 값을 '0.5퍼센트 이상 의석 점유율을 갖는 정당들의 의석 점유율의 합'으로 변형한 수학적 근거에 대해서는 박상훈(2000)의 〈부록 2〉를 참조.

총선에서의 지역 균열 지수를 계산해 보면, 9.2(민정당), 15.3(신한민주당), 2.1(민한당)로 나타난다. 신한민주당의 지역 균열 지수가 높은 것은 서울에서 전국 평균보다 13퍼센트포인트 높은 지지를 받았기 때문이며, 서울 지역을 통제하면 지수는 3.2로 줄어든다. 민정당의 경우 역시 12대 총선에서 가장 높은 지지를 얻은 지역은 강원 지역이었으며 경북의 경우 전국 평균보다 3퍼센트포인트가 높을 뿐이다.

분명 특정 지역에서의 집중적 지지를 내용으로 하는 높은 지역 균열 지수는 민주화를 기점으로 새롭게 나타난 변화라고 할 수 있다.• 인과 분석을 효과적으로 전개하기 위해, 우선 '민주화 이후 한국 정당 체제가 지역을 분획선으로 새롭게 재편되었다'는 것을 '지역 정당 체제의 형성'으로 개념화하자. 그리고 이를 경험적으로 통제하기 위해 '각 정당이 특정 지역에서 매우 집중적인 지지를 배타적으로 획득한 선거 결과'로 정의하기로 하자.

그렇다면 지역 정당 체제는 어떻게 등장할 수 있었을까? 지지를 극대화하고 공직을 획득하고자 하는 정당과, 투표를 통해 자신의 이해와 선호를 실현하고자 하는 유권자의 전략적 결정이 왜 지역이라는 사회 인구학적 특성에서 균형을 이루게 되었는가? 권위주의로

• 립셋·로칸(Lipset and Rokkan 1967)의 관점에서 본다면, 이는 정당과 유권자의 선거 연합을 규정하는 정치 균열의 위계 구조가 지역 균열을 정점으로 새롭게 재편(realignment)되었음을 의미한다. 합리적 선택이론의 관점에서 보면, 정당과 유권자의 전략적 선택이 지역이라는 균열 라인에서 새롭게 균형을 이루게 되었음을 의미한다(Laver & Shepsle 1996).

부터 벗어나고자 하는 집단적 열망과 미증유의 대중 동원을 동반한 민주화 과정이, 지역적으로 매우 분절화된 정당 체제로 귀결되었던 것은 무엇 때문일까? 기존 연구는 이런 문제들을 얼마나 효과적으로 해결했는가?

2. 기존 연구: 지역주의 환원론

지역 정당 체제의 등장에 대한 기존 연구의 결론은 단순 명쾌하다. 유권자는 지역 균열에 따라 편성되어 있었고, 정당은 유권자가 갖고 있는 지역주의(혹은 지역감정)를 동원했으며, 유권자는 이들 '지역 정당'을 지지함으로써 지역주의적 선호를 표출했다는 것이다. 다시 말해 지역 정당 체제로의 재편은 개별 정당과 개별 유권자가 갖는 지역주의적 선호와 동기에 의해 설명된다는 것이다. 비록 연구자에 따라 지역주의가 합리적인 행위냐 아니면 비합리적 지역감정이냐, 지역주의를 동원한 정치 엘리트의 책임이냐 아니면 지역 패권적 사회구조에 좀 더 인과적 비중을 두어야 하는가 등의 문제에 있어 차이는 있지만,* 요컨대 '지역주의 때문에' 지역 정당 체제가 만들어

---

* 물론 이런 차이는 지역주의 극복이라는 규범적 차원에서는 서로 다른 주장을 낳았고, 민주화 이후 한국의 정치 변화에 대해서도 다른 퍼스펙티브를 갖는 설명 모델을 발전시켰다. 지역주의를 둘러싼 논쟁에 대해서는 손호철(1996), 황태연(1996), 조기숙(1996)을 참조.

졌다는 공통된 결론을 갖는다.

이것이 사실이라면 지역 정당 체제가 어떻게 형성되었는가 하는 문제는 분석할 필요가 없다. 그것은 지역 정당 체제의 등장이라는 거시적 결과가 개별 유권자와 개별 정당의 지역주의적 결정이라는 미시적 동기와 일치하는 것이며, 미시적 기초와 거시적 결과가 서로 환원될 수 있기 때문이다. 그러나 유권자의 지역주의와 이를 동원한 지역 정당이 존재했기 때문에 지역 정당 체제가 등장했다는 설명은 증명되지 않은 주장일 뿐만 아니라 이론적으로 매우 민감한 문제를 야기한다.

비교의 맥락에서 본 지역주의

지역 정당 체제의 등장과 관련하여 기존 연구는 한국 사회의 지역적 이질성을 강조해 왔다. 지역 대립, 지역 갈등, 지역 편견, 지역 패권, 지역 소외, 지역 지배 체제, 내부 식민지 등의 용어들은 지역 간 이질성과 지역 간의 의식적이고 구조적인 차이를 나타낸다. 그리고 이런 차이와 이질성은 근대 이전의 오랜 역사적 기원을 갖는 것, 혹은 권위주의 체제하에서 형성된 지역 패권의 구조가 표출된 것, 또는 지역 파벌의 조직적 특성을 발전시켜 왔던 한국 정당정치의 산물 등으로 설명된다.

만약 지역 정당 체제의 등장을 사회 균열 구조에서 지역 갈등이 지배적인 위치를 차지하고 그에 따라 유권자와 정당이 지역주의적

표 6-3 | 각국의 지역주의 지수

시기	1945~49	1950~54	1955~59	1960~64	1965~69	1970~74	1975~79	1980~84	1985~89	1990~94
벨기에	1.1	1.1	2.0	3.5	12.3	19.0	16.4	15.3	11.1	14.1
핀란드	8.1	7.3	6.7	6.4	6.0	5.6	4.8	4.9	5.6	5.5
아일랜드	-	-	5.3	2.1	-	-	-	-	1.5	2.3
이태리	0.9	0.6	0.6	0.5	0.7	0.6	0.8	1.3	2.7	9.1
스페인	-	-	-	-	-	-	8.4	8.7	10.9	10.4
영국	0.6	0.5	0.7	0.9	1.2	4.3	3.9	3.7	3.7	4.5
캐나다	-	-	-	-	-	-	-	0.6	0.3	13.9

주 : 지역 정당으로 분류된 정당들은 von Beyme(1985)의 지역 및 종족 정당의 유형에 속한 정당들이며, 데이터는 Lane, McKay and Newton(1997, 153)에서 추출했다.

으로 선택했기 때문이라고 설명한다면 한국의 경험은 매우 주목받을 만한 사례의 등장으로 기록될지 모른다. 예컨대 민주화 이후 최초의 정초 선거인 13대 대선과 13대 총선 결과를 '지역 정당에 대한 유권자의 지역주의적 투표 행위'로 가정하고 그 득표율 합계를 '지역주의 지수'•라고 정의해 보자. 두 번의 선거에서 지역주의 지수

• 이 지수는 폰 바이메(von Beyme 1985, 113-125)의 논의를 원용하여 지수화한 것이다. 바이메는 유럽을 사례로 정당 체제에서 지역주의가 갖는 영향력을 두 가지 자료를 통해 보여 준다. 하나는 지역 정당들의 지지율을 모두 합한 것이다. 다른 하나는 해당 지역 집단으로부터 지역 정당이 얻은 지지율이다. 지역주의 지수는 전자를 원용한 것이다. 후자의 데이터를 지수화할 경우 지수는 개별 정당별로 나타나기 때문에 단순화가 어렵다. 참고로 유럽의 지역 정당 중 특정 문화 집단으로부터 가장 응집적인 지지를 획득한 기록(70퍼센트)을 갖고 있는 핀란드의 스웨덴인민당(Swedish People's Party)의 경우 전국적인 차원에서는 지지율이 10퍼센트를 넘지 않는다. 이 밖에 특정 문화 집단으로부터 50퍼센트 이상의 지지를 얻은 지역 정당은 이태리의 남부티롤인민당(People's Party in Southern Tyrol)과 발레다오스탈연합(Union Valdotaine)뿐이다. 그러나 이 두 정당의 전국적 지지는 1퍼센트 안

는 각각 93.8, 92.7로 계산된다. 이 지수를 지역 균열이 강한 것으로 알려져 있는 대표적인 나라들의 지역주의 지수, 즉 지역 정당에 대한 지지표의 합계와 비교해 보자.

⟨표 6-3⟩을 통해 알 수 있듯이 지역 균열이 강한 영향력을 발휘하는 국가에서조차 지역주의 지수는 20을 넘지 못하는 것으로 나타났다. 주목할 것은 ⟨표 6-3⟩에서 지수가 높게 나타난 나라들의 경우 언어·종교·인종·전통의 차이, 혹은 역사적이며 문화적인 실체로서 지역공동체의 존재에 그 기반을 두고 있다는 사실이다. 따라서 이들 나라의 경우 지역주의regionalism는 문화·역사·전통의 차이가 강조되고 분리주의(혹은 자치주의)를 동반하며, 정당은 중심부에 반대하면서 주변부를 지향하는 방법으로 대중을 동원한다(Hechter 1975; Beyme 1985). 이들 사회를 '분절 사회'로 개념화하는 것은 이런 특징들 때문이며(Lorwin 1971), 영미형의 '웨스트민스터 민주주의 모델'과는 다른 유형의 '협의 민주주의 모델'이 발전한 것도 이런 이유에서다(Lembruch 1974; Lijphart 1977).

한국의 경우 매우 동질적인 역사와 문화, 사회 구성을 갖고 있다는 점에서 이들 나라와 확연히 구분된다. 한국의 지역주의는 원형적 지역성에 기초한 하위문화적 특성을 갖지 않는다. 한국에서 지역의 경제적 이해가 동질적인 것도 아니다. 이 점에서 1932년 이

꽈에 불과하다. 각 정당의 지지율에 대한 자료는 Lane, McKay and Newton(1997) 참조.

전까지 미국 정당 체제를 특징지었던 미국의 지역주의sectionalism와도 구분된다. 이 시기 미국의 지역주의는 동북부의 제조업·금융업과 남부의 농업 사이의 갈등, 다시 말해 미국 경제의 부문적 이해 sectoral interest 사이의 갈등을 직접적으로 표출한 것이기 때문이다 (Key 1958; Weingast 1998).•

또한 우리의 경우, 정당의 정치 동원과 선거 경쟁은 중앙의 국가권력을 지향하며 지역의 분리를 추구하지 않는다. 그럼에도 불구하고 선거 결과만 보면 민주화 이후 한국 정당 체제는 서구의 분절 사회와 비교할 수 없을 만큼 분절화되어 있다. 세계에서 가장 동질적인 사회 구성을 갖는 한국이 가장 분절화된 사회보다도 더욱 분절화된 정당 체제를, 그것도 민주화를 기점으로 갖게 된 것이다. 문제는 바로 이 동질적 사회와 분절적 투표 결과 사이의 격차를 어떻게 설명할 것인가이지, 갑자기 한국 사회를 지역주의가 압도하는 분절 사회로 만드는 것이 아니다.

• 지역이 갖는 경제적 부문 이익 간의 갈등으로 인해, 미국 정당정치의 균열 라인이 동부와 서부 간의 대립에서 시작되어 북부와 남부 간의 대립으로 변화된 과정을 분석한 고전적 논의에 대해서는 Key(1958, 228-253)를 참조. 1880년대에서 1980년대까지의 미국 정치에서 경제적 거점을 이루는 대도시(metropolis)의 등장과 쇠퇴, 새로운 대도시의 출현을 중심으로, 광역 지역(section)의 경제적 이해가 선거와 의회에서 정당 간 정치 경쟁의 지리적 분획선을 끊임없이 재편하게 된 과정을 분석한 논의에 대해서는 Bensel(1984)을 참조.

3. 지역주의 투표에 대한 조작적 정의

인과 분석의 전제 조건

지역주의 때문에 지역 정당 체제가 만들어졌다고 말할 수 없다면, 지역주의를 통제 가능한 인과 분석의 독립적 변인으로 정의하는 과제는 여전히 해결된 것이 아니게 된다. 지역주의라는 독립변인이 선거 결과를 인과적으로 설명하는 충분한 변인이 될 수 있으려면, 지역주의에 대한 분석적 정의가 필요하며 이는 다음의 세 가지 조건을 만족시켜야 한다.

첫째, 지역주의와 지역주의가 아닌 요소들을 구분하는 상호 배타성mutual exclusiveness의 조건을 만족시켜야 한다. 지역주의와 지역주의가 아닌 것을 구분할 수 있어야 한다는 의미다. 지역과 관련된 모든 요소를 지역주의라고 정의한다면, 이때의 지역주의는 독립변인이 아니라 종속 변인을 환원하는 가공의 장치가 된다. 둘째, 지역주의에 대한 정의가 반증 가능성falsifiability, 혹은 반사실적 가정counter-factual assumption의 조건을 만족시켜야 한다. 다시 말해 독립변인으로 정의된 지역주의를 통제했을 경우, 종속 변인으로서 투표 결과가 달라질 것이라는 가정을 증명할 수 있어야 한다. 셋째, 규범적인 측면에서도 중요한 기준이 있다. 지역주의 극복이 거의 사회적 합의 사항으로 전제되고 있으므로, 지역주의에 대한 정의는 지역주의 극복이라는 규범적 태도와 양립할 수 있어야 한다는 것이다.

기존 연구에서 지역주의는 다양한 관점에서 정의되어 왔다. 이를 크게 분류하면 다음과 같다. 첫째는 지역주의를 전통 사회의 증후군으로 보는 정의로서 지방주의, 전근대적 연고주의, 폐쇄적 지방 의식 등으로 표현된다. 둘째는 지역주의를 경제적 이익의 한 차원으로 정의하는 것으로 지역개발, 연고를 매개로 한 물질적 인센티브의 기대감 등으로 나타난다. 셋째는 일종의 중심-주변부 차원에서 정의하는 것으로, 지역 패권주의, 내부 식민주의, 영남의 기득권 수호 의식, 호남의 저항적 지역주의, 계급이나 신분 집단으로서의 지역 등으로 나타난다. 넷째는 하위문화적 공동체 의식 혹은 문화적 균열로 특징짓는 것으로서, 지역공동체에 대한 문화적 정체감, 하위문화 간 대립으로서의 지역주의 등의 내용을 갖는다. 다섯째는 지역주의를 지배 이데올로기의 한 차원으로 접근하는 것으로서, 반공주의 및 반급진주의와 결합된 지배 이데올로기, 호남 차별과 배제의 기득권 의식으로 정의된다.

다섯 개의 지역주의론

첫째, 전근대적 지방 의식이나 연고주의 등이 투표 결정에 작용할 수 있다는 가정이 비현실적인 것은 아니다. 그러나 이런 정의에 기반하여, 민주화를 기점으로 나타난 정당-유권자 선거 연합의 변화를 설명하는 것은 큰 도움이 되지 못한다. 이런 요소들은 민주화 이전 선거에서 좀 더 많이 작용했을 것이며, 민주화 이후 갑자기 이런 요소들이 크게 부각되어 선거 결과를 전체적으로 결정했다고 가정할 수 없기 때문이다.

둘째, 지역 기반 정당(후보)의 당선을 통해 지역개발이라는 물질적 인센티브를 얻고자 하는 기대감이 유권자의 투표 결정과 정당의 동원 전략에 영향을 미친다는 것은 매우 분명한 사실이다. 그것은 한국 사회에서 자원 배분에 대한 상당한 통제권이 중앙정부에 의해 부여, 행사되고 있다는 사실과도 부합한다. 그리고 지역개발 공약은 1950년대 이후 선거에서 항상 등장했고, 이에 대한 유권자의 반응 역시 큰 것이었다. 따라서 이런 인센티브를 기대한 유권자의 투표 결정은 합리적이다. 문제는 이를 지역주의로 정의할 수 있는가에 있다. 우선 이런 정의는 지역주의 극복이라는 규범적 태도와 논리적으로 양립하지 않는다. 지역의 경제 상황이 중앙정부의 정책적 결정에 의해 크게 영향을 받는다고 평가되는 상황에서 유권자가 지역개발 이슈에 반응하는 것을 규범적으로 비판하기는 어렵다. 이 경우 지역개발은 분배 효과를 갖는 정책적 이슈의 성격을 갖는 것이자, 넓은 의미의 경제 투표로 분류될 수 있기 때문이다. 분석적인 측면에서도 문제가 있다. 지역개발의 이슈 역시 민주화를 기점으로 새롭게 나타난 것이 아니며, 그 이전 선거에서도 주요 이슈 중의 하나였다. 따라서 지역개발의 인센티브를 추구하는 유권자의 선호를 지역주의로 정의하고, 이를 통해 민주화를 기점으로 한 유권자 투표 행위의 변화를 설명하기에는 한계가 있다. 또한 총선과 대선에서 유권자 투표 결정이 다르게 나타날 수 있는 사실을 분석하기 어렵다. 예컨대 총선에서 한 유권자가 지역개발을 선호하여 지역 기반이 다른 집권당 후보를 지지했다고 하자. 김대중이 집권하기 전까지 호남의 선거 결과가 대표적인 사례다. 대선에서 김대중을 지지했다가 총선에서 집권당을 지지하는 것으로 옮겨간 호남 유권자는 평균 20퍼센트포인트 가까이 되었다. 이 투표 행위는 해당 지역 정당에 투표하지 않은 것으로 계산되어, 지역주의 투표로 정의되지 않을 것이다. 그러나 동일한 유권자가 대선에서는 자기 지역 출신 후보가 국가권력을 장악할 경우 돌아오는 지역개발의 인센티브를 기대하여 이 후보를 지지하는 것으로 투표 결정을 변경한다면 이는 지역주의 투표로 정의될 것이다. 동일한 선호에 기반을 둔 투표 결정이 정반대로 해석되는 것이다.

셋째, 중심-주변 의식으로 지역주의를 정의하는 문제는 한국 사회 지배구조의 문제와 관련된다. 한국 사회가 중심부 지역과 주변부 지역 간에 경제적 잉여의 이전과 정치적 배제 그리고 이에 기반한 문화적 노동 분업의 특징을 갖는다는 전제 위에서만 지역주의를 중심-주변 의식으로 정의할 수 있기 때문이다. 그러나 한국의 지역 문제는 지역을 위계로 한 정치·경제·문화적 지배-종속 내지 식민 관계로 볼 수 없다. 설령 지역 간 자원 분배에 있어 불평등과 차별이 존재한다고 하더라도 이는 다른 관점에서 접근해야 할 것이다.

넷째, 지역주의를 지역공동체에 대한 하위문화적 정체감으로 정의하는 것은 두 가지 관점을 갖는다. 하나는 지역을 백제, 신라와 같은 근대 이전의 역사적 경험의 연장으로 보는 시원주의적 관점이다. 그러나 이런 지역주의는, 중앙집권화된 관료 체제를 동반한 매우 동질적인 '역사적 민족'의 경험을 갖는 한국의 경우 적용되지 않는다. 다른 하나는 지역을 인종이나 언어, 종교처럼 근대적 사회분화에 의해 대체될 수 없는 문화적 균열로 보는 관점이다. 이런 정의는 한국의 지역주의를 서구의 다민족사회 혹은 분절 사회에서 발견되는 지역주의와 동일시하는 문제를 야기한다. 여러 번 강조하지만 한국의 지역주의는 서구의 다민족 국가에서 발견되는 성격의 지역주의와 동일한 것으로 정의될 수 없다.

다섯째, 반호남 지역주의가 갖는 이데올로기적 권력 효과를 강조하는 접근은 민주화 이행기의 전략 상황과 잘 양립한다. 한국의 지역주의는 민주화의 과정에서, 사회경제적 지배 체제와 기득 이익이 유지될 수 있기를 원하는 집단이 작위적으로 동원한 이데올로기로서 등장했으며, 야당과 이들을 지지하는 유권자 집단을 지역적으로 분열시키는 기능을 했기 때문이다(최장집 1988; 1989; 1991; 1996).

선호 구조의 변화와 지역주의

내용 구성에 있어서 반호남의 지역주의는 비이성적 허위의식이다. 그럼에도 불구하고 이런 허위의식이 권력 효과를 가질 수 있었던 것은 지역주의가 반공 이데올로기나 성장 이데올로기와 같은 거대 이데올로기와 접합될 수 있었기 때문이다. 지역주의가 투표 결정에 영향을 미칠 수 있는 것은 그것이 특정 지역민의 개성 혹은 특정 지역의 문화적 성격에 기초를 갖는 것이 아니라, 특정 정치 엘리트의 집권이 가져올 급진적 변화, 이 과정에서 나타날지도 모른다는 특정 지역민의 보복적 행위를 회피하고자 하는 욕구를 자극했기 때문이다. 일종의 '두려움의 동원'과 같은 효과를 갖는다. 따라서 반호남 지역주의가 호남 지역민의 정치적 소외를 심화시키고, 호남에 기반을 둔 정당과 정치 엘리트를 영원한 정치적 소수자로 만드는 데 기여하는 한 지역주의가 규범적 비판과 부정의 대상이 되는 것은 당연했다. 물론 반호남 지역주의 역시 독립변인으로 충분하게 설명될 수 있으려면 앞서 지적한 조작적 정의의 조건을 만족시켜야 한다. 예컨대 지역주의의 개입이 없을 경우 다른 정당(후보)을 지지할 개연성이 높음에도 불구하고 지역주의 때문에 투표 결정을 변화하게 된 선호의 구조를 밝히지 않으면 안 된다는 것이다.

지역주의의 인과적 설명력은 유권자의 선호 배열의 순서preference ordering와 정당 대안 사이의 함수관계를 어떻게 변화시키는가를 입증하는 문제에 달려 있다. 지역주의 이슈가 없을 때, 한 유권자의 선호 배열의 순서가 a>b>c라고 가정해 보자. 이런 선호 순서에 따라, 지역주의가 개입하지 않는 경우 각 정당(후보)에 대한 유권자의 기대 가치는 Y>D>N으로 평가된다고 하자. 이 경우 선호와 대안 사이의 함수관계는 연속적이다. a>b의 선호 순서에 따라 Y는 D보다 우월하고 b>c의 선호 순서에 따라 D는 N보다 우월하며 다시 a>c의 선호 순서에 따라 Y는 N보다 우월하다. 그러나 지역주의 이슈가 등장했고 그 결과 이 유권자가 이에 영향을 받았다고 가정해 보자. 이때 지역주의에 의해 영향을 받고 D의 출신 지역 때문에 N>Y의 상황이 되었다면, 이 유권자는 지역주의에 의해 영향을 받은 것이 되고 결과적으로 이 유권자의 선호 배열은 N>Y>D가 된다.

이런 가정은 비현실적이지 않다. 13대 대선을 예로 들면, 6월 항쟁에 적극적으로 참여하고 김영삼 후보를 지지하는 경남의 한 유권자가 김대중 후보의 당선을 회피하고자 하는 두려움 때문에 김영삼보다 당선 가능성이 높은 노태우 후보를 지지하는 경우나, 반대로 보수적 정향을 갖는 한 호남 유권자가 원래는 노태우 후보를 지지했지만, 지역주의가 개입하여 김대중 후보를 지지한 경우를 가정해 볼 수 있다. 이 경우 지역주의의 개입은 이들 유권자의 선호 배열을 변화시킨 요인이 되고 결과적으로 이들의 행위 선택은 지역주의 투표 결정으로 정의할 수 있다.

그렇다면 지역주의에 의해 영향을 받은 투표자는 누구이고, 그 규모는 얼마나 될까? 요컨대 지역주의 개입의 효과는 전체 투표 결과를 얼마나 설명할까? 이에 대해서는 8장에서 본격적으로 살펴보겠다. 그런데 지역주의 투표의 순수 효과net effect를 가려내기 위해서는 먼저 지역주의의 개입이 없는 상황을 가정할 수 있어야 한다. 이어지는 7장에서 이 문제를 다루고 8장으로 넘어가기로 하자.

7장

지역주의가 없었다면 선거 결과는 달라졌을까

 지역주의라는 설명 변수에 의존하지 않고도 지역적으로 매우 큰 차이를 보인 선거 결과를 분석할 수 있을까? 그 핵심은 만약 지역주의가 작용하지 않았다면 선거 결과가 어떻게 나타났을까를 가정해 보는 것이다. 갈릴레이가 물체가 떨어지는 속도를 설명하기 위해 진공상태를 가정했듯이, 지역주의의 개입이 없는 상황에서 선거 결과가 어땠을까를 가정할 수 있어야 지역주의의 효과와 영향력을 분석할 수 있기 때문이다. 따라서 '지역주의의 개입이 없는 상황'이란 지역주의가 어떻게 작용했는지를 분석하기 위해 의도적으로 만들어 낸 '가상적 현실'이며, 얼마든지 필자와는 다른 방법으로 만들어 볼 수 있을 것이다. 분석을 통해 강조하겠지만, 우리가 생각해야 할 핵심적인 문제는 지역주의냐 아니냐를 떠나서 달리 선택할 조건이 어떠했느냐에 대한 것이다. 민주화를 지지했던 유권자가 그 선호대로 투표할 수 있는 상황이었는가 하는 문제가 먼저 따져져야 한다는 뜻이기도 하다. 그런 관점에서 이 장에서는, 지역주의를 극복하자고 말하기 이전에 유권자가 선택할 수 있는 정당 대안의 구조를 좋게 하는 문제를 더 많이 생각해야 하고, 또한 그것이 지역 정당 체제를 개선하는 길이기도 하다는 점을 강조하게 될 것이다.

1. 유권자의 선택: 설명 모델

기본 가정

1987년 13대 대선을 기준으로, 유권자가 선택할 수 있는 대안 집합은 김대중, 김영삼, 김종필, 노태우 네 후보로 가정한다. 각각은 Ro(노태우), Ys(김영삼), Dj(김대중), Jp(김종필)로 나타낸다. 지역주의의 개입에 의해 사퇴할 후보가 사퇴를 안했다거나 등장할 후보가 등장하지 못했다고 하지 않는 한 이 가정은 현실적이다. 그 밖의 후보는 당선 확률이 낮으므로 유권자에게 선택의 효용이 없는 것으로 가정하고 제외한다.

유권자의 결정에 영향을 미치는 이슈는 13대 대선의 실제 이슈에서 지역주의를 제외한 나머지로 한다. 지역주의 이슈가 특정 이슈에 대해 대체재의 성격을 갖는다면 이와 관련된 가정을 해야 하지만, 지역주의 이슈로 인해 등장할 이슈가 등장하지 않았다거나 특정 이슈가 약해졌다거나 할 가능성은 크지 않다. 이는 송근원(1994, 151-157)의 조사, 연구에서 밝혀진 두 가지 사실에 기초를 둔다. 첫째는 13대 대선에서 지역감정 이슈는 빈도와 반응도 양 측면 모두에서 "예상과는 달리" 독립된 이슈 항목으로 취급할 수 없을 만큼 작았다는 점이다. 둘째는 지역주의 관련 이슈의 내용은 다른 이슈에 대한 대체재의 성격보다는 '안정' '경제성장의 불평등 분배' 등 다른 이슈와 결합된 보완재적 성격을 갖고 있었다는 점이다.

행위자로서 합리적 유권자 중 비전략적 행위자는 고려하지 않는다. 이들 유권자의 투표 결정은 지역주의의 개입 여부와 무관하게 고정적이기 때문이다. 대표적인 비전략적 행위자는 어느 한 후보에 대해 강한 일체감을 갖는 유권자 집단이다. 이들 유권자가 존재한다는 것은 분명하다. 이들은 각각 1980년 김대중의 구속에 저항하여 광주항쟁에 참여했거나, 1979년 김영삼 당시 신민당 총재의 '총재직 취소 가처분 결정'에 저항하여 부마항쟁에 참여했다거나, 1970년대 '김종필 대안론'의 영향을 받았고 1980년대 이전의 공화당에 정당 일체감을 가졌었거나 하는 등의 역사적 근거를 가질 수도 있고, 권위주의를 지지했던 민정당 지지자가 노태우 후보에 대해 일체감을 갖게 되었을 수도 있다. 어떤 경우든 이들은 10월 말 네 명의 정당 대안이 확정되는 순간 누구를 지지할 것인지를 결정하며, 이후 상황 변화에 영향 받지 않는 비전략적 행위자다. 이들의 분포는 지역적으로 큰 차이가 있으며, 이들의 존재가 각 후보에 대한 지지표를 지역적으로 분절, 집중시키는 데 기여했을 것임은 분명하다. 따라서 이들 비전략적 유권자를 포함하지 않고도 선거 결과의 지역적 분절성을 추정할 수 있다면 좀 더 강력한 설명이 될 수 있을 것이다.

기대 효용 극대화 모델

분석의 대상이 되는 유권자는 정당이나 후보에 대해 일체감을 갖지 않는 전략적 행위자로 한정한다. 유권자의 선택은 기대 효용을 극대화하는 것으로 가정한다. 다시 말해 특정 후보의 집권이 가져올 기대 효용을 비교하여 가장 기대 효용이 높은 것으로 평가되는 후보를 지지하기로 결정한다는 것이다. 이런 가정은 1987년 대통령 직선제가 수용된 이후 유권자가 직면한 상황이 달라졌기 때문이다. 그것은 특정 대안(권위주의)을 부정했던 6월 항쟁의 시기와는 달리, 1987년 대선은 복수의 후보 대안 가운데 하나만을 선택하는 전략 상황을 특징으로 한다.

유권자의 기대 효용에 영향을 미치는 요인들은 각각의 후보 i의 집권이 가져다줄 것으로 예상하는 가치(U_i)와 이를 할인시키는 불확실성의 상황이다. 먼저 후보 i의 집권이 가져다줄 것으로 예상하는 가치(U_i)는 선거 경쟁의 이슈에 의해 결정된다. 어떤 후보는 민주화를 약속할 수 있고, 다른 후보는 안정과 안보를 약속할 수 있으며, 경제성장과 같은 혜택을 약속할 수도 있다. 선거 경쟁에서 후보들이 약속한 가치가 정치적 가치(P)와 물질적 가치(M)로만 이루어지고, 정치적 가치(P) 대해 유권자가 바람직하다고 평가하는 가중치가 w이고 물질적 가치(M)에 대한 가중치가 (1-w)라면, 후보 i가 제공하는 가치는 다음과 같이 나타낼 수 있다.

$$U_i = wP_i + (1-w)M_i$$

그러나 이런 가치는 불확실성의 두 조건에 의해 할인된다. 하나는 실제로 후보가 집권 후에 U_i를 제공할 확률이고, 다른 하나는 그 후보의 당선 가능성이다. 실제 그가 집권 후에 Ui를 제공할 것으로 기대할 수 있다 해도 그 결과는 집권에 성공해야 실현되기 때문이다. 이런 내용의 할인율을 d로 표기하기로 하자.

2단계 비연속 게임

유권자의 결정 상황은 두 단계를 갖는다고 가정한다. 첫 번째 단계는 민주화라는 단일 쟁점 상황이다. 두 번째 상황은 실제 투표 결정 상황이다. 민주화 단일 쟁점 공간을 가정하는 것은 두 가지 이유 때문이다. 하나는 1987년 대통령 선거는 6월 항쟁의 결과였으며, 이 시기 민주화 이슈가 유권자 편성에 미친 영향은 매우 크고 지속적인 것으로 가정할 수 있기 때문이다. 실제로 6월 항쟁을 거치면서 유권자는 권위주의와 민주주의의 정치적·경제적 보상가와 관련한 새로운 정보를 획득했다고 볼 수 있고, 이런 정보는 이후 투표 결정에서도 고려된다고 보기 때문이다. 물론 첫 단계에서 이들의 보상가와 선택이 고정된다고 가정하지는 않는다. 중요한 것은 실제 유권자의 투표 결정이 최종 순간에서 기대 효용의 계산에 의해 이루어지기보다는, 결정 상황이 전이되고 새로운 이슈가 등장하면서 부가적인 기대 효용을 누적적으로 계산한 결과로 결정된다는 것이다.

다른 하나는 분석적인 필요 때문이다. 우선은 단일 쟁점 공간의 설정은 유권자에 대한 분류를 단순화하고 유권자 선택의 균형점을 찾는 데 용이하다. 분석에서 필요한 정보는 유권자가 평가한 기대 가치의 절대적 크기가 아니라, 상대적 크기와 관련된 것이다. 정보의 불확실성을 가정하면 유권자는 특정 후보 대안 사이에 기대 효용의 상대적 차이를 부여하기 어려운 딜레마에 봉착할 수 있다. 이때 1단계에서의 민주화 이슈에 영향을 크게 받은 유권자라면 정치 변화와 관련된 가치에 가중치를 더 부가하고자 할 것이며, 이에 영향을 덜 받은 유권자라면 물질적 혜택에 더 가중치를 부여하고자 한다고 가정한다.

1987년 대선을 특징짓는 중심 균열은 정권 교체를 둘러싼 정치 경쟁이다. 정초 선거는 6월 항쟁의 결과이며 6월 항쟁은 민주화, 구체적으로 권위주의 정권의 종결을 요구했던 대중 동원이었다. 직선제 개헌은 이를 위한 합법적 수단으로서 대중에 의해 수용된 목표였고 직선제가 수용되었을 때, 민주화 투쟁에 참여하거나 적극적으로 지지했던 대중은 선거를 통해 상황이 변화될 것임을 기대하게 되고, 그 결과 동원은 종결되었다.

민주화 이슈의 충격은 1987년 대선 시기 유권자에게 대단히 큰 것이었다. 1987년 10월 20일을 전후한 유권자 의식조사 결과 '한국 사회의 당면 과제'에 대한 응답에서 56.5퍼센트는 '정치적 민주화', 즉 정권 교체를 꼽았다. 이 수치는 '경제성장'이라고 응답한 비율 29.3퍼센트의 두 배에 이르는 수치다(한국기독교사회문제연구원 1987). 1992년 14대 대선 시기의 조사 결과 '경제 회복' '물가 안정' '정국 안정'이 56퍼센트를 차지하고 정권 교체가 10퍼센트의 응답률을 보인 것과 비교하면 이 시기의 이슈 편성과 유권자 선호가 갖는 특별

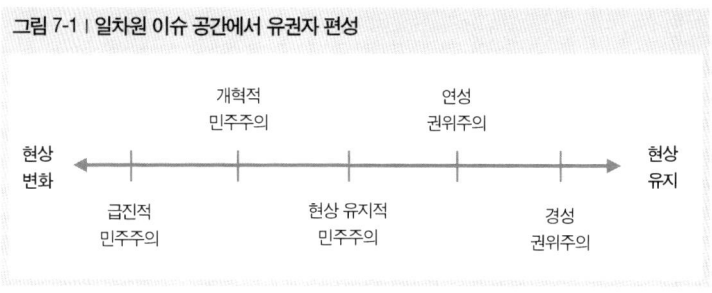

한 성격은 매우 분명하게 드러난다(안희수·정영태 1995).

정권 교체를 둘러싼 두 유권자 집단

정권 교체 이슈를 둘러싼 유권자 집단은 둘로 나누어 볼 수 있다. 하나는 '정권 교체=민주화=현상 변화'를 선호하는 유권자 집단이다. 다른 하나는 6월 항쟁으로 인해 위기감을 갖게 되고, 선거에서 정권 교체가 가져올 변화를 회피하려는 유권자 집단으로, 이들은 '현상 유지=권위주의 정권의 재집권'을 선호하는 유권자 집단이다. 이런 방식으로 민주화 이슈에 대한 이념형적 유권자의 선호와 최적 쟁점 위치satiation point를 가정해 보면 〈그림 7-1〉과 같다.

이 중에서 개혁적 민주주의와 급진적 민주주의를 선호하는 행위 선택은 1987년 정초 선거의 상황에서는 동질적인 것으로 가정할 수 있다. 정권 교체에 대한 선호는 개혁적 민주주의와 급진적 민주주의를 이상점ideal points으로 하는 유권자 모두에게 강하다. 급진

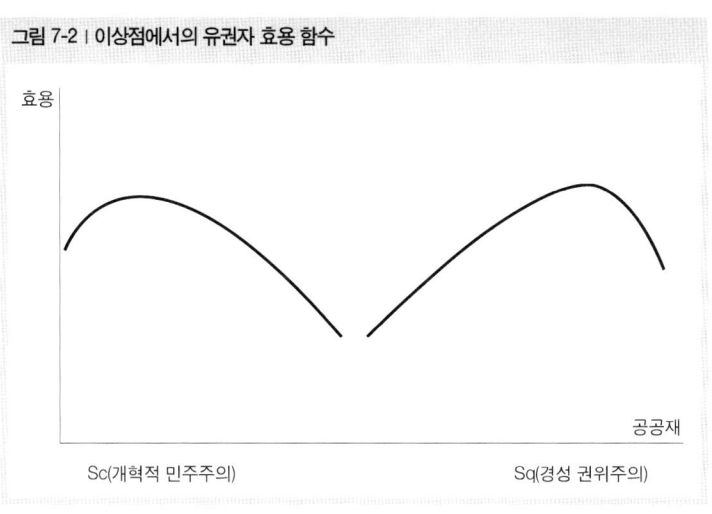

그림 7-2 | 이상점에서의 유권자 효용 함수

적 민주주의의 경우 사회경제적인 변화나 이념적 진보성을 가졌다고 볼 수 있지만 이들이 선택할 수 있는 후보 대안은 없었고, 따라서 개혁적 민주주의의 대안을 수용했다고 가정한다. 이런 가정은 6월 항쟁에서 '변혁 운동'의 주류적 노선이기도 했다는 점에서 현실적이다(조현연 1996).

권위주의를 지지했던 유권자의 선택이 개혁적 민주주의를 표방하는 후보로 옮겨 가지는 않았을 것이다. 반대로 개혁적 민주주의를 선호하는 유권자 역시 집권당 후보를 지지할 수는 없다. 이는 이슈 축에서 각각의 최적 쟁점 위치에서의 선호 함수가 〈그림 7-2〉와 같은 함수의 형태를 갖는다는 것을 의미한다. 따라서 이들의 쟁점 위치는 현상 유지적 민주주의나 연성 권위주의의 위치로 가까워질 수는 있어도 이를 뛰어넘어 이동하지는 못한다. 이들을 각각 Sc

(정권 교체를 바라는 개혁적 민주주의 유권자)와 Sq(권위주의 집권당의 대집권을 바라는 경성 권위주의 유권자)로 정의한다.

집권당 후보의 승리를 선호하는 Sq는 구체제에서의 기득권 세력, 권위주의 국가의 수혜-후원 관계에 통합되어 있는 유권자, 계층적으로 상층을 차지하거나 이념적으로 반공 혹은 보수적인 유권자를 전형적인 행위자로 설정할 수 있다. 이들에게 있어서 권위주의 국가의 비도덕성이나 부정이 드러난다고 해도 Sc와 Sq 사이의 선호 순서는 쉽게 변화되지 않는다. 이들이 선택할 수 있는 집합에는 두 원소가 있다. 하나는 Jp이며 다른 하나는 Ro이다.

Sc는 6월 항쟁에 참여하거나 적극적으로 지지한 유권자일 수 있다. 이들에게 있어 정초 선거는 정권 교체의 기회 혹은 수단으로 받아들여지고, 따라서 권위주의 국가가 안보 이슈의 동원이나 위기감 조성 등 어떤 교란 요인을 제공한다 해도 이들 역시 Sc와 Sq 사이의 선호 순서는 바뀌지 않는다. 이들이 선택할 수 있는 대안의 집합에는 두 원소가 있다. 하나는 Dj이며 다른 하나는 Ys이다.

Sq와 Sc 두 유권자의 경우 후보에게 기대하는 가치는 정치적 현상 유지와 정권 교체 같은 정치적 가치에 좀 더 가중치를 부여하는 (w>1-w) 유권자로 특징지을 수 있다. 따라서 이들 유권자는 {Dj, Ys}와 {Jp, Ro}를 대안 집합으로 하는 선택을 내리고자 한다. 한마디로 이들은 2단계 게임에 있어 최초의 방향 설정move의 역할을 하는 주축 행위자pivot이다.

그러나 이들의 선택은 대안 집합 내의 두 원소 간 기대 효용의 차이를 평가할 정보를 갖지 않는 한 결정 불가 상황에 봉착한다. 그 결과 이들의 결정은 기대 가치와 할인율에 대한 정보를 획득할 때까지 유보되고, 새로운 이슈의 등장은 각 후보에 대한 기대 효용을 변화시키게 된다. 따라서 Sq와 Sc는 최초의 방향 설정자 역할을 하지만 결국 최종 순간에 가서는 기대 효용을 극대화할 수 있는 후보 대안 중 하나를 선택하게 된다고 가정한다.

정권 교체에 무차별한 유권자 집단

이 두 유권자 집단 사이에는 어느 쪽에도 포함시킬 수 없는 유동적인 집단이 있다. 이들에게는 Sc와 Sq가 선호 순서에서 반드시 최상을 차지한다고 확정할 수 없다. 이들 역시 권위주의 정권에 의한 고문이나 살인 등의 행위에 대한 대중 저항을 지지하면서 권위주의 체제에 반대했을 수도 있다. 그러나 6·29선언으로 인해 권위주의로 돌아가기 어렵게 되었을 때, 이들에게 집권당 후보는 더 이상 선택의 대상에서 배제되지 않는다. 물론 이 유권자 집단에 있어 Sc와 Sq에 대한 가중치는 다를 것이다. 이 중 온건하지만 현상 변화에 더 비중을 둘 수도 있고 반대로 현상 유지에 더 비중을 둘 수도 있다. 따라서 이들을 Pc와 Pq로 분류하고 이들의 선호와 최적 쟁점 위치를 현상 유지적 민주주의와 온건한 권위주의(연성 권위주의)로 정의한다.

    Pc와 Pq는 첫 번째 단계에서 결정의 방향을 선택하지 않는다는 점에서 Sq와 Sc에 비교된다. 하지만 이들은 Sq와 Sc의 방향 설정에 대한 정보를 알고 있고, 또 Sq와 Sc가 첫 번째 단계에서 결정 불가에 봉착하게 된 사실도 알고 있다. 따라서 Pc와 Pq는 네 후보 대안 중 가장 높은 기대 효용을 선택하고자 하고, 경우에 따라 결정 불가에 봉착하게 되면 w와 (1-w)의 가중치에 의해 기대 효용의 상대적 크기를 조정한다고 가정한다.

1단계에서 {Sq, Sc}와 {Pc, Pq} 두 유권자 그룹은 선호의 강도나 결정의 적극성에서 차이가 있다. 그러나 2단계, 즉 선거 경쟁의 본격적인 국면에서 이들 사이의 구분은 사라진다. 따라서 투표 결정의 순간까지 부가적으로 누적된 기대 효용의 상대적 크기가 차이가 나면 가장 높은 기대 효용으로 평가된 후보가 균형으로 선택되고, 여전히 결정 불가면 가치 항목 중에서 가중치가 가장 높은 후보에 투표하는 것으로 가정한다. 이들 네 유권자는 유권자 모두를 포괄한다고 가정한다. 규모와 관련해서는 모두 동등한 규모의 유권자 집단을 대표하는 것으로 가정한다.

2. 기대 효용 극대화 선택에서의 균형

선거 이슈의 구조

13대 대선에서 전략적 유권자가 기대 효용 극대화를 추구하는 선택을 한다면 이에 영향을 미치는 변수는 두 가지다. 하나는 각각의 후보의 집권이 가져다줄 것으로 예상되는 가치 Ui와 이에 대한 할인율이다. Ui는 선거 경쟁을 특징짓는 이슈 공간의 특성에 의해 결정된다. 13대 대선에서 지역주의를 제외한 이슈는 다음과 같다.

첫째는 정치체제 정통성 이슈다. 이는 1987년 정초 선거에서 가장 핵심적인 이슈이며, 권위주의 정권의 유지냐 교체냐를 둘러싼 선택에 영향을 미치는 이슈라고 할 수 있다. 이슈의 수혜자는 야당이며 이슈 공간에서 집권당 후보와 유권자의 거리를 크게 하는 가장 효과적인 이슈다. '광주 사태' '12·12사태' '부정부패' 등은 대표적인 소재였다.

둘째는 안보, 이념 등 정치 안정과 관련된 이슈다. 이 이슈의 제기자는 집권당이다. 이는 한국전쟁의 경험과 남북 대치 상황에 의존하는 이슈이며, 역대 선거에서 권위주의 집권당 후보에 유리한 효과를 가져다주었다. 이는 민주화라는 단차원 이슈 공간을 2차원 이슈 공간으로 확대하면서, 유권자와 집권당 후보와의 거리를 좁히는 가장 효과적인 이슈다.

셋째는 경제성장, 경제 발전, 경제 안정 등의 이슈다. 거시 경제 상황은 그 자체로 모든 계층의 소득에 영향을 미치는 가장 강력한 변수다. 이 이슈의 효과는 권위주의 집권당에게 크게 유리했다. 따라서 거시 경제적 상황의 악화는 소득 하락의 두려움을 자극함으로써 야당 지지 가능성을 약화시키는 효과를 가졌다. 흥미롭게도 1987년 정초 선거에서 이 이슈는 크게 부각되지 못했다. 송근원

(1994)의 연구에 따르면 13대 대선에서 경제성장과 경제 안정이 차지하는 이슈 빈도는 2.1퍼센트로 작은 범주에 불과하며, 이는 '교통 관련 이슈'의 빈도와 동일한 수치다. 또한 이슈 주기에 있어서도 선거 4주 전을 기점으로 쇠퇴한 것으로 나타난다. 가장 큰 이유는 당시의 경제 상황이 1980년대 이후 가장 좋았다는 것이다. 이는 6월 항쟁에서 중산층이 민주화 운동에 우호적일 수 있었던 물질적 기초이기도 하다. 실제 선거 결과에서도 중산층 밀집 지역인 서울 강남구 전체에서 가장 많은 표를 얻은 후보는 노태우가 아니라 김영삼이었다. 김영삼은 서울 지역 전체 평균 지지율(29.1퍼센트)보다 5.8퍼센트가 많은 35퍼센트를 얻었다. 이상과 같은 이유로 적어도 13대 대선에서 경제성장 이슈가 중산층의 선호를 민주화에서 권위주의 유지로 변화시킬 수 있는 정도는 아니었다는 가정은 현실적이다. 따라서 경제성장의 이슈는 정치 안정에 부가적인 효과를 갖는 것으로 통제한다.

지역개발과 돌발 이슈

넷째는 역대 대선에서 지역 유권자에게 가장 동원력 있는 이슈였던 지역 개발 이슈다. 이 이슈는 지역주의의 개입에 의해 그 효과가 보강될 수 있는 것이지만, 지역주의의 개입과 상관없이 대통령 선거에서 등장했던 이슈다. 이 이슈가 경제적 혜택을 기대하는 지역 유권자에게 호소할 수 있었던 것은 국가가 갖는 자원 배분 능력 때문이었고, 특정 지역의 발전이 국가의 정책적 배려에 의한 것으로 인식되었기 때문이다. 국가가 지역 발전에 미치는 효과에 대한 1987년 8월의 한 조사 결과(김만흠 1987)를 보면, 피조사자의 78.6퍼센트가 지역 발전이 정치권력의 지역 연고에 의해 영향을 받는다고 평가했음을 알 수 있다. 이전 선거에서 이 이슈는 집권당 후보에게 효과적이었다. 무엇보다도 권위주의 시기 집권당의 승리는 사실상 확정적이었기 때문이다. 그러나 1987년 선거는 누가 당선될지 모를 정도로 불확실성이 높은 상황이었으므로 이 이슈가 갖는 집권당 편향적 효과는 급격히 축소되었다.

　이상 살펴본 이슈 이외에 다른 이슈들 — 예컨대 농가 부채 문제, 중소기업 육성 정책, 노사 관계, 교육 문제, 대외 관계 등 — 은 많지만, 후보자들의 공약과 정책이 서로 유사했으므로 기대 효용에서 차이를 만들어 내지 못했다고 가정한다. 문제는 '대한항공 민항기 폭파 사건'과 같은 돌발적인 이슈다. 이 이슈는 안보 이슈의 한 구성 요소라고 볼 수 있다. 그러나 이 이슈를 돌발적 이슈로 보는 것은 안보 이슈에 부가적인 영향을 미친 것으로 가정하기 어려운 측면을 갖기 때문이다. 이 이슈가 그 자체로 독자적인 이슈 차원을 갖는 것으로 가정하면, 유권자는 기대 효용 극대화의 원리에 따라 투표 결정을 하는 것이 아니라 위험 회피risk-aversion 원리에 따라 후보 선택을 하게 된다. 다시 말해 유권자가 후보자에 대한 기대 효용을 비교하여 선택하는 것이 아니라 특정 후보를 대안에서 완전히 배제한다거나 특정 후보만이 선택할 수 있는 유일한 대안이 된다거나

표 7-1 | KAL기 폭파 사건 전후한 예상 지지율의 변화 (단위 : %)

	12월 4일	12월 15일
김대중	25.5	27.5
김영삼	29.2	28.4
김종필	11.7	8.3
노태우	33.7	35.3

하는 결정 상황으로 변화되는 것이다. 〈표 7-1〉은 이 사건을 전후한 조선-갤럽 조사의 결과를 보여 준다. 〈표 7-1〉에서 보듯 대한항공 민항기 폭파 사건은 김영삼과 김종필을 선호했던 유권자 집단의 지지를 노태우 후보로 변화시키는 데 일부 기여한 것으로 추정할 수 있지만 그 정도는 오차 범위 내에 있으며 매우 미미한 정도이다. 따라서 이 돌발 이슈에도 불구하고 유권자는 기대 효용 최대화 원리에 의해 투표 결정을 했다고 가정한다.

유권자 행위 선택의 함수

이상의 논의를 요약하면 다음과 같다. 우선 정치체제의 정통성 이슈는 민주화라는 가치에 가중치를 높인다. 그리고 이는 정권 교체에 대한 선호를 강화하고 야당 후보에게 유리한 효과를 낳는다. 안보 이슈는 정치 안정이라는 가치의 가중치를 높이고 현상 유지(집권당 후보의 승리)에 대한 선호를 강화한다. 하지만 이 두 이슈는 새로운 이슈 공간을 창출한 것이 아니라 1단계에서의 현상 유지와 현상 변화의 단일 쟁점 축에 부가적인 효과를 갖는 이슈로 나타난다. 집권당이 안보/안정 이슈를 제기하면 야당 후보는 안보/안정을 위협하는 것은 "국방을 담당하는 군대를 불법적으로 정권 탈취에 동원"했기 때문이라고 대응한다. 반대로 야당 후보가 정치체제 정통성 이슈를 제기하면 집권당 후보는 "정치 안정 없이는 민주주의를 발전시킬 수 없다"는 이슈로 대응한다. 따라서 두 이슈에 대한 전략적 유권자의 선택은 단차원 이슈 공간으로 회귀되고, 각각의 이슈들은 현상의 유지와 변화의 정도에 대한 기대 가치와 가중치에 영향을 미치는 요인으로 가정한다. 지역개발 이슈는 연속함수의 형태를 갖지 않는다. 그것은 자신의 출신지와 동일한 후보에게만 기대되는 가치이기 때문이다. 이 밖에 앞서 살펴본 이슈 중 후보별 기대 효용의 크기에 차이를 부여한다고 가정할 수 있는 이슈는 없다. 따라서 유권자가 후보자에게 기대하는 가치는, 정권 교체와 현상 유지를 둘러싼 정치적 가치(P)와, 지역개발로 대표되는 물질적 가치(M)로 구성되는 기대 효용 함수로 설정할 수 있다.

변수의 가중치, 할인율, 기대 가치

가중치를 가정할 수 있는 정보는 없다. 따라서 w와 (1-w)는 전체 가치의 크기에 상대적인 영향을 미치지 않을 만큼 각각 0.5에 가깝다고 가정하기로 한다. 다만 앞서 가정했듯이 기대 효용의 크기가 동일한 복수의 균형이 등장할 경우 Sc와 Sq는 w>(1-w)로, Pq와 Pc는 w<(1-w)로 계산함으로써 상대적 크기를 조정한다고 하자.

표 7-2 | 예상 지지율: 13대 대선 (단위 : %)

	김대중	김영삼	김종필	노태우
기사연	23.1	24.0	7.5	23.2
조선-갤럽	15.3	17.3	4.8	21.2

이제 할인율을 통제해 보자. 우선 당선 확률에 의한 기대 효용의 할인은 김종필 후보에게만 해당된다고 할 수 있다. 정치 시장에 진입하는 것을 목표로 하는 김종필 후보를 제외한 모든 후보는 자신의 승리를 장담했고, 여론조사 결과 발표가 불법이었던 당시 상황에서 유권자는 당선 가능성에 대한 객관적 정보를 가질 수 없었다. 각 후보는 자신에게 유리한 여론조사 결과만을 발표하거나 조작된 여론조사를 지지자들에게 배포하기도 했다. 아무튼 그런 혼란스러운 상황에서 출판물의 형태로 공개된 여론조사 결과는 10월 20일을 전후해 조사된 한국기독교사회문제연구원의 조사 결과와 11월 말에 조사된 조선일보-갤럽 공동 여론조사 두 개다. 그 결과는 〈표 7-2〉와 같다.

한국기독교사회문제연구원의 조사를 보면 상위 세 후보의 예상 지지율이 오차 범위 내에 있고 그 한계 내에서도 차이가 사실상 없다. 갤럽의 여론조사는 오차 범위 안팎의 차이를 보이지만 무응답자가 38퍼센트이고 부동층이 31퍼센트인 것을 고려하면 이 결과는 당선 가능성에 대한 판단의 정보가 되지 못한다.* 따라서 세 후보는 당선 확률에 의해 할인되지 않는 것으로 가정한다.

다음은 각 후보의 당선과 집권에 대해 유권자가 기대하는 가치다. 민주화에 대한 기대 가치를 선호하는 유권자는 김대중 후보와 김영삼 후보의 당선 가능성에 의존할 것이다. 현상 유지를 선호하는 유권자는 노태우 후보와 김종필 후보에게 의존할 것이다. 두 후보 진영 내의 차이를 공약이라는 객관적 정보에 의해 평가한다면 그 차이는 무시할 수 있다. 선거에서 제시된 공약과 정책을 기준으로 해서는 각 진영의 두 후보 사이에 뚜렷한 차이를 발견할 수 없기 때문이다. 또한 그 이전 대통령 선거(1971년 대선)에 참여하지 않은 46세 미만의 유권자가 전체 유권자의 70퍼센트에 이른다는 점을 고려하면 그 이전 투표의 경험이 이들에게 미치는 관성의 효과도 매우 작았음을 알 수 있다. 재야 운동의 일각에서 김대중 후보를 좀 더 진보적이라는 이유로 지지를 천명했지만 이후 김영삼 후보를 지지하는 재야 운동권의 지지 천명이 겹쳐지면서, 이들 사이의 차이를 구분할 만한 뚜렷한 객관적 증거가 존재했다고 볼 수도 없다. 따라서 {김대중, 김영삼}과 {김종필, 노태우}라는 두 후보 진영 내부의 차이에 대한 확신은 없다고 가정한다.

이상의 논의를 바탕으로 김종필의 할인율은 0.5이며, 정치적 가치(P_i)와 경제적 가치(M_i)가 동등하게 1로 평가된다고 가정해 보자.

• 투표 전날(12월 15일)을 대상 시점으로 한 한국갤럽의 조사 결과를 보면 역시 김종필을 제외한 세 후보의 지지 응답률이 노태우 27.8퍼센트, 김영삼 26.0퍼센트, 김대중 25.1퍼센트로 사실상 차이가 없는 것으로 나타났다(한국갤럽조사연구소 1996).

다만 경북과 경남의 경우 1960년대 이후 광역의 동남 경제권으로 개발되었고 일정한 연관 효과를 갖는 경제 권역으로 인식되어 왔으므로, 경북 유권자의 경우 김영삼 후보의 지역개발에 대한 기대 가치를 0.5로 부여하고, 경남의 유권자는 노태우 후보에게 동일한 기대 가치를 부여한다고 가정한다.

지역별 유권자의 선택

각 지역에서 유권자 선택의 균형은 다음과 같이 나타난다. 우선 경북의 유권자 Sq의 경우 대안 집합은 {Ro, Jp, Ys}가 된다. Ys에 대한 경북 유권자의 기대 효용 E(Ys)는 지역개발 이슈 차원에서만 등장하고 그 기대 효용 값은 0.5가 된다. E(Jp)는 정권 교체와 현상 유지의 이슈 차원에서 1의 기대 가치를 갖지만 할인율에 의해 기대 효용은 0.5가 된다. 반면 E(Ro)는 두 이슈 모두에서 각각 1의 기대 가치를 갖고 그 합은 2가 된다. 따라서 경북의 유권자 Sq의 균형은 Ro가 된다. 경북의 유권자 Sc의 경우 대안 집합은 {Ys, Dj, Ro}가 된다. E(Ro)는 지역개발의 이슈 차원에서 나타나고 기대 효용은 1로 평가된다. E(Dj)는 민주화의 기대 가치 1을 부여받는다. E(Ys)는 민주화 기대 가치 1과 지역개발 기대 가치 0.5가 합해져 1.5의 기대 효용으로 평가된다. 따라서 경북의 유권자 Sc의 균형은 Ys가 된다.

　Pc와 Pq의 경우 대안 집합에서 배제되는 후보가 없다. 따라서 모든 후보 중 가장 높은 기대 효용을 갖는 후보에서 균형을 찾는다.

그림 7-3 | 2단계 비연속 게임에서의 균형

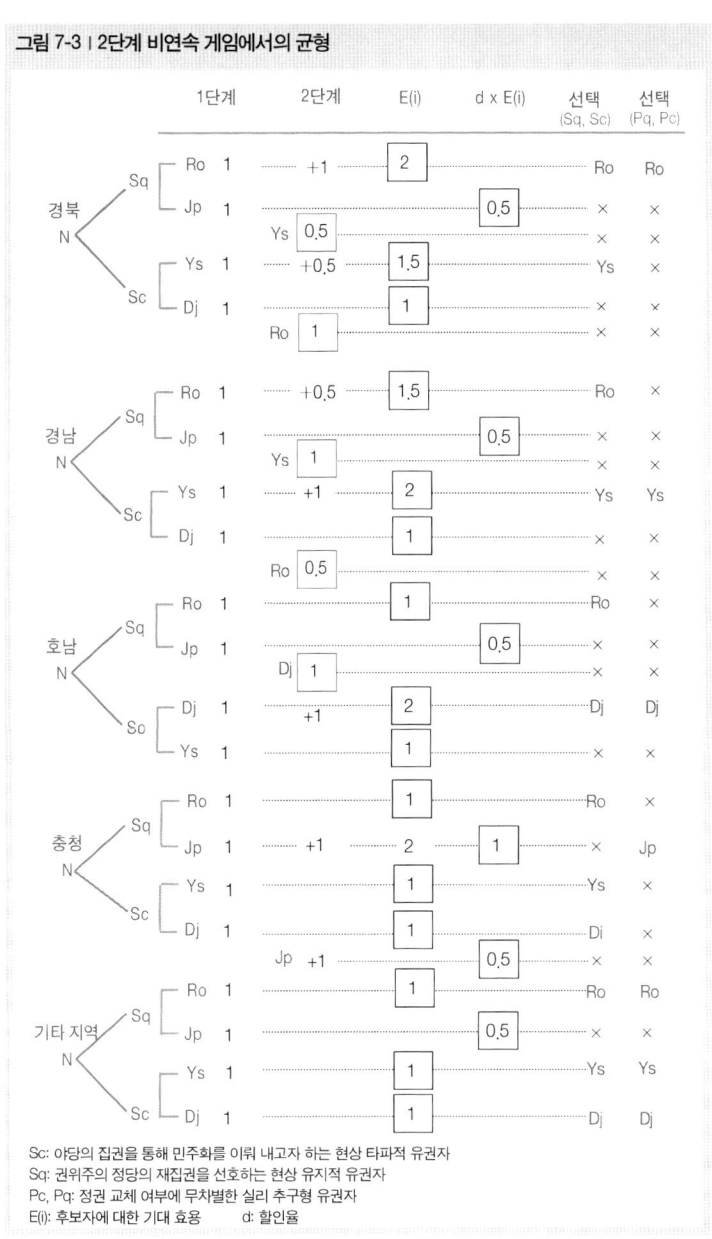

Sc: 야당의 집권을 통해 민주화를 이뤄 내고자 하는 현상 타파적 유권자
Sq: 권위주의 정당의 재집권을 선호하는 현상 유지적 유권자
Pc, Pq: 정권 교체 여부에 무차별한 실리 추구형 유권자
E(i): 후보자에 대한 기대 효용   d: 할인율

경북의 유권자 Pc와 Pq의 균형은 기대 효용 2로 평가된 Ro가 된다. 대안 집합 내에서 기대 효용이 동일한 경우 w와 1-w의 상대적 크기에 의해 기대 효용은 변화된다. 예컨대 충청의 유권자 Sq의 경우 대안 집합은 {Ro, Jp}이다. E(Ro)는 현상 유지의 기대 가치 1을 부여 받는다. E(Jp)는 현상 유지의 기대 가치와 지역개발의 기대 가치가 합해져 2가 되지만 당선 가능성의 할인율에 의해 1로 평가된다. 이 경우 Sq는 정치적 가치에 좀 더 가중치를 부여하므로(w>1-w) 두 후보의 기대 효용의 상대적 크기는 E(Ro)>E(Jp)가 되고, 따라서 균형은 Ro가 된다. 반면 Pc와 Pq의 경우는 경제적 가치에 더욱 가중치를 부여하므로(W<1-W) 기대 효용의 상대적 크기는 E(Jp)>E(Ro)가 된다. 따라서 균형은 Jp가 된다.

　이상과 같은 방식으로 모든 지역에서 전략적 유권자의 투표 결정이 균형을 찾는 과정을 나타내면 〈그림 7-3〉과 같다. 수치로 나타난 기대 가치는 이슈의 전이에 따라 부가적으로 평가되는 상황을 의미한다. 실선으로 박스가 쳐진 수치는 기대 가치의 누적 값이다. w>1-w의 선호 구조를 갖는 Sq와 Sc는 1단계에서의 후보 대안과 부가적으로 대안에 포함된 후보를 대상으로 선택한다. Pc와 Pq는 후보 대안에 대한 차별 없이 모든 후보 대안 중 기대 가치가 가장 높은 선택을 한다. N은 게임 이전의 상황Nature을 의미하고 Sq와 Sc로 분기된 두 실선은 6월 항쟁의 전략 상황으로부터 게임이 시작되었음을 의미한다.

유권자 선택의 집합적 결과

게임의 결과 경북과 경남, 호남의 경우는 모두 단일한 균형이 도출된다. 경북 유권자 중 정권 교체를 선호하는 유권자 Sc의 투표는 Ys에서 균형을 이루고, 현상 유지를 원하는 유권자 Sq의 균형점은 Ro이다. 가중치가 w<(1-w)인 Pc와 Pq의 균형점은 네 후보 대안 중 기대 효용의 값이 가장 큰 Ro이다. 경남 유권자의 경우 Sc와 Pc, Pq의 균형은 Ys이며 Sq는 Ro에서 균형을 이룬다. 호남 유권자의 경우 Sc와 Pq, Pc의 균형은 Dj이며 Sq의 균형은 Ro이다. 충청의 경우 Sq의 균형은 Ro이며 Pc와 Pq의 균형은 Jp이고, Sc의 경우는 균형이 Dj와 Ys 둘이다. 기타 지역 경우 Sq의 균형은 Ro이지만 Sc의 균형은 Dj, Ys 둘이며, Pc와 Pq의 균형은 Ro, Dj, Ys 셋이다. 복수의 균형을 단일 균형으로 바꿀 수 있는 가정은 이 모델에서는 없다. 복수의 균형에 직면한 이들 유권자의 경우 최종 선택에서 종교·학연·지연 등 개인적인 차원을 부가함으로써 기대 효용의 상대적 차이를 부과한다고 가정하자. 그리고 이들의 선택은 결과적으로는 균형점을 형성하는 후보 대안 사이에 비슷한 규모로 분산된다고 가정하자. 만약 모든 유권자가 Sc, Sq, Pc, Pq 네 명의 유권자로만 구성되어 있다면, 선거 결과는 〈표 7-3〉과 같이 나타난다.

충청과 기타 지역을 제외하면 경북과 경남, 호남 지역에서 표의 집중성은 매우 분명하다. 이것은 지역주의가 개입하지 않았다 하더라도, 경북과 경남 지역에서 정권 교체를 선호하는 전략적 유권자

표 7-3 | 지역별 예상 지지 분포비

	Dj	Ys	Jp	Ro
경북	0	1	0	3
경남	0	3	0	1
호남	3	0	0	1
충청	0.5	0.5	2	1
기타 지역	1.17	1.17	0	1.66

의 선택은 김영삼에게 독점될 수밖에 없으며 반대로 호남 지역에서는 김대중에게 독점될 수밖에 없음을 의미한다. 또한 민주화(정권교체)에 대한 선호 강도가 크지 않은 유권자의 경우 기대 효용의 크기는 지역개발과 같은 물질적 인센티브에 가중치를 크게 부여함으로써 지지 시장의 지역적 분절성을 강화시킨다.

3. 분석의 함의

논증과 실제

앞서의 논증은 지역주의가 개입하지 않았다 하더라도 각 후보에 대한 지지표가 지역적으로 매우 불균등하게 나타났을 것임을 보여 준다. 지역주의가 본격적인 선거 국면에 들어와 동원되었다고 한다면, 10월 28일 김대중과 김종필 두 후보가 네 후보 중 마지막으로 출마 선언을 하기 이전의 투표자 의식조사 결과는 앞선 논증과 유

표 7-4 | 선거 국면 이전의 의식조사 결과 (단위 : %)

	Ro	Ys	Dj	Jp
경북	36.7	26.1	4.8	5.9
경남	22.9	40.6	4.1	2.3
호남	6.4	2.5	77.8	0.5
충청	16.7	15.4	13.2	27.2
기타 지역	27.5	24.1	20.0	6.9

주 : 미정 및 무응답: 19.9%

사한 결과를 나타내야 할 것이다. ⟨표 7-4⟩는 10월 20일 전후에 조사된 여론조사 결과를 지역별로 분류한 것이다(한국기독교사회문제연구소 1987). 선거 국면 이전 조사 결과에서 표의 지역적 집중성은, 실제 결과에 비해서는 약하지만, 뚜렷하게 나타나고 있다.

설명 모델을 통한 논증이 지역주의가 없는 경우 실제 나타날 결과를 대체하는 것은 아니다. 모델이 갖는 설득력은 모델을 구성하는 여러 가정에 달려 있다. 분석의 대상으로서 유권자는 특정 후보 대안에 대해 고정적인 일체감을 갖지 않는 유권자에 한정했다. 이들의 투표 결정은 기대 효용을 극대화할 수 있는 후보 대안을 선택한다고 가정했다. 유권자는 정권 교체와 민주화에 강한 선호를 갖는 Sc와, 현상 유지에 강한 선호를 갖는 Sq, 그리고 이들과는 달리 정권 교체나 재집권이냐 하는 정치적 보상가에 큰 차이를 갖지 않는 Pq, Pc로 설정했다. Sc와 Sq는 각각 Dj와 Ys, 그리고 Ro와 Jp로 구성된 두 개의 동질적인 대안 집합에 직면하고, 따라서 부가적인 기대 가치에 의해 투표 결정의 균형을 찾는다고 가정했다. Pq와 Pc는 정치적 가치에 강한 선호를 갖지 않으므로 네 명의 후보 대안 중 특정 후보를 대안 집합에서 배제하지 않고 최대 기대 효용을 갖는 후보를 선택하는 것으로 가정했다. 이상이 설명 모델의 핵심 가정이며 그 밖의 가정은 기대 효용의 크기에 영향을 미치는 요인들에 대한 것들이다.

유권자의 전략적 선택

이상의 가정이 현실적이라면, 선거 결과 지역별로 분절화된 지지 시장이 나타나게 된 것은 유권자가 갖고 있는 선호 구조와, 유권자가 선택할 수 있는 대안 집합 사이의 관계가 연속함수적 성격을 갖지 않았다는 데 그 원인이 있다. 현상 유지와 현상 변화를 양극으로 한 1차원적 공간에서 Ro와 Jp 그리고 Dj와 Ys 두 후보 대안은 대체재의 성격을 갖는 것이었다. 따라서 두 진영의 후보 대안이 하나로 나타났다면, 유권자의 투표 결정은 정권 교체를 둘러싼 이슈에 의해 균형이 형성되었을 것이다. 이 경우 선거 결과는 지역적으로 훨씬 덜 굴절되었을 것이다. 물론 Ro와 Jp가 모두 후보 대안으로 나타났다 해도 이 둘 사이의 기대 효용은 당선 가능성이라는 할인 요인을 갖는다. 하지만 Ys와 Dj라는 후보 대안의 경우는 다르다. 민주화 이슈의 차원에서 두 후보의 기대 가치에 차이를 부과할 근거는 없다. 공약과 정책이라는 측면에서 두 후보의 차이는 주목되지 않았다. 설령 두 후보의 쟁점 위치가 동일하지 않았다고 가정해도 결과는 크게 달라지지 않는다. 예컨대 현상 변화와 현상 유지를 양극으

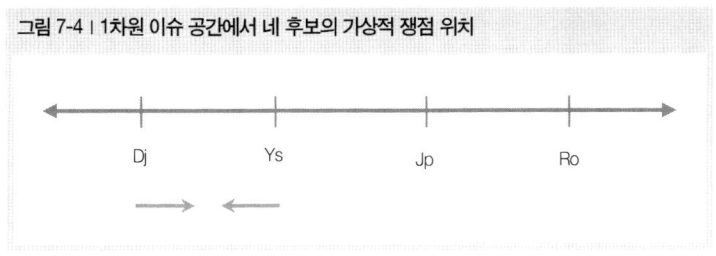

그림 7-4 | 1차원 이슈 공간에서 네 후보의 가상적 쟁점 위치

로 하는 일차원 이슈 공간에서, 두 후보의 쟁점 위치가 〈그림 7-4〉와 같이 평가되는 상황으로부터 선거 국면이 시작되었다고 가정해 보자. 이런 전략 상황에서 Dj와 Ys 두 정당 후보의 합리적 전략 선택은 다음과 같이 나타난다.

후보자의 전략적 선택

우선 Dj는 쟁점 위치 왼쪽에 다른 정당 대안이 없으므로 중앙을 향하게 된다. 이 쟁점 위치 좌에서 이상점을 갖는 유권자가 존재한다 해도 이 유권자의 효용 함수는 여전히 Dj에서 가장 높을 것이기 때문이다. 반대로 Ys의 경우 자신의 쟁점 위치 오른 쪽에 두 정당이 존재하고, Jp와의 대체율보다 Dj와의 대체율이 높으므로 합리적 선택은 좌의 방향으로 쟁점 위치를 변화시키는 것이다. 오른편에 있는 Jp의 영향력은 당선 가능성에 의해 할인될 것이므로, Ys는 쟁점 위치를 왼쪽으로 변화시키는 전략 선택의 대체손이 작다고 평가할 것이다. 따라서 선거 국면에서 Dj와 Ys의 쟁점 위치는 서로 수렴

하고 그 차이는 작아질 것이다.

　이런 가정은 13대 대선에서 실제로 나타났던 상황과 부합한다. 김대중 후보는 선거 국면 이전과는 달리 선거 국면이 시작된 이후 자신에 대한 '진보적 이미지'를 불식하기 위해 쟁점 위치를 오른쪽으로 이동시키려고 노력했다. '해방 이후의 경력' '군부 내 비토 그룹' '연방제 통일론' 등 집권당 후보 진영이 제기한 사상 시비와 이념 이슈에 대해 김대중 후보의 대응은 '이슈 소멸 전략'으로 정의할 수 있는 것이었다. 이념 문제와 관련하여 소극적이고 회피적인 전략으로 일관했을 때, 김대중 후보는 새로운 이슈를 부가하는 데 기여하지 못한 것으로 나타났다. 이 점에서 13대 대선에서 김대중 후보의 이슈 전략은 1971년 대선 당시와는 매우 대조적이다. 반면 김영삼 후보의 경우는 정반대의 경향을 보였다. 특히 '군정 종식' 슬로건을 전면화했던 12월 이후 정권 교체와 민주화 이슈는 오히려 김영삼 후보에 의해 좀 더 많이 점유되었다. '정승화 입당'과 함께 '12·12사태' 관련 이슈의 장악자는 김영삼 후보로 나타났다.

　Dj와 Ys 두 후보 대안이 동시에 나타나고, 민주화 이슈의 차원에서 이들 간 기대 효용의 차이가 없고 다른 차원의 이슈가 존재하지 않았을 때, Dj와 Ys라는 공공재 사이에 우열을 가릴 방법이 없게 된다. 당선 가능성과 같은 할인 요인에 의해서도 두 대안 사이의 기대 효용이 갖는 상대적 크기는 영향받지 않았다. 다시 말해 민주화라는 이슈 축 위에서 Dj와 Ys라는 공공재와 유권자 선호 구조 사이의 효용 함수는 항상 같은 상수 값으로 나타난다는 것이다. 대안 집합과 유권자 선호 구조 사이의 효용 함수가 절대 함수의 형태를 갖는다는 것은 선택할 수 있는 후보 대안의 기대 효용의 크기가 쟁점 축에 의해 영향을 받지 않는다는 것을 의미한다. 3장에서 살펴보았듯이, 사르토리(Sartori 1976)의 개념으로 본다면 이는 다차원 이슈 공간에서 '이슈 축의 압축'이 발생한 상황을 의미한다. 문제는 하나의 이슈 축이 압축되었을 때 이를 대체할 수 있는 다른 이슈 공간이 존재하지 않는다는 사실이다. Dj와 Ys에 대해서 민주화 이슈 축이 기능할 수 없게 되었을 때, Dj와 Ys 사이의 쟁점 위치와 기대 효용의 차이를 부여할 수 있는 이슈가 어떤 것이 되었을까?

앞서의 모델에서는 영호남 유권자 Sc의 투표 결정을 균형으로 이끄는 요인으로 지역개발의 물질적 기대 가치가 부가된 것으로 가정했다. 그리고 이는 동일 출신 지역 후보에게만 기대 효용을 부여하는 전형적인 비연속함수의 형태를 띤다. 그러므로 개별 유권자의 선택이 가져온 거시적 결과는 표의 지역적 집중성으로 나타난다. 그러나 지역개발 이슈 공간에 대한 가정은 설명 모델의 핵심 가정이 아니다. 핵심 가정은 앞서 살펴보았듯이, 민주화 이슈는 강렬했지만 그것이 Dj와 Ys 두 대안을 구분시켜 주는 이슈 축으로서 기능하지 못했다는 것이다. 이를 기존 연구의 주장, 즉 권위주의 국가의 '직선제 수용'으로 인해 민주화 이슈가 소멸되었다는 의미로 오해해서는 안 된다. 정확히 말해 민주화 '이슈의 소멸'이 아니라, Dj와 Ys 두 후보 대안에 대해 민주화 '이슈 축의 기능 소멸'을 의미하기 때문이다.

선호와 대안의 불일치 구조

1987년 대선의 상황에서 Ys와 Dj 사이에 — 이념적 거리(Sartori 1976)에 의해서든 아니면 정책적 거리(Lipset 1959)에 의해서든 — 쟁점 위치의 차이를 부과할 수 있는 근거는 존재하지 않았다. 이 점에 있어서 "정당 간에 정책 균열이 없기 때문에 유권자들이 정당 지도자의 출신 지역에 따라 지지를 보내게 되는 것은 당연"한 결과였다는 이갑윤(1998, 145)의 주장은 우리의 설명 모델과 잘 양립한다. 1987년 대선 시기 전략 상황에 대한 가정이 현실적이라면, 영호남 지역에서 Dj와 Ys에 대한 유권자의 지지가 동등하게 분포되는 결과를 가정할 수는 없을 것이다. 그런 상황에서 결정 불가에 직면한 유권자 Sc는 학연, 지연, 개성적 이미지 등 일차적 특성들에 의존할 수밖에 없을 것이며, 그것은 결국 표의 지역적 분절성으로 나타났을 것이기 때문이다. 그런 상황에서 유권자들이 다른 지역 출신 후보를 선택하여 각 정당의 지지 기반이 지역적으로 차이 없이 동등하게 분산된 결과를 낳았다면, 그것이 오히려 이해하기 어려운 결과일지 모른다.

물론 지역개발이라는 이슈 공간의 설정이 일종의 부속적 가정의 지위를 갖는다고 하더라도, 이를 적극적으로 해석하는 것 역시 의미를 갖는다. 지역개발 이슈 공간의 존재는 한국 사회에서 지역 간 자원의 배분이 중앙정부에 의해 크게 영향을 받는다는 사실로부터 기인한다. 한국 사회에서 국가권력의 장악은 단순히 정치적 효용의 크기만을 결정하는 것이 아니라 경제적 효용의 크기에도 영향을 미친다. 경제개발과 엘리트 충원에서 차별받았다고 생각하는 호남 유권자의 경우, 그런 의식을 강하게 표출했다. 따라서 호남 유권자의 투표 결정이 특정 후보 대안에 대한 집중적 지지로 나타났다고 해서 이들의 투표 동기를 지역주의로 정의하고 비난하는 것은 분석적으로나 규범적으로 설득력을 갖지 못한다. 오히려 낙후된 지역을 벗어나고 싶다는 물질적 인센티브에 대한 기대라는 점에서 경제 투표의 한 양상, 혹은 소외와 차별에 대한 저항 의식이라는 점에서 반권위주의 투표라고 정의하는 데 인색할 이유가 없다. 이 경우 문제의 핵심은 ─ 유권자의 지역주의적 동기나 의식을 없애는 데 있는 것이 아니라 ─ 국가권력의 통제권 보유자(대통령)가 갖는 일차적 특성에 따라 자원 배분의 지역적 차별이 나타날 가능성을 제도적으로 통제하는 데 있다고 말해야 할 것이다. 그리고 이는 국가권력의 시민적 통제라는 민주주의의 기본 원리를 제도적으로 안착시키는 것을 의미한다.

8장

지역주의의 개입은 어떤 효과를 가졌을까

복잡한 모델과 가정에도 불구하고 7장을 읽을 수 있었다면 8장은 훨씬 쉽고 흥미로울 것이다. 무엇보다도 지역주의가 투표 결정에서 작용하는 효과를 잘 볼 수 있기 때문이다. 기존 연구는 지역주의가 자신의 출신 지역에서 지지표를 늘리는 효과를 갖는 것으로 설명해 왔는데, 이 장을 통해 우리는 그런 해석이 지나치게 단순할 뿐만 아니라 민주화 정초 선거에 대한 권위주의 집권 세력의 입장을 강화시켜 주는 것에 불과한 것임을 보게 될 것이다. 앞서 7장에서 보았듯이, 노태우에서 김영삼, 김대중, 김종필 후보가 자신의 출신 지역에서 더 많은 지지를 받는 이유의 상당 부분은 지역주의와 관련이 없다. 각 후보가 모든 지역에서 균등한 득표를 해야 한다고 가정한다면 그것은 권위주의 정치와 그 시기에 전개되었던 불균등한 산업화의 특징과 구조를 이해하지 못하는 것이나 다름없다. 본론에서 자세히 살펴보겠지만, 1987년 선거에서 지역주의 개입의 효과는 김대중의 집권을 피하고자 하는 욕구를 자극해 김영삼이나 김종필을 지지할 개연성이 높은 유권자 가운데 일부를 노태우에 대한 지지로 옮겨 가게 하는 형태로 나타났다는 점에 주목해야 한다. 지역주의의 핵심은 바로 여기에 있다.

1. 지역주의 투표 결정 모델

지역주의 투표 결정의 두 상황

지역주의 투표 결정은 두 개의 전략 상황을 갖는다. 하나는 위험 회피를 위해 특정 후보를 대안의 범위에서 제외하는 것이다. 다른 하나는 특정 후보에 대해 할인율을 높게 부여함으로써 기대 효용의 크기를 변화시키는 것이다. 앞서 살펴보았듯이, 한국의 지역주의는 자기 지역에 대한 긍정성이나 귀속감에 의한 것이 아니라 특정 지역 출신에 대한 배타적 거리감을 특징으로 하며, 지역주의 투표 결정은 Dj라는 후보 대안을 중심으로 이루어진다. 다시 말해 비호남의 경우 Dj를 대안 집합에서 배제하거나 할인율을 높게 부여하며, 호남의 경우 Dj 이외의 후보 대안을 대안 집합에서 배제하거나 할인율을 높게 부여하는 것이다.

 호남 유권자의 지역주의 투표 결정은 단순하다. 호남 배제라는 위험 회피의 상황이라고 판단한 유권자의 선택은 Dj에서 균형을 형성한다. 반면 기대 효용 최대화의 전략 상황이라고 판단한 유권자의 선택은 Dj에게 어느 정도 가중치를 부여할 것이냐에 따라 결정된다. 따라서 호남 유권자가 지역주의적 투표 결정을 하는 과정은 다음 〈도표〉와 같이 나타낼 수 있다.

 비호남 유권자가 지역주의 투표 결정을 하는 전략 상황은 다소 복잡하다. 우선 위험 회피 전략 상황이라고 판단한 유권자는 Dj를

| 호남 유권자의 지역주의적 투표 결정 |

- 위험 회피의 결정

    A = {Dj, Ys, Jp, Ro} → A′ = {Dj}

    A : 지역주의가 없는 경우 대안 집합
    A′ : 지역주의적 투표 결정 시 대안 집합

- 기대 효용 극대화의 결정

    $E(Dj) \rightarrow E(Dj) + aE(Dj)$

    E(Dj) : 지역주의가 없는 경우 Dj 당선의 기대 효용
    E(Dj) + aE(Dj) : 지역주의의 투표 결정시 Dj 당선의 기대 효용
    a : 지역주의 가중치

대안 집합에서 제외한 다음에도 또 다른 전략 상황에 직면한다. 변수는 Dj의 당선 가능성이다. 만약 Dj의 당선 가능성이 높다면 나머지 후보 중에서 당선 가능성이 가장 높은 후보를 선택할 것이다. Dj의 당선 가능성이 낮다면 나머지 후보 중 기대 효용이 가장 높다고 평가된 후보를 선택할 것이다. 기대 효용 극대화의 전략 상황이라고 판단한 유권자 역시 Dj의 당선 가능성은 중요한 변수로 작용한다. 예컨대 Dj가 당선 가능성이 높다고 판단할 경우 지역주의에 영향을 받은 유권자는 E(Dj)에 대한 할인을 좀 더 많이 하거나, 당선 가능성이 높은 후보에게 가중치를 부여하고자 할 것이다. 따라서 Dj를 제외한 후보의 기대 효용 E(i)가 큰 차이가 없다면 당선 가능성이 좀 더 높은 후보의 가치는 상대적으로 높아질 것이다. 그러나 Dj의 당선 가능성이 낮은 전략 상황은 가정에서 제외할 수 있다. Dj

의 당선 가능성이 낮다면 사실 지역주의의 동원이 큰 효과를 발휘하지 않을 것이기 때문이다. 다시 말해 지역주의의 동원은 그 자체로 '나에게 표를 몰아주지 않으면 Dj가 당선될 것'이라는 내용을 포함하고 있다는 것이다. 이상의 논의를 바탕으로 비호남 유권자가 지역주의적 투표 결정을 하는 과정을 다음과 같이 단순화해 보자.

| 비호남 유권자의 지역주의적 투표 결정 |

- 위험 회피의 결정
  A′ = {Ys, Jp, Ro} 중 당선 가능성이 가장 높은 후보 선택

- 기대 효용 극대화의 결정
  $E(Dj) \rightarrow brE(Dj)$
  $E(i-Dj) \rightarrow rE(i)$
  b : 지역주의에 의한 할인율
  r : 당선 확률에 따른 할인율

변수의 통제

결정적인 변수는 Dj를 제외한 후보의 당선 확률이다. 위험 회피 상황의 경우, 당선 가능성이 낮은 Jp는 대안 집합에서 제외되고, 기대 효용 극대화 전략 상황의 경우 할인율은 크게 증가한다. 문제는 Ys와 Ro의 당선 확률이다. 앞 장에서는 Dj, Ys, Ro의 당선 가능성이 유권자에게 비슷하게 인식되었다는 점에서 세 후보에 대한 할인율

차이는 부여하지 않았다. 그러나 지역주의가 없는 상황과는 달리 지역주의가 개입하고 Dj의 당선이라는 결과를 배제할 수 없는 경우, 당선 가능성의 변수는 훨씬 민감한 요인이 된다. 따라서 Ys와 Ro 양자의 당선 가능성에 있어 차이가 크든 작든, 상대적으로 누가 더 유리한가 하는 평가가 중시되고 이에 따라 할인율의 크기가 결정된다. 야권 표의 분열이 예상되는 상황은 Ro의 당선 가능성을 Ys의 당선 가능성보다 높게 만드는 효과가 있다. 따라서 지역주의에 영향을 받은 유권자일수록 Ro를 지지함으로써 Dj의 집권을 회피하고자 하는 동기는 더욱 강하게 작용했을 것이다. 이런 결과의 최대의 피해자는 Ys가 되고 따라서 지역주의의 개입이 강하면 강할수록 Ys는 자신의 당선 가능성에 대한 영남 유권자의 확신을 높이는 것이 전략적 목표가 된다.

 Ro의 당선 가능성이 지역주의 투표 결정자에게 좀 더 높게 평가되었다고 가정하면, 위험 회피의 지역주의 투표 결정자는 Ys 역시 대안 집합에서 제외하고자 할 것이다. 기대 효용 극대화의 지역주의 투표 결정자는 Ys의 기대 효용을 할인하고자 한다. 기대 효용 극대화를 추구하는 지역주의 투표 결정자에게 E(Ys)에 대한 할인율을 0.1로 가정하고, 모델을 단순화하기 위해 이 할인율을 Ro에 대한 부가적 가중치로 계산하자. 그러면 다른 후보에 대한 기대 효용의 값을 변화시키지 않아도 되기 때문이다. Jp의 경우 앞선 가정에서 당선 확률에 의한 할인율을 이미 높게 부여했다. a(Dj에 대한 호남 유권자의 지역주의 가중치), b(Dj에 대한 비호남 유권자의 지역주의 할인율)

모두 0.1로 가정해 보자. 앞에서도 지적했듯이, 상수의 값을 임의적으로 설정하는 것은 균형점을 찾기 위한 것일 뿐, 이 값 자체가 핵심적인 가정은 아니다. 지역주의의 개입에 의해 할인이 발생한다는 가정이 현실적인 한, 그 할인 값을 조금이라도, 예컨대 0.01만이라도 부과한다면 균형점에 변화가 나타나기 때문이다. 따라서 중요한 것은 할인이 발생한다는 가정일 뿐 그 값에 대한 가정이 아니다. 각 지역의 지역주의 투표 결정의 함수는 다음과 같다.

| 호남 유권자의 지역주의 투표 결정 모델 |

- 위험 회피의 결정을 할 경우
  $A' = \{D_j\}$

- 기대 효용 극대화의 결정을 할 경우
  $E(D_j) \rightarrow 1.1 E(D_j)$

| 비호남 유권자의 지역주의 투표 결정 모델 |

- 위험 회피의 결정을 할 경우
  $A' = \{R_o\}$
- 기대 효용 극대화의 결정을 할 경우
  $E(D_j) \rightarrow 0.9 E(D_j)$
  $E(R_o) \rightarrow 1.1 E(R_o)$

2. 지역주의의 개입과 투표 결정의 변화

유권자 결정의 변화

앞서의 가정을 바탕으로, 지역주의가 개입했을 때 유권자 선택의 균형이 어떻게 변화되는지를 살펴보자. 위험 회피의 지역주의적 투표 결정자를 Rr로, 기대 효용 최대화의 지역주의적 투표 결정자를 Re로 나타내면 결과는 다음과 같다. 실선의 박스 안에 있는 값은 지역주의가 없는 경우 기대 효용의 누적 값이고, 그 오른쪽 $E(i)'$의 값은 지역주의 개입에 의한 누적 값의 변화를 나타낸다. 점선으로 박스가 쳐진 곳은 균형점의 변화가 발생한 곳을 나타낸다.

우선 게임 상황별로 보자. 지역주의의 개입에 의해 위험 회피 투표 결정을 할 경우(Rr) 균형의 변화는 모두 여섯 곳이다. 호남에서는 Dj가 수혜자인 반면, 나머지 전 지역에서 수혜자는 Ro이다. 주목할 것은 이때 Ro가 얻는 수혜는 Ys와 Jp에 대한 지지표가 옮겨온 결과라는 점이다. 비호남 유권자의 경우 지역주의 개입의 효과로 Dj 당선이라는 결과를 회피하고자 할 경우 균형의 변화는 Ro에게 집중된다는 것을 의미한다.

기대 효용 극대화 투표 결정(Re)에 의한 균형의 변화는 영남에는 없고, 나머지 지역에서 다섯 곳이다. 기대 효용 극대화 선택을 하는 영남의 유권자 Sq, Sc, Pc, Pq 모두에게 지역주의의 개입이 균형의 변화를 가져오지 않는다는 것은, 지역주의의 개입과 상관없이

그림 8-1 | 지역주의 개입 시 투표 결정의 변화

지역			지역주의 이전			지역주의 개입	
			E(i)	Sq/Sc	Pq/Pr	E(i) Sq/Sc Pq/Pr Re	Rr
경북 N	Sq	Ro	2	Ro	Ro	2.2	
		Jp	0.5	×	×		Ro
	Sc	Ys	1.5	Ys	×		
		Dj	1	×	×	0.9	
		Ro	1	×		1.1	
경남 N	Sq	Ro	1.5	Ro	×	1.65	
		Jp	0.5	×	×		
		Ys	1	×			Ro
	Sc	Ys	2	Ys	Ys		
		Dj	1	×	×	0.9	
호남 N	Sq	Ro	1	Ro	×		Dj
		Jp	0.5	×	×		
		Dj	1	×		1.1 Dj	
	Sc	Dj	2	Dj	Dj	2.2	
		Ys	1	×	×		
충청 N	Sq	Ro	1	Ro	×	1.1	
		Jp	1	×	Jp		Ro Ro
		Ys	1	Ys	×		
	Sc	Dj	1	Dj	×	0.9 Ys	
		Jp	0.5	×			
기타지역 N	Sq	Ro	1	Ro	Ro	1.1	
		Jp	0.5	×	×		Ro Ro
	Sc	Ys	1	Ys	Ys		
		Dj	1	Dj	Dj	0.9 Ys	

Dj는 균형점에서 배제되어 있었음을 의미한다. 호남에서 지역주의의 개입은 유권자 Sc, Pc, Pq의 투표 결정에 영향을 미치지 않는 반면, Ro의 지지 가능성이 높은 보수적 유권자(Sq)의 지지를 Dj로 전환시키는 효과를 갖는다. 충청에서 지역주의의 개입은 유권자 Sq뿐만 아니라 Pc, Pq의 지지를 Jp에서 Ro로 전환시키며, 유권자 Sc의 경우 Dj에 대한 지지를 Ys로 옮기게 하는 효과를 갖는다. 기타 지역의 경우 지역주의의 개입은 충청 지역과 동일한 효과를 갖는다.

지역주의 개입의 피해자는 누구인가

후보별로 보면 Ro의 경우 호남을 제외하면 모든 지역에서 지역주의 투표 결정의 수혜자로 나타난다. 그리고 그 수혜는 Ys와 Jp의 지지표로부터 온다. Ys의 경우 충청과 기타 지역에서 Sc 유권자 중 Dj 지지표를 이전받는 수혜자인 반면, 나머지 지역에서 자신의 지지표를 Ro에게 빼앗기는 피해자가 된다. Dj의 경우 호남에서 수혜자인 반면 나머지 지역, 특히 충청과 기타 지역에서는 피해자가 된다. Jp의 경우 충청에서 지지표를 Ro에게 빼앗기는 피해자로 나타난다.

　　지역주의가 개입하여 위에서 살펴본 균형점의 변화가 발생했다고 가정해 보자. 그리고 유권자는 기대 효용 극대화 선택을 하는 유권자 Sq, Sc, Pq, Pc와 위험 회피 결정을 하는 유권자 Rr 다섯 명으로만 구성되어 있다고 하자. 이런 가정을 기초로 지역별 예상 지지 분포를 보면 〈표 8-1〉과 같다. 단 기타 지역 중 서울, 경기의 인

표 8-1 | 지역주의 개입 시 지역별 예상 지지 분포비

	Dj	Ys	Jp	Ro
경북	0	1	0	4(+1)
경남	0	3	0	2(+1)
호남	5(+2)	0	0	0
충청	0(-0.5)	1(+0.5)	0(-2)	4(+3)
강원	0(-1.17)	1(-0.17)	0	3(+1.34)

구구성에는 그 밖의 지역 출신이 다수를 차지하므로 강원만을 대상으로 한다. 괄호 안의 숫자는 지역주의 개입 이전과의 차이를 의미한다.

우리의 투표 결정 모델은 기존 연구의 주장과는 매우 다른 결과를 나타낸다. 첫째, 기존 연구는 지역주의가 각 후보의 출신 지역에서 지지를 증가시키는 결과를 낳는 변인으로 해석했다. 반면 우리의 모델에서 그런 효과를 갖는 후보는 Ro와 Dj이다. 나머지 후보는 지역주의의 개입에 의해 자신의 지역에서 지지표를 상실하는 결과에 직면한다. 지역주의가 없는 상황을 가정했던 앞 장의 모델을 전제한다면, Ys와 Jp 두 후보의 경우 지역주의는 오히려 자신의 지역 기반에서 지지를 감소시킨다는 것이다. 그리고 그 상실분은 Ro에게 옮겨간다. 둘째, 기존 연구는 지지표의 지역적 분절성은 지역주의 때문이라고 설명했다. 반면 우리의 모델에서 지역주의는 지지표의 지역적 분절성에 부가적 영향을 미치는 효과로 나타난다. 앞 절에서 살펴보았듯이, 지역주의가 개입하지 않아도 지지표의 지역적 분절성은 불가피한 결과였기 때문이다. 셋째, 더욱 흥미로운 것은

지역주의의 개입은 비영호남 지역에서 지지표의 분절성을 증가시키는 효과를 가지며, 그 혜택 역시 Ro에게 집중된다는 점이다. 따라서 지역주의의 개입이 없는 경우에 비해 지역주의의 개입은 Ro의 지역별 지지 분포를 더욱 균등하게 만드는 효과를 갖는다. 이런 모델이 얼마나 설명력을 갖는가 하는 문제를 살펴보자.

지역주의 개입의 효과

우선 지역주의적 투표 결정은 앞서 지역주의가 없는 상황의 결과와 실제 투표 결과를 비교할 때 나타나는 편차를 설명해 주는 것으로 추정할 수 있다. 설명의 편의를 위해 13대 대선의 실제 결과를 지역별로 나타내면 다음과 같다.

먼저 Ro가 경남에서 얻은 지지율(36.6퍼센트)은 Ys가 경북에서 얻은 지지율(26.6퍼센트)보다 10퍼센트포인트가 높다. 반면에 Ys가 경남에서 얻은 지지율(53.7퍼센트)은 Ro가 경북에서 얻은 지지율(68.1퍼센트)에 비해 14.4퍼센트포인트가 낮다. 그리고 서울을 제외한 나머지 지역과 충청에서 Ro가 Ys와 Dj에 비해 10퍼센트포인트 안팎의 지지를 더 얻었다. 호남의 Dj 지지율은 지역주의가 개입하지 않은 상황을 가정했던 앞 장에서의 추정치(75퍼센트)보다 10퍼센트포인트 정도 많다. Jp는 충북에서 Ro보다 33.4퍼센트포인트 뒤졌다. 충북과 강원에서 Ys는 Dj에 비해 세 배 이상의 득표 크기를 가졌다. 이 밖에 지역주의의 개입에 의해 예상과 다른 결과를 낳았

표 8-2 | 네 후보의 지역별 득표율: 13대 대선 (단위: %)

	Ro	Ys	Dj	Jp
경북	68.1	26.6	2.5	2.4
경남	36.6	53.7	6.9	2.6
호남	9.6	1.2	86.2	0.5
충북	46.9	28.2	11.0	13.5
충남	26.2	16.1	12.4	43.7
기타 지역*	35.9	28.5	26.2	7.9
강원	59.3	26.1	8.8	5.4

주: 기타 지역은 강원을 포함한다.

다고 추정되는 사례는 없다.

위의 편차들 모두 지역주의에 의해 설명된다고 가정할 수는 없다. 무엇보다도 선거 결과로 나타난 집합 자료에는 후보 일체감을 갖는 비전략적 유권자의 선택이 미치는 효과가 포함되어 있기 때문이다. 이들의 선택이 표의 지리적 분포에 미친 효과를 배제할 수 있으려면, 각각의 후보에 대해 일체감을 갖는 유권자의 크기와 이들의 지역별 분포가 모두 동일하다고 가정할 수 있어야 한다. 이런 가정은 비현실적이다. 1979년 부마항쟁의 경험, 1970년대 충남에서의 '김종필 대안론'의 등장 등 역사적 요인을 고려할 때 Ys와 Jp에 대해 일체감을 갖는 유권자는 해당 지역에 편중되었을 것으로 추정할 수 있다. 1971년 대선 출마 경험, 1980년 광주의 경험, 반호남 지역감정에 의한 소외 의식을 고려하면, 김대중 후보에 대해 일체감을 갖는 유권자가 호남 지역에 집중되어 있는 정도는 다른 후보에 비해 매우 클 것이다.

비전략적 유권자의 투표 행위가 갖는 효과를 통제하기 위해 선

표 8-3 | 지역주의가 없는 경우 예상 지지율과 실제 선거 결과의 대비 (단위: %)

	경북		경남		호남		충청		기타	
	예상	실제	예상	실제	예상	실제	예상	실제	예상	실제
Dj	6.5	2.5	5.9	6.9	89.2	88.4	18.2	12.0	25.5	26.6
Ys	35.5	26.7	58.1	53.8	2.9	1.2	21.2	20.1	30.7	28.9
Jp	8.0	2.4	3.3	2.6	0.6	0.5	37.5	34.7	8.8	8.0
Ro	49.9	68.1	32.8	36.7	7.3	9.8	23.0	33.2	35.0	36.4

거 국면 이전의 투표자 의식조사 결과와 실제 결과를 대비해 보자. 이는 특정 후보에 대해 강한 일체감을 갖는 유권자의 경우 의식조사에서 표출한 선택과 실제 투표에서의 선택이 동일하다고 가정하는 것이다. 앞서 10월의 의식조사 결과와 실제 선거 결과 사이의 편차를 살펴보자. 주목되는 것은 다른 후보에 비해 Ro의 경우 모든 지역에서 이득을 본 것으로 나타났으며, 반면에 나머지 후보의 경우 지역주의 개입으로 지지 증가 효과를 보지 않은 것으로 나타났다는 점이다. 경남의 경우 Ys에 대한 지지율은 예상 지지율보다 작게 나타났다. Jp에 대한 충청의 지지율 편차 역시 마찬가지다. 호남의 경우도 Dj에 대한 지지 증가는 나타나지 않았다. 그 만큼 지역주의 변인의 개입과 무관하게 Dj에 대한 호남 유권자의 지지 강도는 매우 강했던 것으로 볼 수 있다. 반면 Ro의 경우 경북 지역에서 지역주의의 개입은 나머지 후보의 지지표를 이전받는 수혜자로 나타났다. 가장 큰 피해자는 Ys이다. 경남의 경우 역시 지역주의의 개입은 Ys의 지지표를 Ro로 변화시켰으며, 피해자는 Ys이다. 충청의 경우도 결과는 동일했다. 단 가장 큰 피해자는 Dj와 Jp이다. 이런 결과를

지역주의 개입의 효과로 본다면, 앞서 지역주의 투표 결정 모델은 잘 기능한다고 할 수 있다.

3. 분석의 함의

전략적 함의

이런 분석 결과는 13대 대선 시기 각 정당의 전략 선택의 합리적 근거를 잘 설명해 준다. Ro에게 지역주의 동원이 지지율을 늘리기 위한 효과적인 전략 선택이 되는 이유에 대해서는 앞서의 논의로 충분하다. 잇따른 '유세장 폭력 사건'을 매개로 한 지역감정 이슈 동원은 시지 증대를 위해서뿐만이 아니라, Dj의 영남 지역 지지 시장 접근과 Ys의 호남 지역 지지 시장 접근을 봉쇄시키고, 결과적으로 Dj와 Ys의 지지표를 양극화시키는 데 효과적이다. 반대로 지역주의가 집권당 후보를 제외한 나머지 후보에게 부정적 효과를 갖는 한, Ro의 지역주의 동원 전략에 대해 세 야당 모두 공통적으로 이 이슈가 부각되는 것을 회피하고자 한 것은 합리적이다. Dj는 호남 지역과 영남 지역의 유세 빈도를 줄이거나 대규모 동원 유세를 피했다. Dj에게 두 지역은 한계효용이 낮게 평가되었으며, 두 지역에서의 대규모 유세는 지역감정 논란의 소재가 되기 때문이었다. 지역주의 개입으로 인해 당선 가능성에 의한 할인이 높아지는 Jp의 경우, 한

편으로 대규모 유세의 포기를 선언함으로써 지역감정 이슈를 피하면서 다른 한편 보수적 유권자의 장기적 이익에 호소하는 전략을 통해 할인율을 낮추고자 했다. Ys 역시 '유세장 폭력' 사건 이후 호남 지역 지지 시장의 접근을 억제했다. 흥미로운 것은 부산·경남 지역에 대한 Ys의 전략 선택이다. 13대 대선 시기 Ys는 선거 마지막 국면에서 자신의 지역 기반에 전략적 초점을 두었다. 그러나 이는 지역주의 동원을 위한 것이 아니라 집권당의 지역주의 동원 전략에 대한 대응과 관련된 것이었다. 앞서 살펴본 지역주의 투표 결정 모델을 이용해 그 근거를 분명히 해보자.

12월 5일 Ro는 부산에서 민정당 유세 중 최대 인파를 동원한 대규모 유세를 했다. 12월 7일 Ys 진영의 선거 기획팀은 당초 서울을 마지막 전략 거점으로 설정했던 유세 일정을 변경하여, 부산의 여섯 개 지역 유세를 연달아 개최했다. 12월 12일 Ys의 부산 유세는 Ys 유세 중 최대 인파가 동원되었다. 선거 최종반부에 들어와 Ro와 Ys 양 후보 진영의 전략 거점이 부산·경남으로 모아지고 이 지역에서 대규모 유세 경쟁을 한 것이다. 주목할 것은 두 후보의 이슈 전략이다. 12월 5일 부산 유세에서 Ro는 "전 국민의 고른 지지를 바탕으로 당선이 거의 확정된 노태우를 절대적으로 지지해 줘야 절대 안정이 이룩될 수 있다"고 주장했다. 12월 12일 Ys는 부산 유세에서 "정승화 입당으로 노태우가 궁지에 몰리면서 지지율이 1위로 올라섰다"고 주장했다. 두 후보 모두 부산·경남 지역의 지지 시장을 대상으로 당선 확률이라는 할인율을 둘러싸고 치열한 경쟁을 벌인 것이다. 두 후보 진영의 전략 목표는 앞서의 모델을 통해 잘 포착할 수 있다. Ro는 자신의 당선 가능성에 대한 유권자의 평가를 높임으로써 Ys에 대한 지역주의 할인율을 높이고자 한 것이다. 반대로 Ys는 자신에 대한 지역주의 할인율을 낮추기 위해 자신의 당선 가능성에 대한 유권자의 확신을 강화시켜야 했다. Ro는 지역주의 동원의 부가가치가 가장 높은 시장으로 부산·경남을 선택했고 Ys는 자신의 지역 기반에서 지역주의의 개입을 통제하기 위해 선거 전략을 수정해야 했던 것이다. 이 사례만큼 1987년 선거에서 지역주의의 작용 메커니즘을 흥미롭게 보여 주는 것은 없다.

지역주의의 이데올로기적 효과

이상과 같은 분석의 결과들은 지역주의에 대한 우리의 조작적 정의와, 이에 바탕을 둔 지역주의 투표 결정 모델이 매우 설명력이 높다는 것을 보여 준다. 분명 한국의 지역주의는 자신의 지역에 대한 정체성, 그리고 이로 인해 야기되는 지역 간 갈등의 의미 구조를 갖는 것이 아니다. 한국의 지역주의는 하위문화적 특성을 반영하거나 지역이 갖는 경제적 부문 이해에 기초를 두고 있지 않다.* 그것은 급

---

* 이 점에서 이갑윤(1998, 173)의 다음과 같은 주장은 우리의 분석 결과와 잘 양립한다. "지역 간의 균형 발전, 공정한 인사 정책, 지역 편견의 해소 등의 실천(은) …… 설령 성공한다고 하더라도 그것이 지역주의 선거 연합의 강도를 약화시킬 수는 있어도 지역주의 선거 연

진적 사회 변화와 그것이 가져올 미래 소득의 하락을 회피하고자 하는 동기를 자극하기 위해 작위적으로 동원된 것이다. 지역주의의 표상 형태가 지역 간 대립 혹은 특정 지역민의 급진적 지역주의로 나타나는 것은 이런 물질적 기초를 갖는 이데올로기적 효과다. 이 점에서 한국의 지역주의는 이념적으로 획일화된 한국 사회의 구조와 깊은 관련을 갖는다. 사회 구성원이 가질 수 있는 정치적 상상력의 범위가 외재적으로 제약될 때 정보의 자유로운 유통은 왜곡되고 정치에 대한 보편주의적 해석의 영역은 축소될 수밖에 없다. 시민의 주권을 위임받아 시민사회의 경쟁적 이해관계를 조직하고 이를 정책으로 전환하는 정당 체제가 민주적 대표 체제로서의 조건을 갖고 있지 못했을 때, 정보 제약하에 있는 유권자의 행위 결정이 편견과 같은 단편적 정보에 영향을 받게 되는 것은 불가피했는지도 모른다.

그러나 지역주의 투표 결정에 따른 유권자의 규모를 과장해서는 안 된다. 전체적으로 보면 지역주의의 개입에 의해 투표 결정을 변경한 유권자의 규모는 크지 않다. 선거 국면 이전 여론조사와 실제 결과 사이의 편차를 모두 지역주의의 효과로 가정해도 그 규모는 크지 않다. 따라서 지역주의의 개입은 Ro의 당선에 분명히 유리

합 그 자체를 소멸시키지는 못할 것이라는 점이다. …… 지역적 정당 균열이 …… 이것들에 의해 유지되거나 변화하는 것은 아니기 때문이다."

한 효과를 갖지만, 지역주의가 아니고서는 선거 결과로 나타난 표의 지역적 분절성을 설명할 수 없다고 말하는 것은 지나친 과장이 아닐 수 없다. 지역적으로 분절화된 정치 시장의 등장이라는 결과만을 놓고 본다면, 지역주의의 개입은 이를 더욱 확대시키는 작용을 했다는 점에서 일종의 부가적 효과를 갖는 것이었다. 지역주의의 개입이 없는 경우에도 지역적으로 분절화된 정치 시장의 결과는, 전략 상황을 구성하는 조건들의 변화가 없는 한 피할 수 없었기 때문이다. 또한 앞서의 모델에서 지역주의 투표 결정이 기대 효용 극대화의 전략 상황으로 이루어졌다면 영호남 유권자의 균형점에는 사실상 변화가 없다. 따라서 1987년 선거 결과를 영호남 지역 유권자가 지역주의적 투표 결정에 의해 압도된 결과로 설명해 온 기존 연구의 주장은 성립되지 않는다.

누가 지역주의를 필요로 했나

물론 지역주의의 개입으로 투표 결정이 변화된 유권자의 크기가 작다는 사실이 곧 지역주의가 민주화 이후 정초 선거에서 미친 영향을 과소평가하게 만들지는 않는다. 앞서 살펴본 지역주의 투표 결정 모델은 매우 중요한 사실을 말해 준다. 그것은 지역주의의 개입이 유권자의 투표 결정을 크게 변화시키지는 않았을지라도 특정 후보에 대한 선호 강도 혹은 특정 후보에 대한 거부의 강도는 훨씬 크게 만든다는 것이다. 결과가 매우 불확실한 1987년의 정초 선거에서, 현상 유지를 바라는 보수적 유권자뿐만 아니라, 민주화에 대한 열망이 강한 유권자 역시 자신이 원하는 결과에 대한 선호가 강할수록 일종의 '자기기만'self-deception은 불가피했다. 기득권 유지를 위해서든 아니면 탈권위주의에 대한 강한 열망에 의해서든, 결과에 대한 확신이 낮은 경우, 합리적 유권자의 반응은 자신의 선택에 대한 확신을 높이고 심리적 갈등을 해소하기 위해, 자신의 결정을 보강하는 정보만을 수용하고자 하기 때문이다(Downs 1957). 국가권력을 향한 강한 경쟁, 유권자의 강렬한 정치 참여 욕구가 표출되는 조건 위에서 정당 간 정책적·이념적 차이가 구분되지 않을 때, 이들 유권자가 자신의 선택에 대한 확신을 증가시키는 부가적 정보로 지역주의를 수용했을 가능성은 높다. 이런 가정이 현실적이라면 유권자의 지역주의 수용은 지지 후보에 대한 선호 강도와 비례하는 것으로 나타나고 그 전형적인 유권자는 앞서 비전략적 행위자로 정의한 유권자 집단이 된다.

이런 가정은 직관과도 양립한다. 예컨대 지역주의의 동원은 Ro 지지자들에게 가장 크게 수용되었을 것이다. 그리고 이들의 지지가 강할수록 이들은 지역주의의 영향을 전파하는 사실상의 보조적인 정당 활동가로 기능했을 것이다. 이들이 수용하고 재생산한 지역주의는 각각의 후보 대안에 대한 정보를 인위적으로 변조하는 데 기여했을 것이다. 정도의 차이는 있을지라도 Ys 지지 유권자와 Dj 지지 유권자의 경우 역시 지지의 강도가 강할수록 지역주의와 관련된 정보를 수용하거나 가공하고자 했을 것이다. 더욱이 Ro, Dj, Ys 세 후보의 경합과 당선 가능성이 불확실한 상황에서 이들 지지자가 주변 유권자의 투표 결정을 변화시키기 위해 지역주의 관련 정보를 자발적으로 재생산했을 수도 있다. 따라서 민주화 이후 지역주의 동원이 한국 정치에 미친 영향은 이들 비전략적 행위자들에게 집중되었을 것이다.

그러나 이들 유권자가 비전략적 행위자라는 사실 그 자체로부터 의미 있는 결론을 얻게 된다. 비전략적 유권자는 지지 후보 결정이 조기에 이루어지고, 변화의 가능성이 없는 고정적 지지 후보를 갖는다. 이들은 자신들이 지지하는 정당 및 후보가 동원하는 이슈와 정보를 수용함으로써 자신들의 선택에 대한 확신을 증가시킨다. 따라서 이들에게 있어 지역주의 정보의 수용은 지지 후보에 대한 선호 강도를 강화하고, 서로 다른 후보에 대해 일체감을 갖는 유권자 집단 사이에 경쟁의 심리와 갈등을 자극하는 요인이 될 수는 있지만, 이로 인해 지지 후보 선택에 변화가 발생하지는 않는다는 것이다. 이것은 지역주의가 그 자체 독립적인 이슈 차원을 갖고 유권자의 투표 결정을 이끈 요인이 아니었음을 의미한다. 다시 말해 유권자가 지역주의에 의해 영향을 받았다고 하더라도, 이들의 행위 동기와 선호는 지역 혹은 지역주의의 차원에서 설명될 수 없는 특성을 갖는다는 것이다.

지역주의에도 불구하고

아마도 13대 대선 시기에 나타났던 연일 1백만 명이 넘는 유세 규모와 그 집합적 열망이 다시는 재현되기 어려울지 모른다. 그만큼 이 시기에는 자신이 지지하는 후보의 당선을 기대하는 유권자의 선호가 강렬했다. 그러나 13대 대선의 전략 상황은 정권 교체와 권위주의 재집권을 양극으로 하는 균열이 유권자 편성의 분포를 연속함수적 형태로 결정짓는 데 기여하지 못했다. 민주화 균열 축은 압축되고 그 결과 후보라는 공공재에 대한 선택에서 대안 집합 내 원소들이 대체재로서 성격을 상실할 때, 두 대안 사이의 쟁점 거리는 다른 이슈 차원에 의해 결정된다. 그 다른 이슈가 없거나 혹은 그것이 연속함수의 형태를 갖지 않는다면 투표 결과의 지리적 분절화는 불가피하다. 그리고 이것은 지역주의 극복이 사회적 합의 사항처럼 주장되었음에도 불구하고 정치적 지지 시장의 지역적 분절성이 지속되어 온 원인이기도 하다.

4. 지역주의적 접근을 넘어서

'지역주의 때문에' 논리의 한계

기존 연구의 지역주의적 접근에서, 지역은 경제개발과 엘리트 충원에서 구조화된 차별의 기준으로 작용하고 있으며, 지역민의 생활 세계에서 세대를 거쳐 재생산되어 온 배타적 지역 편견과 이와 쌍을 이루는 지역 소외의 형태로 고정화된 의미 구조를 갖는, 하나의 독자적 차원으로 설정된다.

그러나 이런 접근은 지역 문제를 지역 혹은 지역주의의 차원에서 접근하고 설명하는 단차원적인 분석 수준을 갖는 것이다. 지역 문제를 지역민이 갖고 있는 지역감정(혹은 지역주의)과, 그것의 사회적 기초로서 지역 차별 구조로 설명할 때, 그 설명 모델 내부로부터 인과적 연관을 입증하거나 반증할 수 있는 분석적 장치를 갖출 수 없게 되는 것은 물론이거니와, 지역의 차원을 넘어서는 다른 수준의 문제들이 지역주의적 차원으로 용해되어 버린다. 그것은 독립변인과 설명 변인을 모두 같은 차원의 개념으로 구성하는 것이다. 이런 설명 모델은 각각의 요인과 변인들이 비교의 준거를 갖는 상대적 관점에서 분석되지 않는다는 점에서 인과적 설명의 충분조건을 만족시킬 수 없다.

또한 왜 지역 문제가 경제개발과 인사 충원에서 차별과 혜택의 정도에 비례하여 나타나지 않고 특정 지역을 둘러싼 갈등의 문제로 부각되었는지, 왜 정치적으로 갈등하는 지역들이 서로 연합하고 또 연합했던 지역들이 분열되고 지역성을 갖지 않던 지역들도 지역성을 갖는 것으로 변화될 수 있었는지, 지역을 중심으로 한 갈등의 양상이 왜 그 이전이 아니라 민주화로의 전환기에 나타난 것인지 등의 문제를 설명하지 못한다.

지역주의적 접근의 이데올로기성

지역주의적 접근이 갖는 이런 한계는 무엇보다도 발생론적 인과 분석이 결여되어 있다는 데 기인한다. 그 결과 왜 지역이었는지, 왜 다른 사회경제적 이슈나 균열 요소, 예컨대 압축적 산업화가 낳은 노동문제나 계층 문제는 정치 경쟁을 분획하는 요인이 되지 못했는지, 권위주의 체제가 붕괴의 경로를 밟았거나 야당의 후보가 단일화되었을 경우에도 지역 문제는 동일한 형태와 정도로 나타났는지 등의 반사실적 가정과 반증 가능성의 설명 조건을 만족시키지 못하는 것이다.

지역 정당 체제의 등장을 지역주의에 의한 결과로 설명할 수 없다면, 지역 정당 체제의 극복이라는 규범적 대안 역시 지역주의 해소나 지역 화합 등에서 찾을 수 없다. 지역 정당 체제 극복이라는 규범적 차원의 문제에서 핵심은, 유권자가 직면하고 있는 대안의 구조에 있다. 유권자가 선택할 수 있는 메뉴가 협소하거나, 메뉴에 있는 선택지들 간의 차이가 별로 없다고 할 때 유권자의 투표 결정이 지역적으로 동등하게 분배되는 결과를 기대하기는 어렵기 때문이다.

이런 대안의 구조에서 유권자가 다른 지역 후보를 지지하지 않는 것을 지역주의라고 정의하고 규범적으로 비판할 근거는 없다. 정당들이 다양한 기능 이익을 표출하고 집약하는 대표의 체제를 발전시키지 못할 때, 정당들이 정치권력 그 자체의 목표에만 매달리는 정치 계급화된 존재로 나타날 때, 어떤 사회적 쟁점이 지역을 가로 질러 정당과 유권자를 결속시키는 요인이 될 수 있겠는가. 요컨대 지역주의 극복이 사회적 합의처럼 주장됨에도 불구하고 지역 정당 체제가 지속되고 있는 것은 유권자가 지역주의적 투표 결정을 하기 때문이 아니라, 경쟁의 절차와 제도만 민주화되었을 뿐 오랜 권위주의 체제하에서 주조된 정치적 대표 체제의 구성적 특징들이 그대로 유지되고 있기 때문이다.

유권자가 이런 결정 상황에 계속해서 직면하게 되는 한, 지역 정당 체제의 재편을 기대하기는 어려울 것이다. 다시 말해 지역 정당 체제의 등장과 지속은 유권자가 지역주의를 갖기 때문이 아니라, 지역을 가로지르는 선호와 정책적 요구가 정치적으로 표출되고 집약될 수 있는 결정의 상황을 갖지 못했다는 데 기초를 두고 있는 것이다. 요컨대 한국의 지역 문제는 한국 정치의 구조적 특성을 포착하는 소재이자, 정치적 대표 체제의 민주화가 시급한 과제임을 말해 주는 것으로 이해되어야 한다.

제4부　결론 : 지역주의에 대한 하나의 이해 방법

1. 비교의 맥락에서 본 한국 지역주의의 특징

정치학에서 말하는 지역주의란 "문화적 일체감을 공유하는 지역공동체에 대한 충성심"을 가리키는 개념이다. 지역당 혹은 지역주의 정당이란 이들 지역공동체의 열망을 실현하려는 정치조직으로서, 이들이 추구하는 정치적 대안은 분리 독립과 자치, 분권이 일반적이다. 그 밖에도 미국의 예에서 볼 수 있듯이 작은 주들에게 부여된 비토권, 스위스와 같이 정부 형성에 소수 정파도 공동 통치자로 참여하는 협의체주의 등이 있다. 한국의 지역주의가 이런 성격과 내용을 갖는다고 말할 수는 없을 것이다.

한국은 통치의 지역적 다원성을 특징으로 하는 봉건제의 경험을 갖지 않았다. 적어도 고려 시대 묘청의 난 이후에는 단 한 번도 사지나 분리를 지향하는 지역주의 운동이 없었다. 권위의 중앙 집중화와 지방의 강권적 통합을 동반하면서 지역 균열을 만들어 냈던 서구의 근대 민족국가 성립 과정과는 달리, 한국의 경우는 근대 이전에 이미 강한 관료 체제를 통해 민족의 실체적 요소들을 유지해 왔다. 긴 식민 지배와 냉전 체제에서 분단과 전쟁을 경험함으로써 지역을 단위로 한 정체성이 자극될 수 있는 역사적 계기를 가진 것도 아니다.

자율적 시민사회의 영역에서 지역주의가 집단적 갈등 내지는 물리적 폭력을 동반한 사례도 없다. 지역주의 강령을 갖는 지역당이 존재한 적은 더더욱 없다. 한국의 지역주의는 중앙을 향한 권력

투쟁의 과정에서 동원된다는 점에서 국가로부터 멀어지고자 하는 일반적인 지역주의와 다르며, 때로 정권의 향배를 두고 격돌하는 과정에서 국가로부터 누가 소외되고 누가 혜택 받는가를 다루는 '여야 균열'의 다른 표현으로 나타나는 경우가 대부분이다.

그렇다면 대체 한국의 지역주의는 어떤 문제이고 어떻게 만들어졌으며 어떻게 해결해 가야 할 문제인가?

2. 문제는 반호남 지역주의

많은 사람들이 한국의 지역주의를 영호남 갈등으로 이해하거나 혹은 이 때문에 모든 지역이 자신들의 이기적인 욕구를 배타적이고 맹목적으로 추구하게 되었다고 비난하곤 한다. 당연한 말이겠지만, 지역을 말한다고 모두가 지역주의라고 비판될 수는 없다. 설령 지역 연고와 같은 전통적 가치에 친화적인 의식과 관행을 가진 사람이 많다고 해서 인위적으로 그 머릿속을 개조하겠다고 나설 수는 없는 일이다. 지역들이 중앙정부로부터 더 많은 개발 혜택을 얻고자 하는 이기적 욕구를 갖는다고 해서 이를 있어서는 안 될 지역주의라고 할 수도 없다. 그 전에 가치에 대한 권위적 배분이 중앙집권적 정부에 의해 압도적으로 이루어지는 현실부터 문제 삼아야 하고, 정부의 예산 분배 방법을 어떻게 합리화할지를 따져야지 뭔가 나쁜 것으로 가정되는 지역주의로 책임을 돌릴 일이 아니다.

사회적으로 유해하고 민주적 가치에 상응하지 않으며, 따라서 우리 모두 비판적 자세를 견지해야 할 지역주의의 문제가 있다면, 그것은 반호남주의라고 정의할 수 있는, 호남 출신에 대한 차별에 그 핵심이 있다. 반호남주의는 호남 출신에 대해, 거리감과 배제적 행위를 동반하면서 엘리트 충원과 경제 발전의 성과를 차별적으로 배분하고 소외시키는 것으로 나타났다. 따라서 이에 대한 반응으로서 호남이 동질적 투표 행태를 통해 집단적 항의를 나타냈다고 해서 이를 같은 지역주의라고 일률화해서 비난할 수는 없다.

호남의 소외 의식이 있기 이전에 호남에 대한 차별이 선행했다는 사실이 중요하고, 따라서 지역주의를 무차별적으로 야유하거나 지역 간 맹목적 대립으로 치환해서 비난하는 것은 옳지 않다. 만약 호남주의라고 부를 만한 유해한 요소가 있다면 그것은 반호남주의에 대한 일종의 '거울 이미지'로서 과도한 피해 의식이 만들어 내는 지나침 같은 것이라 하겠다. 상대방의 정당한 문제 제기조차 그의 출신 지역 때문으로 확대 해석한다면 그것 역시 잘못된 지역주의라 할 수 있다. 김대중 정부 시기 집권 세력 일부에서 당시 노동운동의 강한 정부 비판적 태도를 영남 출신 노동운동 지도부 때문이라며 불평한 적이 있는데 그런 것이 대표적인 예이다. 이런 태도 역시 잘못이겠지만, 그러나 크게 보아 그런 호남주의 때문에 사회적으로 문제가 된 예는 거의 없으므로 과장할 필요는 없다고 본다.

3. 지역주의의 근대적 기원

많은 사람들이 지역주의는 옛날부터 있었던 일이라 말하고, 이를 입증하고자 하는 연구들도 많다. 정말 그럴까? 한국의 지역주의는 근대 이전 전통 사회에서 존재했던 지역감정이나 지역 정서, 지역 편견의 연장으로 볼 수 있을까? 아니다. 1장에서 자세히 살펴보았듯이, 우리가 문제로 삼고 있는 지역주의는 근대 이후 새롭게 만들어진 매우 근대적 현상이다. 근대 이후 언제였는가? 박정희 정권 시대의 권위주의 산업화 과정에서였다. 이른바 영남 정권이 만들어진 것에 대해 호남의 반대 때문인가? 아니다. 호남은 영남과 더불어 박정희 정권의 등장을 지지했던 대표적인 지역이었다. 앞서 살펴보았듯이 1963년 대통령 선거에서 박정희에 대한 전북과 전남의 지지는 각각 54퍼센트, 62퍼센트였다.

그렇다면 박정희 정권 시기 불균등 산업화가 낳은 개발 격차와 엘리트 충원에서의 지역 격차 때문인가? 무관하다고 볼 수는 없지만, 단지 그것 때문이라면 오히려 산업화의 수혜 지역인 영남과 그렇지 못한 나머지 지역의 갈등이 부각되어야 마땅하다. 따라서 박정희 정권 시기 권위주의 산업화의 공간적 특성과 지역주의는 매우 밀접한 상관관계가 있지만 두 차원이 인과적으로 바로 연결될 수는 없다. 1970년대 후반 사회 심리학자들의 조사 자료를 보면, 대체적으로 호남 출신에 대해 여타 지역 출신이 모두 거리감을 두고 있는 것을 알 수 있다. 1950년대까지는 대개 월남한 이북 출신들이 편견의 대상이었는데, 1960~70년대 급격한 산업화와 도시화를 거치면서 호남이 그 자리를 물려받았다. 흥미로운 것은 당시 호남에 대한 차별 의식을 가장 강하게 가진 지역민은 영남이 아니라 충청과 서울·경기 출신이었으며, 호남에 대해 가장 덜 거리감을 가졌고 또 호남 출신이 가장 가깝게 생각했던 지역민은 영남이었다는 사실이다. 어찌된 일일까?

이유는 간단하다. 당시 산업화로 인한 도시로의 이주는 주로 수도권과 영남의 산업 벨트가 중심이었는데 두 곳에서 생존과 정착, 취업, 소득을 둘러싼 하층의 이주민과 토착민 사이의 경쟁의 양상이 달랐기 때문이다. 수도권에는 호남과 충청 출신의 농촌 퇴출 인구가 집중되었다면, 영남의 산업 벨트에는 같은 지역 농촌 인구의 내부 이동이 주를 이루었다. 당연히 영남과 호남의 하층민 간 경쟁의 계기는 약했다. 1970년대 유신 체제하에서 권위주의 정권을 견제했던 야당이 크게 보아 호남 출신의 DJ와 영남 출신의 YS 세력의 연합으로 이루어졌다는 사실도 중요했다.

영호남 간의 거리감이 다른 지역보다 더 크게 나타나기 시작한 것은 민주화 이후였다. 잘 알다시피 그 이유는 민주화를 이끌었던 야당의 두 정치 엘리트 YS와 DJ가 서로 다른 정당으로 분열하여 대통령 선거와 국회의원 총선거에서 경쟁했기 때문이다. 다시 말해 영호남 사이의 거리감 내지 투표 패턴의 상이함은 상호 지역민이 갖는 본래의 지역감정 때문이 아니라 민주화 직후 야당의 분열이 만들어 낸 정당 체제의 구조를 반영했던 결과라고 볼 수 있다.

물론 선거 연구자 중에는 영호남 지역민 사이의 배타적 거리감이 투표 행태를 결정지었다는 기가 찬 분석을 제시하는 사람도 있다. 호남 사람이 미워서 그 반대로 투표하고 영남 사람이 미워서 그 반대로 투표한다고 생각하는 발상을 연구라는 이름으로 합리화해 버린 것이다. 그러니 어느 문학평론가가 한국 정치를 "경상도 전라도 나뉘어서 서로 욕지거리만 해대는" 것으로 묘사해도 할 말은 없다. 그러나 그런 식으로 본다면 1987년 선거 당시 YS가 야당의 단일 후보가 되었어도 호남은 그에게 표를 주지 않았을 것으로 상상해야 하고, 영남 출신 노무현이 90퍼센트를 상회하는 호남의 지지를 받아 대통령이 되는 일은 일어나지 않았어야 했다.

4. 지역주의의 정치경제적 기초

한국 지역주의 문제의 핵심을 반호남주의라고 할 때, 그것을 단순히 주관적인 감정과 편견의 문제로 이해한다면 잘못이다. 반호남주의가 자원 분배를 인위적으로 차별적이게 만들고 지배의 한 수단으로 기능한 것은 지역민의 생활 세계가 아닌 정치체제의 성격 때문이었다. 그 기원은 1972년의 유신 체제였다.

1971년 대통령 선거는 한국의 선거를 연구하는 사람들에겐 매우 흥미로운 사례다. 호남 출신의 김대중과 영남 출신의 박정희가 경쟁한 지역주의 선거라고 말하는 사람이 많으나, 이는 사실과 다르다. DJ는 '사쿠라 정당'이니 '충성스러운 야당'이니 하는 오명에서 벗어나겠다며 박정희 정권의 권위주의적 근간을 정면으로 공격하고 나섰다. 대중 경제를 주장했고, 향토예비군 폐지를 공약했으며, 중앙정보부를 국회 심의의 대상으로 삼아야 하고, 적대적 남북 관계를 극복하기 위해 주변 강대국이 북한의 존재를 인정하도록 하겠다고 주장했다. 그것이 가져온 반향은 엄청났다.

 DJ가 그 이전 선거에서 같은 당의 후보였던 윤보선에 비해 득표율을 가장 많이 늘린 곳은 전남, 그리고 다름 아닌 부산이었다. 부산에서 DJ는 42.6퍼센트를 득표했는데, 이는 이전 선거에서 윤보선이 얻은 것보다 11퍼센트포인트가 많은 표였다. 대구에서도 이전보다 8.8퍼센트포인트 더 득표했다. DJ가 고전한 지역은 영남이 아니라 충청·경기·강원이었다. 결국 전남에서만 10만 표 이상의 무효표가 나올 정도의 부정선거에 힘입어 박정희가 96만 표 차로 승리했지만, 이로써 박 정권이 분명히 인식하게 된 것이 있다. 더 이상 정상적인 선거를 통해서는 재집권이 불가능해졌다는 사실이다. 결과는 유신이었다.

 유신 체제가 정상적 통치의 방법을 넘어선 극단적 권위주의 체제였던 만큼, 전보다 더 비정상적인 수단이 필요했다. 긴급조치로 대표되는 억압과 통제는 기본이었고 반공주의는 더욱 노골화되었으며, 반대 세력을 분열시키고자 하는 의도로 호남에 대한 편견을 동원하고자 하는 욕구도 커졌다. 권위주의와 그 재생산에 이해관계를 갖는 상층 집단들 역시 이런 욕구에 적극적으로 부응했다. 그 결과 정부의 고위직, 재벌 기업의 상층 관리직 등에서 호남 출신의 비율은 크게 줄었다. 당연히 이 과정에서 호남 출신에 대한 편견과 허위의식이 의식적으로 조장되었다. 1979년 부마항쟁과 달리 1980년 광주에서의 항쟁과 비극적 사태가 지역주의적으로 해석되는 경우가 많고, 호남에 급진주의의 이미지를 덧붙이고자 하는 담론들이 작위적으로 동원된 것도 같은 메커니즘이었다.

　따라서 상식 세계에 존재하는 전라도 사람들의 기질을 말하고 옛날에도 그런 편견이 있었다는 것을 강변한다 해도, 그것은 인위적으로 동원되고 작위적으로 부각된 결과일 뿐, 사실이 아니다. 문제의 진정한 핵심은 권위주의의 재생산이든 기득권의 방어든 자신들의 정치경제적 욕구를 실현하는 데 그런 편견의 이데올로기 효과를 필요로 하는 체제와 세력이 존재했다는 사실, 바로 그것이다. 이를 말하지 않고 국민 의식 개혁 운동을 수천 번하고, 지역 화합 행사를 수만 번 해도, 그건 우리 사회 지역주의 문제를 해결하는 데 기여하는 것이 아니라 문제의 본질을 이데올로기화하는 데 기여할 뿐이다.

5. 지역주의의 지배 이데올로기화

반호남주의가 직접적으로 호남을 차별하고 배제하는 언어로 표출된다거나 혹은 그렇게 노골적인 방식으로 지배의 욕구를 실현한다고 생각한다면 그건 너무도 순진한 생각이다. 모름지기 어떤 이데올로기든 권력 효과를 갖기 위해서는 나름대로 '보편의 옷'을 걸쳐야 하기 때문이다. 2장에서 자세히 살펴보았지만, 1987년 대선 직전 지역주의의 망국적 행태를 비판하는 다음의 인용을 보자.

모두가 걱정스러운 눈치고, 심지어 두려움 같은 것을 느끼는 사람도 많다. 이러다가는 나라꼴이 엉망이 될 것이라고 개탄하는 사람도 늘어나고 있다. 그것은 지역감정을 두고 하는 말이다. …… 최근에 와서 지역감정을 자신들의 정치적 목적에 이용하려는 경향이 노골화(되고 있으며) …… 어느 쪽이 먼저라고 말할 수는 없지만 이런 상황은 서로 꼬리를 물고 상대방을 자극해서 악순환의 고리에 불을 댕길 것이며 그것이 경우에 따라서 어떤 폭력적 양상으로까지 발전하지 않는다는 보장이 없다.

같은 시기에 주장된 또 다른 인용을 보자.

오늘의 상황이 어쩌면 적어도 외견상 1980년 4~5월의 상황과 그렇게 비슷하게 돌아가는지 기분 나쁠 정도다. …… 그때나 지금이나 비슷한 것이 있다면 그것은 대통령에의 꿈을 버리지 않고, 오로지 매진하는[그때 그 사람]들의 지금 모습]인지도 모른다. …… 3김 씨의 80년 재연을 덮어놓고 사시할 생각은 없다. …… 그러나 지금은 그렇게 한가하지가 않다. …… 두 김 씨의 이름이 결코 우리 정치의 마법이 아니고 두 사람 아니면 우리는 일어서지도 못할 것 같은 맹신이 언제나 존재하지 않는다는 것을 두 사람의 추종자들이 깨닫도록 하는 방법은 정말 없을까.

지금이나 그때나 지역감정은 심각했고 그래서 이처럼 우려하는 사람이 많았다고 생각한다면 큰 오산이다. 위 인용문은 "지역감정" "돌아온 3K"라는 제목으로『조선일보』김대중 주필이 쓴 칼럼 내용의 일부이다. 당시『조선일보』가 지역주의 문제를 어떻게 정의했는지를 요약하면 이렇다. '한국 정치의 가장 큰 문제는 지역당 체제이다. 이는 3김이라고 하는 지역 지배 엘리트가 유권자의 지역감정을 경쟁적으로 자극하여 만들어 낸 지역 할거주의의 내용을 갖는다. 지역주의는 출신 지역이 동일한 정치 엘리트를 맹목적으로 지지하는 전근대적 의식 행태로 유권자의 정치적 결정에 가장 큰 영향을 미치는 요인이다. 3김은 유권자의 지역주의를 볼모로 정치적 영향력을 행사해 왔다. 따라서 지역당 체제의 극복을 위해서는 구 정치 엘리트의 퇴출과 함께 유권자의 탈지역주의 의식 개혁이 필요하다.'

　이런 논리에는 권위주의에 대한 비판적 문제의식이 전혀 없다. 민주화에 대한 기대나 고민은커녕 민주화한다고 해서 결국 지역주의의 혼란만 있지 않느냐 하는 식이고, 야당 지도자들은 추종해 봤자 지역감정만 자극할 것이며 그들만 배불리는 결과를 낳지 않았느냐 하는 식이다. 자연스럽게 지역주의 문제는 권위주의의 문제가 아니라 민주화를 원하는 사람들이 추종하는 양김의 문제가 된다. 광주와 호남이 적극적인 정치 참여의 욕구를 표현한 것을 맹목적 지역감정이라 말할 때, 이 논리 안에서 5공화국과 전두환, 노태우의 책임 문제는 모두 사라진다. 나아가 정치의 방법을 통한 민주화의 길을 비판적으로 조망하게 함으로써 반권위주의 연합 전선을 약화시키는 효과도 낳았다. 지역주의를 이렇게 보고 지역주의를 극복하자고 하면 그건 결국 양김 내지 3김이 아닌 노태우 후보의 당선, 즉 권위주의 정당이 재집권하는 대안을 추천하는 것이 된다. 야당의 집권을 싫어할 수 있고 노태우의 당선을 바랄 수도 있지만, 그것을 위한 알리바이를 지역감정 때문이라 말한다면 확실히 인과적으로 전도된 생각이라 할 수 있는데, 당시『조선일보』만큼 이를 잘 보여 준 사례는 찾기 힘들다.

물론, 지역주의 망국론이라고 이름 붙일 만한 이런 논리가 비단『조선일보』만의 것으로 끝나지 않았다는 사실에도 주목해야 한다. 주류 언론 전체가『조선일보』의 뒤를 따랐다. 우리 사회 기득 집단과 그 이데올로그들도 민주화 이후 선거 때마다 망국적 지역주의를 앞세웠다. 제도권 지식인들도 대부분 그랬고, 선거 및 정당을 전공하는 정치학자들의 분석도 '여전히 지역주의'라는 말로 끝나는 경우가 많다. 불행하게도 지역주의에 대한 이런 해석의 틀을 수용하고 재생산한 것은 현실 정치에 참여하고자 했던 많은 재야 세력과 진보파들 역시 예외가 아니었다.

대표적으로 민중당이 있다. 1992년 총선에서 좌절을 경험한 이후 김문수·이재오·이우재 등 민중당 지도부 대부분은 망국적 지역주의 극복과 3김 청산을 내세우며 권위주의 후계 세력인 신한국당에 참여했다. 극좌에서 극우로 이동하는 데 망국적 지역주의 극복만큼 좋은 알리바이 담론은 없었다. 또 다른 예는 제3의 정당을 모색하고자 했던 재야 정치 세력이다. 시민운동의 대표적인 지도급 인사들이 참여한 '정치개혁시민연대', 홍성우를 비롯해 장을병·서경석·장기표 등이 참여했던 '개혁신당', 그 밖에 여러 정치 지향 재야 세력은 통합민주당으로 결집하여 1996년 총선에 참여했으나 참패했다. 그리고 그 이유를 지역주의와 3김 정치에서 찾았다. 이듬해 대선을 위해 '국민통합추진회의'라는 이름으로 다시 세력을 결집한 이들은 "오늘의 정치 현실은 망국적인 지역 할거주의에 기초한 맹주 정치와 붕당정치로써 정쟁만을 일삼고 있다"며 독자적인 정치 세력이 필요하다고 역설했다. 결과는 참담했다.

홍성우, 이철 등이 차기 후보로 영입하려 했던 이회창은 한나라당의 후보가 되었다. 제정구·원혜영·유인태 등이 옹립하려 했던 조순은 선거 막바지에 "지역주의 극복, 3김 시대 청산"을 이유로 이회창 지지를 선언했다. 재야 출신의 이부영·김원웅·홍성우·제정구·이철·박계동 등 역시 동일한 이유를 내세우며 뒤따라 한나라당으로 가버렸다. 남은 세력 중 장을병 등 일부는 이인제 후보에게로 갔다. 마지막까지 고민했던 김원기와 노무현만이 최종 순간 DJ 진영에 합류했다.

지역주의 망국론은 이처럼 주류 언론, 보수파의 이데올로그 지식인, 학자, 전문가, 마지막으로 여기에 재야 출신 정치 지향 세력이 가세하면서 확산되었다. 그러면서 언제부터인가 한국 정치의 갈등과 대립이 지역주의에 의해 지배되고 정당은 대개 이 지역주의를 이용해 정치적 이득을 보고 유권자는 이들에 의해 이용당해 지역주의 투표를 한다는 주장이 아무렇게나 개진되었다. 누구도 이런 엄청난 주장을 따져 물으려 하지 않았다. 명실상부한 지배 이데올로기가 된 것이다. 지역주의가 영호남을 넘어 모든 지역을 지배하는 망국적인 문제로 정의될 때, 당연히 가장 응집적인 지역주의 문제 지역은 호남이 된다. 요컨대 '지팡이' 하나로 모든 것이 끝나는 지역, 혹은 차별과 소외를 '한'으로 푸는 지역이라는 해석은, 망국적 지역주의론의 다른 짝인 것이다.

1997년 DJ가 집권하고 2002년 노무현이 호남의 지지에 힘입어 후보가 되고 대통령도 되면서 지역주의 망국론은 잠잠해지고 사라진 듯했다. 지역주의에 온몸으로 맞서 싸웠다고 말하는 정치인 노무현이 다수 유권자의 지지를 얻어 대통령이 되고, 반부패와 반지역주의를 모토로 기존의 집권당을 해체하고 만든 열린우리당이 민주화 이후 최초로 총선에서 과반수를 획득할 수 있는 상황에서 지역주의 때문에 나라 망한다는 주장을 했다면 정말 이상했을 것이다.

취임 초 노무현 대통령은 한국의 유권자를 민주주의의 승리를 가져온 '위대한 국민'으로 정의했다. 그러면서 그는 앞으로 '모든 것은 국민의 뜻에 따라 하겠다'고 말했다. 탄핵 반대 촛불시위가 전국을 덮고, 열린우리당이 압승하고, 그야말로 잘 나갈 때야 모두들 위대한 시민을 찬양했다. 그런데 2005년 들어와 '지역주의 극복을 위한 대연정'을 제안하면서 담론은 급격히 달라졌다. 갑작스럽게 한국의 시민들은 '지역주의에 사로잡힌 유권자'로 호명되었고, 지도자의 결단이 역사를 이끄는 데 따라야 하는 존재로 정의되기 시작했다. 어제의 위대한 시민은 하루아침에 지역주의 투표나 하는 비이성적 존재로 야단맞게 되었다. 왜 이렇게 되었을까? 갑자기 망국적 지역주의가 시민들 사이에서 다시 고개를 들고 있어서 그랬을까? 고개를 들고 있었던 것은 시민이나 유권자들 속에 있는 지역주의가 아니라, 모든 문제를 지역주의로 설명하면서 상황의 어려움을 지역주의 때문으로 합리화하려는 집권 세력의 욕구에 있었다. 지역주의가 커지고 있는 것이 아니라 이데올로기화된 지역주의 지배 담론이 또다시 불러들여진 것이다. 한국 정치에서 지역주의는 늘 이런 방식으로 이용되고 동원되고 이데올로기가 되었다.

6. 지역주의와 지역 정당 체제

반호남주의를 핵심으로 하는 지역주의의 지배적 성격과 그것이 망국적 지역주의론으로 변형되어 발휘되는 이데올로기적 효과를 강조하고, 따라서 한국 정치를 지역주의로 몰아붙이는 대책 없는 논리를 비판적으로 보아야 한다는 것을 말했지만, 그래도 지역주의는 있는 것 아니냐고 반론할 독자들이 많을 것이다. 그 근거로 지역별로 표의 큰 편차가 존재한다는 사실, 특정 지역이 특정 정당에 의해 독점적으로 대표되는 선거 결과의 문제를 들 것이다. 요컨대 적어도 표의 지역별 편차만큼 지역주의 문제가 존재하는 것 아니냐는 것이다.

3장에서 살펴보았지만, 선거 결과란 기본적으로 두 가지 대표성의 함수이다. 하나는 계층이나 이념적 차이를 중심으로 한 것으로 정치학에서는 '기능적 대표 체제'라고 말한다. 다른 하나는 지역적 차이 내지 지역적 요구가 표출되는 것으로 '지역적 대표 체제'라고 부른다. 이 두 대표의 양식은 서로 반대 방향으로 움직인다. 전자가 표의 지리적 편차를 줄이는 효과를 갖는다면 후자는 표의 계층적 차이를 동질화시키는 힘으로 작용한다.

갈등에 바탕을 둔 정당 이론을 대표하는 정치학자 샤츠슈나이더E. E. Schattschneider의 설명은 단호하다. 선거 결과로 나타난 표의 지역적 편차는 지역주의의 결과가 아니라 기능 이익에 기반을 둔 갈등의 사회화가 억압되는 정도를 말해 준다는 것이다. 유럽과는 달리 노동에 기반을 둔 사회주의 정당이 없는 미국이나, 보수당과 노동당의 이념적 차이가 크게 줄어든 블레어 시대의 영국 선거가 지역적으로 표의 분포가 큰 편차를 보이는 것이 대표적인 예일 것이다. 현대 정당 이론의 완성자라고 할 수 있는 사르토리 역시 지역적 대표성에 기반한 정당 체제 분류가 필요한 것 아니냐는 요구를 거절하면서, 표가 지리적으로 큰 편차가 생기는 것은 정당 체제의 이념적 범위가 협소할 때 나타나는 일종의 부수 현상일 뿐이라고 말한다. 정당 간 이념적 거리가 분명해지는 이슈가 등장할 때 표의 지역적 응집성은 "불가피하게 분해의 압박에 노출"된다는 것이다.

물론 기능적 대표성이 완전에 가까운 정도로 실현된다 해도 표의 지역적 편차는 어느 정도 불가피하다. 표의 지역적 편차를 가져오는 변수는 매우 많다. 정당들이 어떤 이슈나 갈등을 중심으로 경쟁하느냐도 중요하고, 지역별 산업구조나 계층 구성도 중요하고, 선거제도도 중요하고, 정부 정책이 지역별로 어떤 분배 효과를 낳았는지도 중요하고, 해당 사회의 이데올로기적 환경도 중요하고, 정당의 전략과 후보자의 개인 변수도 중요하다. 어느 사회든 이 모든 변수들이 지역마다 동일할 수는 없기 때문에 전국이 똑같은 투표 행태를 보일 수는 없다. 따라서 아무리 민주주의가 발전한 나라도 어느 지역은 어느 정당이 강하다는 설명을 하고 또 듣게 되는데, 이것은 자연스러운 일이다.

그럼에도 불구하고 우리 사회에서 지역주의를 비판하는 많은 사람들은 규범적 판단의 기준으로서 모든 지역에서 표의 분포가 동일해야 한다고 전제한다. 그러나 한국과 같이 중앙정부의 자원 배분 능력이 크고, 주요 정당의 이념적 분포가 협소하고 계층적 기반의 차이도 약하며, 정치 엘리트의 집단적 결속에 있어서 학연이나 지연과 같은 1차적 유대가 크게 작용하고, 주류 언론이나 거대 재벌과 같이 권위주의 구체제의 영향력도 강한 분단국가에서 표의 분포가 동질적이기를 기대한다면, 그것이 오히려 신화에 가깝다. 이런 사회구조에서는 못 배우고 못 가진 하층에 대해 배제하고 차별하는 지배자적 심리 구조가 커질 수밖에 없다. 어떤 집단이든 이에 도전하고자 한다면 그에 대한 배타적 낙인과 편견은 얼마든지 작위적으로 만들어지고 동원될 수 있다. 과거 4·3 사태 이후 제주가 그랬고, 그 뒤 호남이 그랬으며, 지금은 같은 피를 나눴다고 하는 조선족이

외국인 노동자보다 더 차별받는 운명이 되었다. 따라서 지역이나 출신과 같은 1차적 유대가 정치적으로 동원되는 구조나 조건을 문제 삼지 않고, 선거 결과의 지역적 차이를 무작정 지역주의 때문이라고 비난하는 것은 사태를 왜곡하는 것에 불과할 때가 많다.

앞서 필자는 한국의 지역 정당 체제(정당들의 지지 기반이 지역에 크게 의존하는 선거 구도)는 지역주의(지역 감정, 지역색, 지역 갈등, 지역 균열 등 뭐라 부르든 정당과 유권자의 행위 선택에 영향을 미치는 요인) 때문에 만들어진 것이 아니라는 점을 강조했다. 지역이라는 차원으로만 보면, 한국은 세계에서 가장 지역 간 차이가 적은 매우 동질적인 나라에 속한다. 인종·언어·문화·종교적 차이는 말할 것도 없고 경제적 격차 역시 상대적으로 아주 적은 편이다. 따라서 세계에서 지역 갈등이 가장 심한 듯이 과장하면서 망국적 지역주의 극복을 외치는 것만큼 공허한 것은 없다.

정당들의 지지 기반이 지역이라는 변인에 크게 영향 받게 된 것은 선거 경쟁만 개방되었을 뿐, 권위주의하에서 주형된 우리 사회의 불평등한 권위 구조가 변화되지 않았기 때문이다. 국가권력과의 거리에 의해서 과도하게 좌우되는 가치의 분배 구조, 그것의 공간적 특성이라 할 수도권으로 초집중화된 사회구조, 소수의 집단이 사회 여러 부분의 혜택을 독점하는 동심원적 엘리트 카르텔 구조, 좁은 이념적 범위 안에서 조직되고 계층적 차이에 의해 차별화되지 못한 보수 독점적 정당 체제, 이런 구조와 조건에서 만들어진 하층 배제적 사회 문화 등등, 민주화 이후 응당 개혁되어야 할 것들은 여전히 건재하다. 한국의 지역주의와 지역 정당 체제는 이런 구조와 조건들 때문에 만들어지고 동원되고 지속되어 온 것이며, 당연히 이런 구조와 조건들이 변화되고 개혁되면서 개선될 문제로 이해되어야 한다. 그렇지 않고 한국의 유권자와 정당을 사로잡는 지역주의적 욕구 때문이라며 흥분하면서 정작 개혁해야 할 문제를 보지 못하게 하거나, 그런 개혁 과제를 회피하는 알리바이로 삼을 일이 아니다.

7. 반지역주의의 이데올로기성

문제를 지역주의적 해석의 틀로 치환해서 보지 말자는 것을 쉬지 않고 말해 왔지만, 좀 다른 관점에서 혹자는 이렇게 말할지도 모르겠다. 필자의 접근 방법이 지나치게 지역주의의 폐해를 과소평가하는 것은 아닌지, 호남에 대한 불이익과 차별이 외형적으로는 크게 개선되었음에도 불구하고 여전히 많은 사회 구성원들의 의식 속에 호남에 대한 편견이 있는 것 아니냐고 말이다.

 많은 사회 구성원들의 의식 속에 호남에 대한 편견이 있다고 말하는 것은 분명 진실을 반영한다. 고정관념이든 편견이든 일단 형성된 이후에는 잘 사라지지 않는다는 것도 심리학에서 오랫동안 강조해 온 사실이다. 사회 인류학에서도 중요하게 생각하듯이, 인간에게 가장 고통스러운 일은 공동체로부터 배제당하는 경험인데, 이

점에서 특정 지역 출신이라는 이유만으로 차별받고 소외되는 지역의 상처는 계급적 차이로 인한 상처보다 더하면 더하지 결코 덜하지 않다고 할 수 있다. 노동계급이나 사회 하층 역시 차별받고 배제되지만 그래도 이들은 사회변혁의 담지자 내지 보편 계급으로 위안받을 수 있는 이론이라도 있다.

사회 속에서 인간은 계급이라는 기능적 구조물 위에서 살고 동시에 지역이라는 공간적 기초 위에서 태어나서 생활하다 죽는다. 계급으로만 살아서는 인간은 행복할 수 없다. 계급은 사회체제가 만들어 낸 2차적 산물로서 기본적으로 이성적이고 합리적인 분석의 주제다. 하지만 지역은 훨씬 더 원초적이며, 소속의 경계에서 매우 강렬한 통합력과 소외감을 파생시키는 열정의 원천으로 작용할 때가 많다. 지역의 차이가 유해한 갈등을 만들고 때로 비합리성의 원인이 되기도 하지만 지역과의 공간적 유대 없이 인간적인 공동체를 발전시키는 것은 불가능하다. 따라서 지역과 관련된 주관적 인식이나 객관적 정보가 과도하게 비난받고 금기시된 것은 불행한 일이 아닐 수 없다.

이런 관점에서 볼 때, 계급의 문제를 과도할 정도로 중시하는 우리 사회의 진보파들이 보이는 반지역적 성향 내지 지역과 계급을 대립시켜 전자를 퇴영적인 것으로 몰아붙이는 것은 잘못이 아닐 수 없다. 계층적 차이와 불평등의 문제를 개선하고자 하는 자세가 진정성을 갖는 것이라면 심리적인 상처로는 그보다 덜하지 않는 지역차별과 소외의 문제를 이해하는 데 있어 관용적이지 않을 이유는 전혀 없을 것이다.

그렇다고 해서 일부 호남 출신 지식인들이 주장하듯, 한국 사회를 반호남 지역주의에 지배되는 사회로까지 과장해서는 안 될 것이다. '호남의 역사적 한'을 말하며 지역주의가 긴 역사적 연원을 갖는다고 왜곡하거나, '구조화된 지역 대립 구조', '지역 지배 체제' 등 지역주의의 사회적 기초를 과도하게 강조해 온 논리나 주장에 대해 필자는 동의하지 않는다. 그것은 사실이 아닐 뿐만 아니라, 결과적으로는 호남의 피해 의식을 이용해 지역 기반을 독점하려는 정치 세력의 전략적 이해에 기여할 뿐이기 때문이다.

우리가 공적으로 개입하거나 사회적 의제로 삼을 수 있는 것은 인간 행위의 외면적 결과이지 그 내면까지는 아니다. 적어도 정치적 차원에 국한해 본다면, 김대중 정부와 노무현 정부로 이어진 10년의 민주 정부는 호남의 선택이 만들었고, 그것으로써 반호남 지역주의는 더 이상 한국 정치가 해결해야 할 중심 문제의 지위는 벗어났다고 보아야 하고, 적어도 그 이후의 문제는 다르게 접근해야 한다고 생각한다. 그것은 사회적 약자나 도전 세력에게 가혹한 한국 사회의 정치경제적 차별의 구조 일반으로 문제의식을 넓히는 데 있다. 호남 차별에 대한 비판적 인식은 실업자와 비정규직, 조선족과 이주 노동자 등 우리 사회 최저층을 이루고 있는 가난한 다수의 사람들에 대한 관심으로 확장될 수 있어야 할 것이다.

지금까지도 그랬지만 앞으로도 부당한 배제와 차별의 구조로부터 이득을 얻는 집단들은 저항 연합의 최대화를 억제하기 위해 언제든 지역이나 출신, 성, 연령 등 1차적 요인들을 불러들이는 일을 게을리 하지 않을 것이다. 지역과 관련된 특성 때문에 문제가 아니라 그런 지역성을 작위적으로 동원하고 불러들이는 정치적·경제적·사회적 조건이 문제라고 이해해야만, 호남 차별의 문제를 개선하는 것과 한국 사회의 민주적 발전이 병행될 수 있을 것이라 본다. 호남 차별의 지역주의가 갖는 여러 잔존 효과는 우리 사회의 민주화가 국가, 정당 체제, 시민사회로 확대되고 생활 세계로 넘쳐흐르는 효과를 통해 해소되는 다소 긴 시간의 변화를 거쳐 자연스럽게 사라지도록 해야 할 문제이지, 정치 이념화된 '반지역주의' 내지 거꾸로 전도된 저항적 지역주의로 다시 부추기고 자극할 일은 아닌 것이다.

8. 사실의 문제가 아니라 인식의 문제

지역주의는 한국 정치를 이해하는 데 있어서 일종의 리트머스 시험지 같은 것이라고, 필자는 늘 생각해 왔다. 따라서 누군가의 정치학 실력을 가늠해 보고자 할 때마다 필자 나름대로는 그가 지역주의 문제를 어떻게 이해하는가를 예민하게 살펴보곤 한다. 지역주의가 민주화 이후 한국 정치의 중대 이슈로 만들어질 수 있었던 정치경제적 기반 내지 이데올로기화 과정을 이해하지 못하는 한 한국 정치는 제대로 포착되지 않는다고 보기 때문이다.

그러려면 지역주의적 해석 틀로 한국 정치를 들여다보는 기존의 접근과는 달리, 한국 정치가 안고 있는 어떤 문제들이 지역주의를 불러들이고 있는지를 먼저 질문할 수 있어야 할 것이다. 다시 말해 '지역주의 때문'이 아니라 '지역주의로 귀결되게 된 민주화 이후 한국 정치의 구조와 조건'을 더 많이 탐구해야 한다는 말이다. 그럴 때만이 한국 정치가 안고 있는 여러 문제들이 제대로 주목될 수 있을 것이며, 이런 문제들이 개선되는 정도에 따라 결과적으로 지역이 중심이 되는 정치적 갈등 역시 점차 줄어들 것이라는 합리적 전망이 가능해질 것이다.

한마디로 말해 지역주의 문제는 어떻게 이해하느냐에 따라, 그 자체 현실을 못 보게 만드는 이데올로기가 될 수도 있고, 아니면 한국 정치를 깊이 들여다볼 수 있는 좋은 소재가 될 수도 있는데, 이제 선택은 독자 여러분에게 남겨져 있다. 지역주의 문제를 이해하는 데 있어 독자 여러분은 어떤 안경을 쓰고 있는가? 문제를 달리 보면 잘못은 지역주의 때문이 아니라, 지역주의라는 폐해를 만들어 낸 특정의 구조적 조건이 우리가 해결해야 할 질곡이란 것을 볼 수 있을지 모른다. 그렇게 되면 지역주의냐 아니냐 혹은 어떤 지역주의가 옳으냐를 두고 갈라서 다투기보다는, 우리 안에서 좀 더 폭넓은 공동 행동을 조직해서 해결해야 할 과제가 무엇인지 더욱 선명하게 떠오를 것이라고, 필자는 생각한다.

| 후기 |

1

처음 이 책을 출간했을 당시는 노무현 전 대통령의 비극적인 죽음으로 많은 사람들이 슬퍼하던 때였다. 그러면서 "지역주의에 정면으로 맞서 싸운 정치인"이라는 수식어가 붙여지고, 지역주의 때문에 문제이고 지역주의 극복 없이는 안 된다는 '망국적 지역주의론'이 다시 불러들여졌다.

노무현 대통령이 반지역주의의 화신으로 부활하면서 "지역주의 극복 없이는 남북 관계 개선도 노동문제도 사회복지도 진보도 배부른 소리"라는 주장으로까지 치닫게 된 데에는, 답답한 현실을 초극해 보고자 하는 강한 대중적 열망이 내재해 있었다. 감당할 수 없는 현실에 좌절감을 갖는 보통의 사람들이 개개인으로서는 어떻게 해도 해결할 수 없는 딜레마적 상황을 단숨에 넘어서고자 하는 절박감을 갖게 될 수 있다. 그럼에도 불구하고, 혹은 바로 그렇기 때문에 한국 정치의 많은 문제를 지역주의로 환원해 설명하는 일종의 이념화된 해석 틀이 쉽게 동원되고 확산되다가 어느 순간 소멸한 듯 사라지기를 반복해 왔다는 사실에 주목해야 한다고 본다.

    1987년 6월 권위주의를 넘어서고자 하는 시민 항쟁의 결과로 개헌하고 대통령을 직선으로 뽑게 되었는데, 결국은 권위주의 집권당의 노태우가 당선되는 것으로 투표가 끝났다. 이때 이를 수용할 수 없었던 사람들은 양김(김대중, 김영삼)의 분열 내지 지역주의에 그 원망을 쏟아 내야 했다. 강렬한 변화의 욕구가 실망으로 귀결된 그 정서적 상황에서, 기존의 권위주의 국가가 주관하는 선거 경쟁의 불공정성을 문제 삼거나, 구체제의 수혜자들이 얼마나 필사적으로 지역주의를 불러들이고자 했고 야권을 분열시키고자 했는지 하는 이성적 판단과 합리적 설명을 찾는 것은 한가해 보일 수밖에 없었다. 차라리 "공산당 투표도 아니고 90퍼센트 김대중 지지하는 전라도 애들 뭐야"라는 원망 담긴 원색적 표현이나 "새끼라도 더 날걸" 하는 어느 전라도 촌부의 한숨 섞인 자조가 훨씬 더 공감을 불러올 수밖에 없었던 그런 상황이었기 때문이다. 그 후 한국 정치는 긴 실망과 짧은 열망이 교차하는 주기적 사이클을 반복해 왔는데, 지금도 상황은 다르지 않다고 본다. 모든 게 지역주의 때문이라며 마녀 사냥 하듯 몰아 부친다고 달라질 것은 없으며 오히려 그런 열정을 다 분출하고 나면 냉소적인 정치관만 남는다는 것을 생각해야 할 것이다.

2

오래전 제임스 페트라스James Petras라고 하는 미국의 한 사회학자는 중남미 정치에서 사회운동이 가진 특징을 "국면에서는 강하나 전략적으로는 취약하다"라는 말로 정의했는데, 필자는 이 말이 한국 정치에도 잘 적용된다고 생각한다. 한국의 경우 역시 변화에 대한 대중적 열망이 특정 국면에서 모든 가능성을 다 실현할 수 있을 듯이 강렬하게 터져 나오지만, 일상의 시간으로 돌아오면 현상 유지를 바라는 세력들의 영향력이 늘 압도적이기 때문이다. 국면을 지배하는 그런 열정이 그간 한국 민주주의의 퇴행을 제어해 온 결정적인 요인인 것은 분명하고, 그래서 더 더욱 열정의 동원을 이상화하는 주장이 많지만 그래도 이제는 우리 사회에 필요한 변화가 일상적인 시기에도 꾸준히 실천될 수 있었으면 좋겠다.

이를 위해서는 체제를 움직이는 힘의 구조와 작동 방식에 대한 합리적 이해가 더 많이 필요하고, 인간과 사회에 대한 현실주의적 인식도 좀 더 깊어져야 하며, 이를 통해 열정의 휘발성을 보완해 가는 노력이 필요하다고 본다. 인간은 강해서가 아니라 약해서 힘을 합치게 되고, 이상적 사회를 만들 수 있기 때문이 아니라 그럴 수 없기 때문에 끊임없이 협력하고 노력하면서 의미를 찾게 되는데, 바로 그럴 때 인간은 일상 속에서 행복을 추구하면서도 나날이 진보할 수 있다고 생각하기 때문이다.

그러나 지역주의를 마치 악의 근원처럼 다루는 태도는 인간의 꾸준한 노력과 양립하지 못한다. 그것은 뭔가 책임을 전가시킬 만인의 공적公敵을 불러들이려는 조바심의 결과이자, 사회를 근원적 악(망국적 지역주의)과 그에 맞서는 선(반지역주의)으로 양분시키고 사람들로 하여금 '정의로운 전쟁'에 나서도록 흥분시키지만, 그러는 사이 우리가 대면해야 할 진짜 현실을 사라지게 만드는 이데올로기 같은 것이기 때문이다. 지역주의라는 해석 틀 안에서 한국 정치를 볼 것이 아니라, 지역주의를 한국 정치의 여러 특징들 속에서 객관화해 이해하는 것은 정말로 중요한 과제다.

3

본문에서 거듭거듭 말했거니와, 한국의 지역주의 문제를 합리적으로 이해하는 일은 "호남의 지역주의가 형성되기 이전에 호남 차별의 지역주의가 먼저 만들어졌다"는 사실에 주목하는 것에서 시작해야 한다. 그것은 냉전 반공주의라고 하는 지극히 배제적인 이데올로기적 환경과, 그 위에서 전개된 권위주의 산업화가 필연적으로 수반할 수밖에 없었던 정치경제적 긴장을 누군가에게 전가해야 할 필요 때문에 작위적으로 만들어지고 동원된 것이다. 성장의 혜택을 분배하는 문제를 둘러싼 갈등에서 좀 더 유리한 위치를 갖고 싶어 했던 비호남 출신의 자연스러운 욕구가 반호남 지역감정의 확산을 도왔다. 노사 관계든 정당 체제든 기능적 대표의 체계가 발달했다면 그런 비이성적이고 이데올로기적인 작용을 제어할 수 있었겠지만, 오랜 권위주의 체제는 이를 허용하지 않았다. 불행하게도 민주화 이후에도 이런 사정은 크게 달라지지 못했다.

물론 공개적으로 호남의 지역주의를 공격하는 사례는 많지 않다. 애초부터 호남이 차별받아야 할 근거가 있었던 것은 아니었기 때문이다. 이유가 있었다면, 누군가에게 권위주의 산업화가 수반하는 갈등의 비용을 전가해야 했다는 사실과 함께, 호남 출신이 사회 하층의 가장 큰 인구 집단으로 발전했다는 사실에서 찾을 수 있겠다. 또한 호남 출신 정치인이 권위주의 산업화에 위력적인 도전자가 되었다는 사실, 호남 출신이 반독재 저항운동의 핵심 충원 기반이 되었다는 사실도 중요하다. 하지만 누구도 이런 사실 때문에 호남 차별이 당연하다고 말하기는 어려울 것이다. 그러다 보니 반호남의 지역주의가 공적인 담론 공간에 나타날 때는 늘 지역주의 일반을 부정적인 것으로 몰아가는 망국적 지역주의의 형식을 띠게 되는 것이다.

냉전 반공주의하에서의 권위주의 산업화가 반호남의 지역감정을 낳고 그것이 호남의 소외 의식을 가져왔다면, 그처럼 모든 지역주의를 동질화하고 무차별적인 것으로 비난하는 것은 온당치 못한 일이다. 분리해서 보아야 할 것들을 한꺼번에 싸잡아 비난하는 태도는 늘 유해한 결과를 낳는다. 이런 생각들이 한국의 지역주의 문제를 이해하는 출발점이 되어야 한다는 게 이 책에서 필자가 말하고자 했던 핵심의 하나다.

4

이 책에서 필자는 한국의 지역 정당 체제는 지역주의 때문에 만들어진 것이 아니라는 점을 밝히고자 했다. 지역주의 선거를 극복하자며 망국적 지역주의 극복을 외치는 것이 왜 공허한지, 나아가서는 그런 주장을 망국적 지역주의론으로 이념화하고 정치적으로 동원하는 것이 왜 유해한 것이었는지를 분석했다.

지역이라는 차원으로만 보면 세계에서 가장 지역 간 차이가 적은 매우 동질적인 나라인 한국에서 왜 선거만 하면 지역 간 차이가 다른 차이를 압도하는지도 살펴보았다. 그러면서 그 이유를 한국의 민주화 그리고 민주화 이후의 한국 사회가 갖는 구조와 특징을 통해 설명하고자 했다.

한마디로 말해 그것은 선거 경쟁만 민주화되었을 뿐, 권위주의하에서 주형된 우리 사회의 불평등한 권위 구조가 여전히 건재한 데 있다. 가치의 분배가 지나치게 국가 중심적인 구조로 이루어지는 것도 개선되어야 한다. 그것의 공간적 특성이라 할 수도권으로 초집중화된 사회구조도 달라져야 할 것이다. 소수의 집단이 사회 여러 부분의 혜택을 독점하는 동심원적 엘리트 카르텔 구조도 다원화되어야 할 것이다.

좁은 이념적 범위 안에서 조직되고 계층적 차이에 의해 차별화되지 못한 보수 독점적 정당 체제에도 변화가 있어야 하며, 이런 구조와 조건에서 만들어진 하층 배제적 사회 문화도 달라져야 한다.

그렇다면 누가, 어떻게 이런 변화를 추진할 수 있을까. 우리가 제기해야 할 질문은 여기에 있지, 지역주의 때문이라고 흥분하면서 정작 중요한 개혁 과제를 억압하는 데 있지 않다는 점을 다시금 강조하고 싶다.

5

그간의 내 생각과 내 삶에 영향을 미친 모든 분들께 감사한다. 나의 선생님, 형들과 형수님들, 선후배님들과 친구들, 출판사 식구들, 엄기문, 박해민, 박수민은 그들의 일부이기도 하고 또 전부이기도 하다. 이들만이라도 실망시키지 않고 살아야 할 텐데, 그렇지 못해 늘 미안하다.

2013년 2월
박상훈

| 참고문헌 |

강명구·박상훈. 1997. "상징의 정치와 담론정치: '신한국'에서 '세계화'까지." 『한국사회학』 31-1호.
갤럽, 조지. 1993. 『갤럽의 여론조사』. 박무익 옮김. 한국갤럽조사연구소.
고흥화. 1989. 『<자료로 엮은>韓國人의 地域感情』. 星苑社.
고흥화·김현섭. 1976. "한국인의 지역적 편견." 고흥화. 1989. 『<자료로 엮은>韓國人의 地域感情』. 성원사.
김만흠. 1987. "한국사회 지역 갈등 연구: 영호남문제를 중심으로." 현대사회연구소.
_____. 1991. "한국의 정치 균열에 관한 연구, 지역 균열의 정치과정에 대한 구조적 접근." 서울대학교 정치학과 박사 학위 논문.
김진국. 1977. "한국 대학생의 지역적 편견연구." 전남대학교. 『학생생활연구』. 전남대학교 출판부.
_____. 1984. "지역민간의 지역적 편견연구." 전남대학교. 『학생생활연구』. 전남대학교 출판부.
_____. 1989. "지역 갈등의 사회 심리학적 분석: 심리적 측면 분석을 중심으로." 『언론과비평』.
김충식. 1992. 『남산의 부장들 1』. 동아일보사.
남영신. 1991. 『지역 패권주의 한국』. 새물사.
_____. 1992. 『지역 패권주의 연구』. 학민사.
문용직. 1992. "한국의 정당과 지역주의." 경남대 극동문제연구소. 『한국과 국제정치』. 8-1호.
박상훈. 1998. "지역균열의 구조와 행태." 한국정치연구회 편. 『박정희를 넘어서』. 푸른숲.
_____. 2000. "한국 지역 정당 체제의 합리적 기초에 관한 연구: 합리적 선택이론을 통해서 본 민주화 이행기 유권자 투표 행위 분석." 고려대학교 정치외교학과 박사 학위 논문.
_____. 2001. "한국의 유권자는 지역주의에 의해 투표하나: 16대 총선의 사례." 한국정치학회. 『한국정치학회보』.
_____. 2003. "민주화 이후의 한국 정치와 지역주의 지배 담론: 3김 청산론을 중심으로." 『아세아연구』 112호.
박찬욱. 1993. "제14대 국회의원 선거 결과에 대한 집합 자료 분석." 경남대 극동문제연구소. 『한국과 국제정치』 18호.

손호철. 1993. 『전환기의 한국정치』. 창작과비평사.

_____. 1996. "수평적 정권 교체: 한국 정치의 대안인가." 『정치비평』 창간호. 아세아문화사.

송근원. 1994. 『선거정치론』. 경성대학교 출판부.

신복룡. 1997. "한국의 지역감정의 역사적 배경." 『한국정치사상사』. 나남.

안희수·정영태. 1993. "한국에서 중간계급의 확대가 정당정치에 미치는 영향에 대한 고찰." 경남대학교 극동문제연구소. 『한국과 국제정치』 9-2호.

윤천주. 1981. 『우리나라의 선거실태』. 서울대학교 출판부.

이갑윤. 1998. 『한국의 선거와 지역주의』. 오름.

이남재. 1993. "광주민중항쟁과 지역 갈등." 서강대학교 정치외교학과 석사 학위 논문.

이상우. 1993. 『박정희, 파멸의 정치공작』. 동아일보사

이영일. 1971. "로칼리즘 타파의 대과제." 『정경연구』 6월호.

이이화. 1983. 『한국의 파벌』. 어문각.

이진숙. 1960. "팔도인의 성격에 대한 선입관념." 『사상계』 [고흥화. 1989. 『<자료로 엮은> 韓國人의 地域感情』. 성원사. 275-288쪽에 재수록].

전광희. 1990. "한국사회의 인구이동과 지역 갈등의 구조." 한국사회학회 편. 『한국의 지역주의와 지역 갈등』. 성원사.

정근식. 1991. "광주민주화운동과 지역 문제." 김종철·최장집 편. 『지역감정연구』. 학민사.

조기숙. 1996. 『합리적 선택』. 한울아카데미.

조현연. 1996. "한국의 정치변동과 민중운동." 한국외국어대학교 정치외교학과 박사 학위 논문.

중앙선관위. 1995. 『역대 대통령 선거 상황』.

최장집. 1988. "지역의식, 무엇이 문제인가." 한국사회연구소 편. 『동향과 전망』.

_____. 1989. 『한국현대정치의 변화와 구조』. 까치.

_____. 1991. "지역감정의 지배 이데올로기적 기능." 최장집·김종철 편. 『지역감정연구』. 학민사.

_____. 1996. 『한국민주주의의 조건과 전망』. 나남.

_____. 2006. 『민주주의의 민주화: 한국민주주의의 변형과 헤게모니』. 후마니타스.

하버마스, 위르겐. 2001. 『공론장의 구조변동: 부르주아 사회의 한 범주에 관한 연구』. 한승완 옮김. 나남.

한국갤럽조사연구소. 1996. 『제15대 국회의원선거 투표 행태』.

한국기독교사회문제연구원. 1987. 『군부독재종식과 선거투쟁』. 민중사

한국사회학회 편. 1990. 『한국의 지역주의와 지역갈등』. 성원사.

한국심리학회 편. 1988. 『심리학에서 본 지역감정: 지역 간 고정관념과 그 해소방안』. 성원사.

한국정치학회 편. 1992. 『선거와 한국 정치』. 한국정치학회.

홍동식. 1991. "연고주의와 지역감정." 김종철·최장집 편. 『지역감정연구』. 학민사.

황태연. 1996. "한국의 지역패권적 사회구조와 지역혁명의 논리." 『정치비평』. 아세아문화사.

Alford, R. 1963. *Party and Society: The Anglo-American Democracies*. Rand McNally.

Bensel, Richard F. 1984. *Sectionalism and American Political Development 1880-1980*. The University of Wisconsin Press.

Beyme, Klaus von. 1985. *Political Parties in Western Democracies*. St. Martin's Press.

Butler, D. & D. Cavanagh. 1997. *The British Ceneral Election of 1997*. Macmillan Press LTD.

Dahl, Robert A. 2001. *How Democratic is the American Constitution?* Yale University Press.

Denver, David. 1989. *Elections and Voting Behavior in Britain*. Philip Allan.

Downs, Anthony. 1957. *An Economic Theory of Democracy*. Harper & Brothers Publishers.

Duverger, Maurice. 1954, *Political Parties: Their Organization and Activity in the Modern State*. Wiley.

Elster, Jon ed. 1986. *Rational Choice*. New York University Press.

Gellner, Ernest. 1987. *Culture, Identity, and Politics*. Cambridge University Press.

Hechter, M. 1975. *Internal Colonialism: The Celtic Fringe in British National Development, 1536~1966*. University of California Press.

Hobsbawm, Eric & Terence Ranger. 1983. *The Invention of Tradition*. Cambridge University Press.

Hobsbawm, Eric. 1990. *Nation and Nationalism since 1780*. Cambridge University Press.

Key, V. O. 1958. *Politics, Parties & Pressure Groups*(4th edition). Harvard University Press.

Laakso, M. & R. Taagepera. 1979. "Effective Number of Parties: A Measure with Application to West Europe." *Comparative Political Studies*.

Lane, J. & D. McKay & K. Newton. 1997. *Political Data Handbook OECD Countries*. Oxford University Press.

Laver, M. & K. A. Shepsle. 1996. *Making and Breaking Governments*. Cambridge University Press.

Lijphart, Arendt. 1977. *Democracy in Plural Societies: A Comparative Exploration*. Yale University Press

Lipset S. M. & S. Rokkan. 1967. *Party Systems and Voter Alignment: Cross-National Perspectives*. The Free Press.

Lipset, Seymour M. 1959. *Political Man: The Social Bases of Politics*, The Johns Hopkins University Press.

Meyer, Thomas & Lew Hinchman. 2002. *Media Democracy: How the Media Colonize Politics*. Polity Press.

Offe, Claus & Helmut Wiesenthal. 1980. "Two Logics of Collective Action: Theoretical Notes on Social Class and Organizational Form." *Political Power and Social Theory*. Vol. 1.

Panebianco, Angelo. 1988. *Political Parties: Organization and Power*. translated by M. Silver. Cambridge University Press.

Park, Sang-Hoon. 2003. "Regionalism in South Korea: Its Origin and Nature." 2003년 1월 16일 프랑스극동연구원(l'Ecole Francaise d'Exprême-Orient) 소속 한국연구소 (Laboratoire d'Etudes Coréennes) 주최, 학술 세미나 "한국의 지역, 지역주의, 지역화 (Région, Régionalismes et Régionalisation en Corée du Sud)" 제2세션 발표.

Park, Sang-Hoon. 2004. "Inverse Causality: How to Explain the Regional Cleavage in South Korea?" Association for Asian Studies, Proceeding of 2004 Annual Meeting.

Przeworski, Adam. 1990. *The State and the Economy under Capitalism*. University of Chicago.

Sartori, Giovanni. 1976. *Parties and Party Systems: A Framework for Analysis*. Cambridge University Press.

Schattschneider, E. E. 1960. *The Semisovereign People*. The Dryden Press[『절반의 인민주권』. 박수형 옮김. 후마니타스. 2009].

찾아보기

ㄱ

개혁신당 100, 101, 105, 276

경제 투표 199, 235

계급 분화 55, 70

계층 투표 125, 126

과거의 정치적 이용 23

국민신당 103

국민통합추진회의(통추) 100, 102, 276

권력화된 공론장 77, 78

권위주의 9, 25, 27, 32, 44, 47, 59~62, 64~71, 73, 77, 86, 91, 97, 104, 106~109, 129, 136, 146, 153~157, 159, 160, 163, 165~167, 175, 191, 193, 208~ 215, 217~219, 233, 235, 237, 256, 258, 260, 261, 269, 271, 272, 274, 275, 280, 281, 288, 291, 292

권위주의 산업화 46, 54, 69, 70, 81, 137, 161, 268, 290, 291

권위주의 지배 연합 106, 107, 109

귀속주의 45, 46, 49

근대화론 46, 47

김대중 17~19, 25~28, 36, 53, 61~64, 66, 67, 85, 87, 88, 91, 93~95, 99, 100, 103, 104, 106, 109, 113, 117, 118, 128, 129, 132, 133, 147~149, 151~153, 155, 157, 166, 168, 183, 186, 189, 200, 203, 207, 208, 220, 222, 223, 228, 232, 237, 249, 267, 270, 274, 284, 288

김대중(『조선일보』) 91~93, 106, 274

김문수 28, 103, 104, 275

김영삼 26, 27, 92, 104, 166, 168, 183, 186, 189, 203, 207, 208, 218, 220, 222~224, 228, 232, 237, 288

김원기 102, 103, 276

김종필 26, 27, 62, 85~87, 100, 104, 117, 133, 183, 184, 186, 190, 207, 208, 220, 222, 223, 228, 237, 249

ㄴ

내부 식민주의 198

노무현 28, 100, 102, 103, 108, 109, 113, 270, 276, 277, 284, 287

노태우 27, 100, 183, 189, 203, 207, 208, 218, 220, 222~224, 237, 252, 274, 275, 288

ㄷ

다수결 민주주의(majoritarian democracy) 80
단순 다수제(plurality) 123, 124, 127
단일 쟁점 공간 210
담론 동맹 104~106
대연정 28, 277
대표 체제 87, 120, 254, 261
　기능적 대표 체제 279
　정치적 대표 체제 120, 261
　지역적 대표 체제 124, 279
도시화 54, 55, 58, 70, 73, 269
동교동계 99, 178
동심원적 엘리트 카르텔 구조 281, 292
동원 모델 166, 167
두려움의 동원 202

ㅁ

맥락적 재해석 76
미디어 공론장 106
민주대연합 28
민주화 정초 선거 97, 106, 163, 165, 237
민중당 99, 101, 103~105, 107, 275

ㅂ

박정희 19, 25, 26, 54~56, 59~67, 69, 147~149, 151, 152, 157, 268, 270, 271
반공주의 46, 63, 64, 67, 68, 70, 73, 198, 271, 290, 291
반사실적 가정(counter-factual assumption) 197, 260
보수적 헤게모니 109
보편주의 46, 254
분권 70, 80, 126, 265
분리 독립 41, 80, 265
분절 사회(segmented society) 173, 195, 196, 201
비전략적 행위자 208, 256, 257
비토권 80, 265
비판 해석학 76, 77

ㅅ

사회 균열 82, 119, 120, 123, 126, 137, 165~167, 169, 174~176, 193
산업화 32, 46, 54, 55, 58, 60~62, 65, 69, 70, 73, 81, 137, 154, 161, 237, 260, 268, 269, 290, 291
3김 26, 75, 88~92, 95, 97, 98, 100~104, 108~110, 273~276
　3김 정치 청산 91, 101
　3김 청산 연합 105
　3김 청산론 75, 76, 88~92, 97~99, 101~109
3당 합당 27, 83, 84, 86, 87
상도동계 178
상호 배타성(mutual exclusiveness) 197
새정치국민회의 99, 100, 103
선거제도의
　기계적 효과(mechanical effect) 123, 124, 126, 127
　심리적 효과(psychological effect) 124

성취주의 46
섹션(section) 177
속인주의 132
속지주의 132
시원주의 47, 48, 200
신한국당 28, 100, 102, 103, 107, 132, 135, 275

이슈 축의 압축 233
이우재 28, 103, 275
이재오 28, 103, 275
2차적 균열 69, 70, 72
이철 101, 102, 103, 276
이회창 28, 91, 100, 102, 103, 117, 127, 128, 276

ㅇ

여야 균열 138, 266
역사적 민족(historical nation) 50, 51, 201
연고주의 198
원형적 지역성(proto-regionalities) 70, 71, 195
웨스트민스터 민주주의 모델 195
위험 회피(risk-aversion) 219, 239~244, 246
유신 체제 92, 269~271
유효 정당 190
유효 정당(relevant parties) 137
의미 구조 24, 63, 65, 76, 86, 88, 89, 91, 106, 181, 253, 259
이기택 99
이데올로기 10, 20, 29~33, 63, 65, 69, 71, 75, 76, 84, 106, 108, 110, 138, 143, 198, 201, 253, 254, 260, 272, 273, 277, 278, 280, 282, 286, 290
이데올로기적 접합 63
이데올로기화 10, 26, 34, 35, 73, 75, 272, 278, 285
이수성 28, 100, 103

ㅈ

자민련(자유민주연합) 83, 85, 86, 99, 100, 113, 116, 117, 133~136, 190
장을병 100~103, 276
전두환 26, 92, 93, 274
전략 투표 184
전통의 발명(invention of tradition) 23
정권 교체(론) 103, 108, 174, 175, 181, 211, 212, 214, 215, 220, 221, 224, 227~230, 232, 258
(정당 간) 이념적 거리 107, 123, 125, 127, 137, 234, 279
(정당 간) 정책적 거리 113, 120, 121, 125~127, 234
정당 구도(party format) 85, 189
정당 체제 13, 72, 113, 123, 137, 143, 189, 191, 192, 194, 196, 254, 269, 279, 285, 290
　경쟁적 정당 체제 189
　보수 독점적 정당 체제 281, 292
　준경쟁적 정당 체제 189
정당-유권자 선거 연합 125, 189, 198
정치 교육 30, 77

정치개혁시민연합 99, 100
정치적 교환(political exchange) 61
제도 제약 119, 123
『조선일보』 65, 66, 85, 91~93, 96, 97, 101, 105, 106, 109, 162, 274, 275
조순 28, 100, 103, 104, 276
주류 언론 17, 28, 68, 84, 86, 88~90, 99, 105, 106, 108, 109, 275, 276, 280
지방주의 46, 198
지배 담론 28, 35, 77, 78, 89, 90, 108, 110, 278
지배 정당 189
지역 갈등 13, 41, 56, 71, 81, 85, 162, 170, 171, 173, 193, 281
지역 구도 13, 115, 116, 133
지역 균열 지수 116, 189, 191
지역 분할 구도 13
지역 소외 19, 41, 85, 162, 193, 259
지역 정당 체제 145, 146, 163, 165, 169, 187, 189, 191~193, 197, 205, 260, 261, 278, 281, 282, 292
지역 정서 14, 43, 68, 268
지역 파벌 166, 167, 169, 177, 178, 180, 193
지역 편견 51, 52, 61, 64, 145, 173, 193, 253, 259, 268
지역(정)당 13, 85, 89, 133, 145, 162, 163, 265, 274
지역감정 8, 14, 19, 20, 22, 26, 27, 41, 43, 45, 68, 85, 88, 89, 92~97, 117, 131, 150, 152, 153, 162, 171, 172, 183, 186, 192, 207, 249, 251, 252, 259, 268, 269, 273~275, 290, 291
지역공동체 41, 50, 70, 71, 79, 80, 137, 195, 198, 200, 265
지역등권론 87
지역색 14, 41, 43, 85, 162, 281
지역주의
    반(反)지역주의 110, 277, 282, 285, 287, 290
    반DJ 지역주의 127, 128, 132
    반사적 지역주의 89
    반호남 지역주의 21, 43, 45~48, 52~54, 59, 61, 63, 66, 69~71, 107, 113, 148, 156, 172, 201, 202, 266, 284
    저항적 지역주의 27, 87, 198, 285
    지역주의 가중치 240, 242
    지역주의 망국론 25~29, 275~277
    지역주의 정당 80, 265
    지역주의 지수 194, 195
    지역주의(regionalism) 195
    지역주의(sectionalism) 196
    지역주의(적) 투표 결정 165, 167, 169, 203, 239~244, 246, 248, 251~255, 261
    지역주의에 의한 할인율 241
    지역주의자 14, 27, 35, 131

ㅊ

최적 쟁점 위치(satiation point) 212, 213, 215

ㅌ

통합민주당 100~102, 107, 276

ㅍ

파생적 균열 70
편견의 동원(mobilization of bias) 23
평민당 87, 99

ㅎ

하위문화(sub-culture) 80, 195, 198, 200, 253
하층 배제적 사회 문화 281, 292
한나라당 28, 100, 103, 107, 113, 117, 118, 127, 128, 132, 135, 136, 276
해석에 대한 해석 76
헤게모니 30, 77, 78, 105
헤게모니 접합 이론 76, 77
혈연주의 132
호남 차별 18, 198, 284, 285, 290, 291
확산 모델 46